フリーター、億万長者になる。

あなたの「隠れた才能」を
爆発させる12の真実

ジェイ・サミット
夏目大［訳］

FUTURE
PROOFING YOU

TWELVE TRUTHS FOR CREATING
OPPORTUNITY, MAXIMIZING WEALTH,
AND CONTROLLING YOUR DESTINY IN
AN UNCERTAIN WORLD

Jay Samit

東洋経済新報社

Future-Proofing You:

Twelve Truths for Creating Opportunity, Maximizing Wealth, and Controlling your Destiny in an Uncertain World

by Jay Samit

前著を読んでメールをくれた読者に。
「誰もが大金持ちになれるなんて嘘だ」と書いてあったけれど、
本書を読んでその言葉が間違いだとわかってほしい。

本書への賛辞

読者の中には、本書のような本をすべて頭から信じていない人もいるだろう。無理もない。そういう人はむしろ賢明と言うべきだ。図書館の書棚を見てみるといい。絶対にあり得ないような都合の良いことを、まるで本当のように語る詐欺師たちの本が大量に並んでいる。それでは信じたくても信じようがないだろう。インターネットも同じようなものだ。ちょっと検索するだけで、「すぐに金持ちになれる」と言い張る胡散臭い人間がいくらでも湧いて出る――そうしてあなたから大金を巻き上げようと狙っているのだ。

では、本書はどこが違うというのか。なぜ、誰もが大金持ちになれるという著者の言葉は真実だと言えるのか。世の中のできすぎた話の大半は嘘である。それは間違いない。100万のうち99万9999は嘘だから信じないほうがいい。本書の著者、ジェイ・サミットのする話は唯一の例外である。本書に書いていることは本当だ。信じてもらって構わない。

ジェイと10分話をすれば、彼が何かを――重要なこと、有用なことを――知っているとわかるはずだ。彼と1時間、共に過ごせば、畏敬の念が湧いてくる。彼の人となりがわかれば、隣に座り、あれこれと教えてもらいたくなる。ジェイの前著『自分を破壊せよ！(Disrupt You! 未邦訳)』は読んですぐに、私が自分のウェブサイトに載せている必読書リストに加えた。必読書リストを載せているのは、自分が学んだことをみんなと共有したいからだ。多くを学んだジェイの著書を加えるのは当然のことだろう。

2年前、ジェイが「ひとつ実験をしようと思っている」と言ってきたときにも当然すぐに興味を惹かれた。それは、貧困状態の無名の若者を成功に導く実験だ。金もコネもない若者を、1年間で100万ドル稼ぐ人間にする。ただし、金を渡すこともせず、人を紹介することもしない。すごいと思った。私はジェイの力をよく知っている。それで、若者が成功にいたる過程を追ったドキュメンタリー番組をつくろうと提案までしたのだが、ちょうど別の仕事で私が多忙になってしまい、1回分の映像を撮っただけで終わってしまった。だが、本書を読んで、自分が大変な失敗をしたことを悟り、少々落ち込んだ。本書に書かれているのは、私が番組にするはずだった物語だ。貧乏な若者がごく短期間に大金持ちになるというにわかには信じられない物語。私も背後にいる男を知らなければ、本当の話とは思わなかっただろう。

間違えないでほしいのは、あなたがいま、手にしているのは一種の取り扱い説明書だということだ。本書を読むことで、誰もがジェイからマンツーマンの指導が受けられる。本書でジェイは、成功をつかむための方法を丁寧に教えてくれる。この方法はすでに実践した人たちによって有効であることが証明されている。そう書いてもきっと拒絶する人はいるだろう（まったく中を読まずに拒絶する人もいるはずだ）。「これで成功した人がいるのは本当かもしれないけれど、自分に有効とは思えない」と言う人もいると思う。いま、これを読んでいるあなたがそういう人でないことを願う。

たしかに、誰もあなたの成功を保証することはできない。私にも、ジェイにも、誰にもだ。だが、成功の確率を大幅に高めることはできる。怖いかもしれないが、ひとまず信じることにして、一歩を踏み出してもらいたい。それが正しい行動であることは間違いない。そして、自分がどうなりたいのか、そのためにどうするのか計画を立ててみよう。忘れないでほしいのは、大きなものを得たいと思うのなら、大きな代償はつきものだということだ。成功するのはたしかに簡単なことではない。簡単ならば、誰もがやっているだろう。

おそらく読者の中には「努力をするつもりはあるが、努力する意味があるかわからずに不安だ」という人が多いだろう。自分がそもそも成功の見込みがない人間だとしたら、努力しても無意味かもしれない。そう思って不安になるのはむしろ当然のことだ。実のところ、私もはじめはそうだった。若いころの私は車にガソリンを入れるためにソファのクッションの下まであさって小銭をかき集めなくてはならなかった。そんな人間に絶対に成功できる自信などあるわけがない。そこからはじめて10億ドル規模の会社をつくりあげるにいたったのだ。

つまり、いまのあなたがどうであろうとそれはどうでもいいということだ。大事なのはあなたがどうなりたいと望んでいるのか、またそのために何をするのかということである。正しい情報と鉄の意志があれば、ごく普通の人でも並外れた成果をあげられる。

私を信じられないとしても、まずは本書を読んでみてほしい。成功には秘訣があるという人は多いが、私は別の言い方をしたい。成功には手順があるのだ。成功にも、物理のような法則がある。本書を読めば、ビジネスで成功するために具体的に何をどのようにすればいいかがわかるはずだ。もちろん、成功は簡単ではない（本書のストーリーからその大変さはわかるだろう）。しかし、本書を読み終えるころには大変だが不可能ではないことがわかる。本書によって、夢をかなえるための行動の仕方を知ることができる。

最後に一言つけ加えておこう。私は読者を信じている。これまで誰もあなたを信じる人がいなかったのだとしたら、私が1人目になろう。もちろん、私はあなたを知らないが、それで構わない。あなたが人間であることさえわかればそれで十分だ。人間は新しい能力を身に付けることができる。生まれつきそのようにできているのだ。新たな能力を持てばそれが必ず強みになる。本書を丹念に読み、書いてあることを実践してほしい。そうすれば必ず何かを学び、成長するだろう。あなたはきっと飛び抜けた存在になれる。けっしてあきらめることなく努力を続ければ必ずそうなれる。

前進しよう、そして伝説になろう。

トム・ビリュー

インパクト・セオリーCEO、クエスト・ニュートリション共同創業者

追記：アメリカンドリームは死んだとよく言われる。それはそうなのかもしれない。しかし、本書を読むとわかるのは、アメリカンドリームよりもはるかに素晴らしいものがかわりに生まれているということだ。古い王は死んだが、新しい王が君臨しはじめたということである。

はじめに

誰もが成功をつかむ方法

大金持ちになりたい。誰もが夢見ることだ。そのために宝くじを買う人もいる。失われた名画が屋根裏に隠されていないか探す人もいるかもしれない。「数百万ドルくれるというナイジェリアの王子からのメールが本物だったら」と夢想する人もいるだろう。負債も不安もなく楽に暮らしたい。ランボルギーニやクルーザーを手に入れ、毎晩シャンパンを開ける贅沢な暮らしがしたい。

だが、有名になりたい、大金持ちになりたいと夢見ることはしても、ほとんどの人はそれに向けて何かをするわけではない。読者の中にもそういう人は多いはずだ。本書は、そういう人たちに大切なことを知ってもらうための本だ。私が30年を超える体験によって学んだことを**「12の真実」**にまとめて紹介している。それを知れば、**誰もが成功をつかむことができる。**ビジネススクールでは教えていないことばかりだが、どれもデジタル時代に財産を築くために知っておくべきことだ。本書は、ポストコロナ時代、世界中の人々がテクノロジーによってつながったグローバル化時代に起業し、ビジネスを成長させたい、自分も家族もより良い生活がしたい、と望む人たちにとって必読の書だろう。

現在、世界には、いわゆる「ミリオネア（100万ドル以上の資産を持つ人）」が合計で1650万人おり、その資産を合わせると、なんと63・5兆ドルにもなる。さらに驚くのは、**48時間ごとにひとり、新しい「ビリオネア（10億ドル以上の資産を持つ人）」が誕生している**ことだ。考えてみてほしい、2日にひとり、ビリオネアが、あなたが想像することしかできない夢の生活を実現する人が生まれているのだ。

自分に問いかけてみよう。あなたはこの2日間、昨日、今日と、どう過ごしていただろう。大金持ちになる夢に少しでも近づくようなことをしただろうか。貴重な1日をやりたくもない仕事のために使ってしまった、という人も多いのではないか。続けていても、あなたが心から望む生活、経済的独立などけっして手に入らない仕事だ。ただ生きていくことはできるが、それ以外は何ももたらさない仕事。自分に正直になってみよう。あなたはこのまま月々の支払いに汲々とする生活を一生送りたいのか、それとも真の自分の人生を送りたいのか。

ただ同じことを繰り返すだけで向上が望めない今の生活をどうすれば抜け出せるだろうか。

経済的に独立し、友人や家族と人生を楽しむことに多くの時間を使えるようになりたい。誰もがそう願うが、じつを言えば、**歴史上、いまほどそれが容易に可能になる時代はない。**その理由は簡単だ。インターネットとスマートフォンによって世界中の人々の結びつきはより密になった。76億人もの人々が、クリックひとつだけで顧客になる可能性があるのだ。そういう世界では少しの工夫だけで瞬時に大金を稼げることがある。タイミングよく、適切な商品、サービスを提供しさえすれば、あなたの家族が何世代も暮らしていけるだけの資産が手に入るかもしれない。

ミリオネアもビリオネアも与えられた時間は1日24時間、あなたと同じだ。では、**その人たちの行動はあなたとどこが違うのか。**なぜ、普通の人が見逃してしまうビジネスチャンスを見つけられるのか。あなたはどうすればその人たちのようになれるのか。

世界のビリオネアの多くは、資産家の家柄でもなければ、権力者でもない。いわゆる「アイヴィー・リーグ」の出身者でない人も多い。生まれつき座っていさえすれば何でも手に入るような人だったわけではないのだ。今は大金持ちの人の大半は、元々はあなたと同じようにごく普通の人だった。私はかつてフィラデルフィアのテラスハウスで暮らしていたが、当時、共に働いていた人たちのうちの誰かが「俺はビリオネアになるぞ」と言い出したとしたら、「頭大丈夫か？」と尋ねたに違いない。その後、私は、ビル・ゲイツ、ジェフ・ベゾス、ポール・アレン、サー・リチャード・ブランソン、デヴィッド・ゲフィン、リード・ホフマン、イーロン・マスク、ブロック・ピアス、エリック・シュミットなどと仕事をしたが、出会ったころは彼らもまだ世界的に有名になるほどの資産家ではなかった。しかし、ビジネスで大成功するための道筋はすでに見つけていたはずだ。

大事なのは、**いまの世界は、私たちが学校で教わったものとは根本的に違っている**ということだ。テック系のスタートアップがかつてないほどに増えた。持続可能性を目指すと利益になるようになった。本書が提示する「12の真実」は、きっと読者がキャリアやビジネスに関して持っている既成概念を壊すことになるだろう。ウォーレン・バフェットは、長期間かけた貯蓄と投資によって資産を築いた。彼の資産の99％は50歳以降に得たものだという。しかし、ソーシャルメディアのスター、カイリー・ジェンナーは22歳でビリオネアになった。カイリーは物心ついたころからデジタル技術を使いこなしてきた世代だが、バフェットはいまだにスマートフォンを使うことすら拒否している。あなたはどちらの生き方をすべきだろうか。

あなたの中には、すでに億万長者になれる能力が眠っている

本書は「あなたの運勢を良くする」という類の本ではない。クーポンをうまく活用しよ

うとか、小銭はまめに貯金しようという類の本でもない。その方法でも40年続ければ財産を築けるかもしれないが、本書には関係がない。本書はあなたの生き方を変える本だ。生き方をどう変えれば成功につながるかを書いている。生き方は学ぶことができ、自分の思うとおりに変えることができる。**あなたの中には生まれつき大金持ちになれる能力が眠っている。**その使い方を知らないのでまだ表に出ていないだけだ。

学校で教えるのは、みんなと同じように生きていく方法だけだ。学校で教わったとおりにしていると、誰かのつくった会社で働くことしかできない。本書は**あなたの「従業員のマインドセット」を壊し、二一世紀型の起業家になって成功する方法**を教える。読者の中には、周りの人たちから、「安定した職に就け」と言われ続けてきた人が多いだろう。それを言うのはみな、あなたが生まれる前に夢をあきらめてしまったような人ばかりだ。そんな人たちのアドバイスが本当にあなたにとって有用と言えるだろうか。

誰かの従業員になる以外にも生き方はある。自立して生きていくのにまず必要なのは、世界の見方を変えることだ。何か問題に直面したとき、ほとんどの人は困ったな、と思う。だが、自立した起業家は、「ここに満たされていないニーズがあるな」と思うのだ。ほとんどの人は失敗を恐れるが、むしろその失敗を大事にし、貴重な体験として活かすべきだ。また、成功に向けて努力するのだと決めたら、他人がどう思うかを気にしてはいけない。私はすでに何人かのビリオネアの名前をあげたが、全員がそうなるまでのどこかの時点で他人から非難されたり、嘲笑されたりした経験を持つのだ。そしてもうひとつ、他人に助けを求めることを厭う人が多いが、それではいけない。むしろ自分を助けてくれるメンターを積極的に探すべきだ。メンターがいれば、自分だけで努力するよりも早く成功できる。

誤った考えのせいで動けずにいる人が実に多い。本書を読めば、自分の固定観念を壊し、前に進むことができるだろう。そのための方法が書いてあるからだ。ただし、安易な一攫千金のすすめではない。私は情報商材屋ではなく、あなたに何かを売りつけるつもりもないから安心してほしい。

私はあなたに成功してもらいたい。それはとても利己的な理由からだ。**この世界には起業家が足りない**と私は思っている。起業家は、自由で安定した社会を支える背骨になる存在だ。民主主義社会を維持するには、分厚い中流階級が必要になる。そしてその中流階級の雇用を生み出すのが起業家なのだ。また起業家の仕事は社会に存在する問題を解決することだ。そしてリスクを取る代わりに大きな報酬を受け取る。私は年々よくなっていく世界で生きていきたいと思う。起業家がイノベーションを生む度に、生産性は向上し、私たちはより楽しく、生きがいを感じながら暮らせるようになる。エアビーアンドビー、ウェイズ、ウーバーなどの企業はどれも、自分を信じる誰かの生半可なアイデアからはじまっている。

私は、世界でも最も成功したビリオネアのイノベーターたちと仕事をする機会に恵まれてきた。本書では、私が過去30年間に学んだことを多くの人に伝えるための本である。つまり、本書は一種の「ペイフォワード（恩送り）」であると言える。**次の世代が驚異的なイノベーションを生み出し世界をより良い場所にする手助けがしたい**のだ。

成功に必要な2つのもの

あなたが持続的な成功を収め、100万ドルを超える銀行預金を得るために必要なものは2つだけだ。それは金とコネではない。大学の学位でも高いＩＱでもない。大都市や先進国に住んでいることでもない。本題に入る前に、その2つが何なのかを読者に知らせることにしよう。

それは、**洞察力**と**忍耐力**だ。本書を読めばわかるが、この2つ以外に必要なものがあればすべてお金で買うことができる。ここで言う「洞察力」とは、**ビジネスチャンスを見つけ出す力**のことである。何かを変化させたときに、それが社会にどれほどの価値をもたらすかを素早く見抜く力と言ってもいいだろう。

私たちはいま、絶え間ない技術革新の時代に生きている。新しいデバイスやアプリ、サービスなどが次々に現れる。するとその度に市場には「空白」が生じる。その空白をいち早く見つけて埋めた起業家は巨万の富を得るのだ。後世に残せるような資産をいまは、歴史上でも最短の時間で手に入れることができる。私の友人、ブロック・ピアスは、フォーブスの「世界の仮想通貨長者ランキング」に入る人物だが、仮想通貨は彼が発明したものではない。しかし、ブロックには、仮想通貨というイノベーションを利用するだけの洞察力があった。おかげでわずか2年で従業員も資本も投資家もなしに巨額の利益を出すことに成功した。ソーシャルメディアのインフルエンサー、トム・ビリューは、自分の家族が体重を落とすのに役立つ健康に良くて美味しいプロテインバーが世の中に存在しなかったために、友人とともに自宅のキッチンでそれを自作しようと考えた。彼の興したクエスト・ニュートリションは2年後には、1億ドル規模の企業になった。

洞察力は、成功へと続く道を照らすライトである。その気になって探せば、ビジネスチャンスはあなたの周りにいくらでもある。**必要なのは探し方を学ぶ**ことだ。そして、自分がどのような価値を生み出せるのかを知ること。本書は必ずその役に立つだろう。

洞察力に関しては本書で学ぶことができるが、忍耐力はそうはいかない。あなたの心の中にあるものだからだ。**あなた自身が最後までやり遂げるという強い意志を持つしかない**のである。誰かが成功をくれるなどということはない。自分の手でつかまなくてはならない。

忍耐強くなるには、まず自分の目的を明確にするということも大事だろう。成功は一夜にしてつかめるものではないし、簡単に成功できることもまずない。成功までに早くとも

1年はかかるのが普通だろう。だが、必ず成功するのだと決意したときから、成功への旅は始まる。「千里の道も一歩から」とよく言われる。これは、元は老子の言葉だが、あなたにできることは、まず1歩目を踏み出すことである。ただし、本書を読んでいるあなたはすでに1歩目を踏み出したと言ってもいいだろう。

ただし、ひとりで道を歩く必要はない。あなたの前を歩いた他の大富豪たちの物語、彼らの駆使したテクニックはきっと旅の助けになる。**先人がどのような試練、苦難を味わったのかを知れば、挫折したとき、障害に突き当たったときにも乗り越えやすくなる**に違いない。問題や失敗をその後に活かすことも学ぶ必要がある。物事に優先順位をつけること、状況によっては方向転換することなども大事だ。いま、苦労して大金を稼げば、それによって生涯不労所得が得られるようにすることも可能だろう。ともかく1年間、普通の人よりも集中して懸命に働けば、普通の人がとても考えられないような人生を送ることもできる。

億万長者をつくりだす実験

誰もが大金持ちになれるという考えが正しいことを証明するため、私は実験をすることにした。本書の執筆中に、ひとりの若者のメンターになり、彼がどうなっていくかを記録することにしたのだ。本書はひとりの若者の12カ月の記録でもある。**失業し、貧困にあえいでいたミレニアル世代の若者が、起業家として自立し、１００万ドルという大金を稼ぎ出すまでの歩みだ。**

もちろん本書では、あなたがどうすれば彼と同じように成功できるか、その手順を細かく説明している。また、これまでに成功した人たちの実例も数多く紹介している。アマゾンで検索すると、どうすれば大金持ちになれるかを書いた、いわゆる「成功本」は無数にヒットするだろう。だが、おそらく**実際に役立つことを実験で証明済み、という本は歴史上、本書がはじめて**だろう。本書は間違いなくあなたの人生を変えることになる。

目次

第3章 2カ月目 恐怖を味方につける 81

第11章 9カ月目 懸命に働いても裕福になれるわけではない

第1章

成長のマインドセット

あなたは生まれついての勝者ではない。そして、生まれついての敗者でもない。
あなたは自分がなろうとしたものになる。

——ルー・ホルツ

真実1 「成長のマインドセット」があなたの人生を変える

以前、ミャンマーで木材の伐採をする作業員用のキャンプを訪れたことがある。作業員たちはその日の仕事が終わると、象たちを近くのチークの木につなぐ。象をつなぐのに使うのは、ぼろぼろになったロープだけである。

私のようなアメリカ人旅行者から見れば、なぜ、そんな粗末な細いロープだけで、力も強く、3トン、4トンという体重のある象をつなぎとめておけるのか、不思議である。その日の午後、象たちは1頭につき、重さ1トンにもなる丸太を10本以上も運んでいる。それだけの力があれば、細いロープを引きちぎって自由になることなど簡単だろうと思うのだ。

困惑して思わず象使いに尋ねる。

「どうして象はロープを引きちぎって逃げようとしないのですか?」

すると、象使いは説明してくれる。

象たちは生まれた時から同じ太さのロープでつながれている。まだ幼いうちは力もないので、ロープを引きちぎることはできない。その状態がしばらく続くと、象たちはこのロープからは逃げられないのだと思い込む。成長して大人になるころには、もう逃げようと試みることすらなくなり、自分の置かれた状況を完全に受け入れてしまう。

思い込みによって自分の将来を決めてしまっているわけだ。

多くの人が「お金」に悩んでいる

本書を読んでいる人の中には、お金がなくて困っている人も少なくないかもしれない。そういう人たちに朗報が３つある。**お金がないのはあなたひとりではないこと、あなたのせいではないこと、そしてこれから金持ちになれる可能性がある**ことだ。

たとえ株式市場が史上最高値をつけるほど活況でも、残念ながら大多数の人たちは借金まみれで苦しんでいる。アメリカ国民はクレジットカードによる負債を１兆ドル超も抱えており、それに加え奨学金による負債は１・５兆ドルにもなっている。最近のバンクレートの調査によれば、アメリカ国民の大多数が、緊急で予定外のお金がたった１０００ドル必要になっただけでも対応ができない状況にあるという。

新型コロナウイルスの流行で私たちは、人生は大きな出費を伴う思いがけない出来事の連続であるということを学んだ。突然、車の部品交換が必要になることもあるし、盲腸の手術を受けることもある。急に失業してしまうこともある。小さな経済的問題が起きるだけで、数週間後にはホームレス、という人も珍しくはない。

所得の格差はかつてないほどに拡大していて、アメリカ国民の下半分を合計しても、アメリカが持っている富の１％ほどにしかならない。アメリカ政策研究所（ＡＰＩ）の最近の調査によれば、アメリカ国民のうち1億4000万人は、貧困か低所得の状態にある。つまり、それだけの人たちの所得が、国勢調査で定める貧困基準の200パーセントを下回っているということだ。また、アメリカ国民のほぼ半数は、日々必要になる生活費をまかない、借金を返すことができるかの瀬戸際にあり、つねに綱渡りで生活している。(1)

定年の年齢はあがっていて、アメリカの世帯の3分の1は、老後の蓄えを一切持っていない。そして過半数(56パーセント)の世帯は一応、貯金があるとは言ってもその額は1万ドルに満たない。しかも若い人たちはこれから長く生きるというのに、社会保障制度の資金は2034年には枯渇してしまうという。(2) ほとんどの人にとって、「ゴールデンイヤーズ」と呼ばれる老後は「ゴールデン」ではない。経済的自立も安心もまったく手が届かないものになっているからだ。

「賢くないと金持ちにはなれない」という神話

ほとんどの人が金持ちになれない理由はふたつある。ひとつは、**「自分は金持ちになれるほど賢くない」と自分で思い込んでいる**こと。もうひとつは、**そもそも富を築く方法を教わってきていない**ということだ。

ここではまず、知性とお金の関係についての神話を壊そうと思う。「IQのスコアと資

産の間にはなんの関係もない」。オハイオ州立大学の経済学者、リサーチ・サイエンティストのジェイ・ザゴースキーはそう言う。ザゴースキーは、１万人を対象に、１９７９年から現在にいたるまでの変化を追跡調査した[3]。

たしかにＩＱが高い人は、低い人に比べて収入が多い傾向はあった（ＩＱのポイントが平均より「１」あがるごとに、年収が２０２ドルから６１６ドル上昇していた）が、賢い人がお金を貯め、富を築くことに長けているかといえばそうではなかったのだ。驚くのは、ＩＱの高い人ほどいろいろと問題を抱えがちだということだ。ザゴースキーは、ＩＱスコアと、生活費の支払い状況、自己破産をする可能性、クレジットカードの滞納率などの関係を調べた。すると、**ＩＱスコアの高い人ほど、支払いに困り、自己破産やカードの滞納も多い傾向にある**とわかった。

読者の中には「自分は学校の成績が悪かったから」という人もいるだろう。問題ない。学力試験では、その人の創造性や意欲までは測れない。あとで詳しく触れるが、**成功のためには、努力、批判的思考力、他人との協調、好奇心などが重要**になる。

ただし、困ったことに、ロープでつながれた象と同じように、人間も学校の成績が悪いと、その失敗によって学習してしまい「自分はこのあとの人生、何をしてもどうせ失敗する」と思い込みやすいのだ。

「ジョーズ」、「インディ・ジョーンズ」、「Ｅ.Ｔ.」、「ジュラシック・パーク」、「プライベート・ライアン」などの作品で知られる映画監督のスティーヴン・スピルバーグは、学校時代の成績は平凡で、南カリフォルニア大学の映画芸術学部を二度、不合格になっている（スピルバーグはのちに映画で90億ドルを超える興行収入をたたき出し、億万長者になって、同学部に50万ドルもの寄付をした。不合格になっても悪い感情は持っていなかったということだ）。ノーベル賞を受賞した有名な物理学者のアルベルト・アインシュタインは、チューリッヒ連邦工科大学の試験を受けて不合格になっている。７００人の大富豪を対象にした最近の調査では、その人たちのＧＰＡが平均で２・９（ＧＰＡは0から4までの5段階で4が最高）であるとわかった。そして、平凡な成績の人たちが最も大富豪になる可能性が高いこともわかった。[4] 学校の成績はもう忘れたほうがいい。後ろを振り返っても成功者になれる見込みは小さい。

未来が明るい、いわゆる「フューチャー・プルーフ」な人になるためにはまず、自分自身の成功できる能力を信じることが大切になる。

バーゼル大学（スイス）、カリフォルニア大学の研究者たちは、16歳から97歳までの１８２４人を対象にした調査を行った。「わかったのは、自己肯定感が成功に与える影響は、成功が自己肯定感に与える影響より大きいということだ」と、調査を主導した心理学者、ウルリッヒ・オルトは言う。[5] 自分が成功できると考えたとしても、できないと考えたとしても、その考えは結局、正しくなるということだ。

職の安定はいまや幻

ほとんどの人にとって生計を立てることすら容易ではない。子どもが生まれたら安定したよい職に就きたいと思うし、老後は仕事をやめ、年金をもらってのんびり暮らしたいと思うがそれも簡単ではない。

１９５０年には、アメリカ人家庭の平均年収は３３００ドルで、住宅価格の中央値は７３５４ドルだった。[6] つまり、簡単に言えば**年収の2倍少しで家が買えた**ということである。アメリカンドリームは、大半のアメリカ人の手に届くところにあったのだ。第二次世界大戦後のアメリカでは、企業は雇用を増やしていたし、労働者は平均で14年以上、同じ職にとどまっていた。みな、職に不安は感じておらず、将来お金に困るかもしれないという不安も感じていなかった。借金せずに子どもを大学に行かせることもできた。「最も偉大な世代」と呼ばれた人たちは、まさしく「フューチャー・プルーフ」な生き方をしていた。しかしそんな素晴らしい時代はとっくに過ぎ去ってしまった。

歴史ある大企業も、小さいが勢いのある新興企業に次々に取って代わられていく。２０１７年には、好景気の中、ラジオシャック、ペイレス、トイザらス、Ｋマート、メイシーズなどが５０００を超える店舗を閉め、それによって大勢の人が職を失うことになった。**最初のフォーチュン500に入っていた企業のうち、現在もリストに名前があるのはわずか10・4パーセントだ**。[7]

企業の業績が悪化すると、年金も財源不足に陥る。企業が破綻すれば、年金も同時に破綻することになる。実際、ユナイテッド航空を退職した12万人の人たちは、同社が経営破綻した際に、年金基金も破綻することになってしまった。デルファイやベスレヘム・スチールなど、かつて業界の巨人と呼ばれた企業の年金にも同様のことが起きた。安定した職はいったいどこにあるのだろうか。

アメリカでは、製造業の雇用者数は1979年がピークだった。仮にアメリカに工場が戻って来たとしても、雇われるのはロボットであって人間ではないだろう。『ワシントン・ポスト』によれば、アメリカの工場の生産量は1984年の2倍になっているが、労働者数は3分の1にまで減っているという。[8] 調査によれば、工場ロボットは、1台でだいたい6人分の仕事をこなす。iPhoneも製造している世界最大の電子機器受託生産メーカー、フォックスコンには現在、電灯のついていない生産ラインが10本あるという(人間がひとりもいないので電灯をつける必要がないのだ)。2017年、同社は今後、120万人の従業員をオートメーションに置き換えるのが目標だと発表した。[9]

いまの学校は、労働者に読み書きや計算を教えることを目的につくられており、工場の生産性をあげることには向いているが、自分で事業を興す能力を身に付けられるようには

できていない。決められた規則を守って一斉に指示どおりに動ける人材をつくる従来の教育では、グローバル化が進み、ＡＩやロボットが広く使われるこれからの世界には対応できない。

大学の学位を持つアメリカ人は全体の3分の1ほどだ。しかし、高校にしても同じことだ。若者に職を見つける方法も、事業をはじめる方法も教えてくれはしない。そして多額の奨学金を借りて大学に行ってもどうにもならない。残念ながら、有名大学で学位を得ても、長期的な好影響は少ない。収入に大きく影響しないし、仕事や人生に対する満足度もさほどあげはしないことが調査によって明らかになっている。

一流企業に勤めていたとしても、まったく安心はできない。マイクロソフト、グーグル、アップル、アマゾンなど、成功したＩＴ企業の社員になれたとしても、その地位でいられる期間は平均すると2年にも満たない[10]。

どれほど高い学歴があったとしても職の安定は得られない。安心は野心を奪うという格言があったが、いまはもう**「安心の幻想は野心を奪う」**と言うべきだろう。現実に安心が得られることなどないからだ。

幸い、考え方を変えるのはいまからでも遅くはない。考えを変えて、これからいまの時代の富の築き方を知ればいいのだ。

富を築くには、自分でお金をつくるしかない

では本題に入る前に、まずは多くの人が抱いているお金に対する誤解を解くことからはじめよう。その誤解が、富を築く妨げになっている。

二一世紀はもはや、お金を貯めても裕福にはなれない時代である。もう一度言おう、もう「お金を貯めても裕福にはなれない」。**裕福になるためには「お金をつくる」必要がある。**

お金と、そのお金の持つ価値は、何もないところから生まれる。それは錬金術師が金をつくるようなものだ。裕福な人は、その人の努力がなければ存在しなかったはずのお金をつくり出す。

この基本原理を正しく理解できるよう、いったん幼いころのことを振り返ってもらいたい。小学生のころを思い出してほしい。小学校で教わる算数では、だいたい次のような問題を扱う。

「ジェフが2本のバナナを1本1ドルで買って、マークに1本2ドルで売ったら、ジェフはいくら儲かったことになりますか?」

この問題ではジェフが2ドル儲けるのだが、それはマークの財布から出たお金だ。つまりジェフが得をし、マークが損をしているようにも見える。これは算数を教えているようで、じつは子どもたちに**「誰かが得をすれば、誰かが損をする」**と教えている。

ゲーム理論では、これを**「ゼロサムゲーム」**と呼ぶ。たとえば、ポーカーはゼロサムゲームだ。誰かが勝って儲ければ、必ずその分だけ誰かが損をする。だが、**なんでもゼロサムゲームだと思い込んでしまうのは視野が狭いと言わざるを得ない**。

自分が勝てば誰かが負けることになる。そうだとすれば、極端な話、この世界にいるすべての人が競争していることになる。世界に存在するお金は限られており、もしあなたがそれを手に入れなければ、誰か別の人が手に入れる。若いころからずっとそう考えて生きる。みなが希少なものを奪い合っているという考え方だ。全員に行き渡るだけのお金が世界にない以上、別の人の収入があがれば、自分の収入は下がる可能性が高い。移民が入って来れば、自分の職を奪われる。工場移転などで外国人に職を奪われることもある。ロボットにも職を奪われる。つまりテクノロジーは悪だ。世界中のすべての人間が敵だ。

そんなふうに考えて生きていれば、人生は次第につらいものになっていく。食うか食われるかの人生は多くの場合、いずれ惨めで絶望的なものになる。こんなマインドセットで生きていれば、将来を楽観視することはまずできない（本書を読めば、マインドセットが人生のすべてを決めるとわかるだろう）。

だが、じつを言えば、それとは違ったマインドセットで生きることは可能だ。**将来に希望を持ち、幸福で成功した人生を歩むことができるマインドセット**だ。

ではそのマインドセットで人生がどう変わるかを見ていこう。

ジェフは1000ドルの資金で会社をはじめた。後にその会社の10パーセントを投資家のマークに1万ドルで売った。ジェフの資産はいくらになっただろうか。

ジェフは、1000ドルの資金で会社をはじめ、その会社を10万ドルの価値を持つまでに育てた。10パーセントを売ってもまだ90パーセントは残っている。つまり、ジェフの資産は9万ドルということになる。見方を変えれば、**1000ドルしか持っていなかった人と、1万ドル持っていたもうひとりとで、9万ドルを新たにつくり出した**ということだ。その9万ドルはFRBが発行したわけでもなければ、銀行から借りたわけでもないがたしかに存在している。ジェフは現金を9万ドル持っているのとあまり変わらない状態ということだ。

この例では、ジェフとマークの間の取引はゼロサムゲームではない。両者は協力し合ってお金をつくり出したのである。この方法なら、もはやジェフはバナナを1本や2本買うどころか、市場に出ているバナナを丸ごと買うことも不可能ではない。

アマゾンは最初の20年間、四半期損益がめったに黒字にならなかったにもかかわらず、創業者のジェフ・ベゾスが１８８７億ドルもの資産を持つ世界一の大富豪になった理由もこれでわかるだろう（２０２０年1月30日には、ベゾスはわずか15分間で１３２億ドルもの資産を生み出した）[11]。ウーバーの創業者、トラヴィス・カラニックも、ウーバーや、それ以前に創業したふたつの企業で利益を出したことがないのに、個人の資産は48億ドルになっている。

いま、これだけ**「ビリオネア」と呼ばれる大富豪が数多く生まれているのは、それだけ巨額の資金をつくるのが容易になっているからだろう**。ベンチャーキャピタルや投資家からの価値評価額が10億ドルを超えている新興企業のことを**「ユニコーン企業」**と呼ぶ。２００９年には、ユニコーン企業はわずか４社だけだった。ところが、２０２０年４月の時点でその数は４５６社にも増えていた。

信じられないかもしれないが、私たちは一人ひとりみな、こういう魔法を使うことができる。手に触れるものすべてを黄金に変える魔法を使うことができるのだ。ではいったいどうすればいいのか。それを次に話すことにしよう。

過去のビジネスを破壊する

まず必要なのは、ひとつの決断だ。ホールフーズ・マーケットでジョン・マッケイがとった方法――何かを買って、それを買ったときより高い値段で売るという方法――ではなく、アマゾンでジェフ・ベゾスがとった方法――**新しいサービス、ビジネスモデルを創造し、それを投資家に高く評価してもらうという方法――をとるという決断を下す**のだ。どちらの方法でもお金を稼ぐことはできるが、1年で富豪になるためには後者の方法をとるしかない。

エアビーアンドビー、グーグルの検索エンジン、ビットコインをはじめとする暗号通貨などはみな、それがなければ存在しなかったはずの大金をつくり出した新しいビジネスモデルである。エアビーアンドビーは余っていた部屋をお金に替えることができた。眠っていた価値を有効に活用できたのだ。シリコンバレーのベンチャーキャピタリストが注目するのはそういうビジネスモデルだ。つねに、投資した資金が少なくとも10倍になって返って来るような破壊的なアイデアを探している。

何十億ドルというお金を生み出す、最高の中の最高とも言えるベンチャーキャピタリストは、ミダスリストと呼ばれるランキングに名前が出ることになる。2017年のミダスリストのトップになったのは、セコイア・キャピタルのジム・ゲッツだった。ゲッツは、わずか55人のアプリ・デベロッパ、ワッツアップにただひとりで投資した。ワッツアップは、創業からわずか5年でフェイスブックに買収されることになった。買収金額は220億ドル近かった。

驚くのは、ワッツアップの創業者であるジャン・コウムが、創業の前にフェイスブックに入社を希望して断られていたということだ。職を得られなかったコウムは、自分の会社を立ちあげて、世界でも有数の大富豪となった。ウクライナからの移民で大学を中退したコウムは、もしフェイスブックに雇われていたら喜んでタダでマーク・ザッカーバーグに提供したであろうアイデアによって75億ドルを生み出した。(12)

二〇世紀の裕福な実業家とは違い、現代のフューチャー・プルーフな大富豪は、富を蓄積したりはしない。自分で富をつくり出すのだ。それはあなたにもできることだ。

二一世紀の方法で大富豪になるためにはまず、ビジネスがどう価値を生むのかを理解する必要がある。すでに書いたとおり、あなたは過去の方法をいったん忘れなくてはならない。**過去のビジネスを破壊する方法を探す**必要があるのだ。

私は前著の『自分を破壊せよ！』で、従来のビジネスのバリューチェーンを構成する要素一つひとつについて詳しく解説した。研究開発、設計、製造、マーケティング、流通、販売などの要素について解説したのだ。

モバイル、ソーシャルメディア、ブロックチェーンといった新たなテクノロジーにより、バリューチェーンの各要素を効率化できるようになった。また規模や負担の大きい要素は省略も可能になったため、小規模のスタートアップが成功できる可能性が高まった。デジタルカメラはフィルムメーカーのビジネスを破壊した。ネットフリックスは、ハリウッドのスタジオを脅かしている。エアビーアンドビーは従来のホテル産業に打撃を与えた。ウーバーは、1700万人のタクシー運転手から仕事を奪った。

産業の種類によるが、**ビジネスは、バリューチェーンのどの部分からでも破壊され得る。**それによって開放された価値を、新興のスタートアップが獲得するのだ。

「競争」はできるだけ避ける

私はゼロサムゲームのマインドセットを憎んでいるが、私がそれと同じくらい憎んでいるのが「競争」だ。私は人一倍、負けず嫌いな人間ではあるが、それでも心から競争を憎んでいる。いくら私に自信とやる気があって、いまが自分の人生で最高の状態だと思っていたとしても、この世界には私よりも能力もお金もある人、私より賢い人がいくらでもいる。それは間違いない。

だから、私は**新しいビジネスをはじめるとしたら、とにかくできる限り競争は避ける**ようう努力する。トラック上にランナーが自分ひとりであれば、つねにレースに勝つことができるだろう。勝つ確率を高めるため、私は競争相手のいないところ、いないところを探して行くようにしている。そのため絶えず何か新しい次のことを探している。

私がはじめてインターネットを使ったのは１９７８年、最初にパソコン用のソフトウェアをつくりはじめたのは１９８０年代だった。ｅコマースに参入したのは１９９６年、１００万人規模のソーシャル・ネットワークを構築したのは１９９８年、トップ１００にランクインするモバイル・アプリを発売したのは２０１１年、ビットコインを取り扱い出したのは２０１３年だ。

私はインターネットもスマートフォンも発明したわけではないし、暗号通貨をつくったわけでもない。そもそも私はエンジニアでさえない。私はただ、現状を破壊するチャンスを探している起業家である。世界最高のアイスホッケー選手には「私は、パックがあった場所ではなく、これからパックが行く場所に向かって進む」という名言があるが、私の生き方もまさにこの言葉のとおりだ。

私はＴＥＤトーク「いまこそ自分を破壊するとき！（It's Time to Disrupt You!）」の中で、聴衆に「世の中には、ＶＲ（仮想現実）のエキスパート、ＩｏＴ（Internet of Things）のエキスパート、ビットコインのエキスパートなどがいますが、この人たちはいったいどこから現れたのでしょうか？」と問いかけた。最初から何かのエキスパートだった人はどこにもいないはずだ。最初は普通の人となんら変わらない知識や技術しか持っていなかっただろう。**みな、自らその分野のエキスパートになると決め、成長するために、また自分のものと定めた領域を守るために努力をした**のだ。

成功の必須要件

私はいつも「何かをするのなら、それで一番になれ。それが無理ならほかに誰もしていないことをせよ」という格言に従って生きている。**ほかに誰も同じことをしていなければ、当然のことながら、それに関しては一番になれる。**

そして**成功のためには、「成長のマインドセット」を持つ必要がある。**「成長のマインドセット」は、スタンフォード大学教授のキャロル・ドゥエックが自著『マインドセット「やればできる!」の研究（今西康子訳、草思社、2016年）』の中でつくった言葉である。

ドゥエックは何十年もの間、成功と失敗に対する学生たちの態度を研究してきた。大きな失敗をしても簡単に立ち直る学生がいる一方で、ほんの小さな失敗でも打ちのめされてしまう学生がいる理由が知りたいと考えた。**違いはどうやら、その時々の外的環境ではなく、自身の能力に対する先入観から来ている**ようだった。

ある学生は、いわば「固定的な」マインドセットの持ち主で、自分は頭が悪いと信じ、自分の頭の悪さをどうすることもできないと思い込んでいた。頭が悪いから代数を学んでも身に付かない、というふうに思ってしまう。そういう学生にとって知性とは生まれつきのもので、失敗は自分の運命ということになる。よい結果など出ないとわかっているのに、なぜ努力しなくてはいけないのかと思う。この章の冒頭で例にあげた象たちと同様のマインドセットである。

いっぽう、成長のマインドセットを持った学生のものの見方はまったく違っている。努力をすれば、自分を成長させられると信じているからだ。いまの成績がどうであれ、しっかり勉強をすれば、たとえばスペイン語のテストで満点をとることも可能だと考える。

自分を成長させられると強く信じられるほど、目標に向かって努力をする気も湧いて来る。そのまま時間が経てば、成長のマインドセットの持ち主は、きっと大きな成果をあげることができ、自分の人生に対してさらに楽観的な見方をするようになるだろう。考え方が前向きだと、創造性も知性も高まり、エネルギーも増す。何をしても成功する可能性があがるだろう。人は成功するから幸福になることもあるが、幸福だから成功するという面もある。**フューチャー・プルーフな人は、自分の幸福感をコントロールできる。**

「成長のマインドセット」が否定的な声を鎮める

まず、受け入れてもらいたいのは、**成長のマインドセットを持たない限り、何も成し遂げることはできない**という事実だ。成長のマインドセットを持ち、それを維持し続けることは、何かを成し遂げるための基盤となる。

固定的なマインドセットを持っていると、将来の可能性が狭まるだけでなく、あらゆる面で人生を楽しめなくなる恐れがある。こんなことをすると会社の同僚にバカだと思われるのではないか。拒絶されるのではないか。どこにいても、自分はここにいていいのか、と思う。自分の価値を何かで証明しないといけない気持ちになる。

簡単に言えば、このマインドセットで生きるのはとても疲れるのだ。そして、このマインドセットの持ち主は何もかもをあきらめてしまうことが多い。何かをしようとすると、両親や先生、友人、配偶者など、影響の大きい人があきらめさせようとしてくることがある。他人に何かをあきらめさせようとするのはだいたい、自分が何かをあきらめたことのある人だ。自分が傷ついたので、あなたが同じように傷つくところを見たくないのだろう。

だが、**マインドセットを変えれば、そういう周囲の否定的な声をすべて鎮めることができる。**成長のマインドセットを持てば、否定的な考えを持つことはなく、つねに可能性を探す思考になる。「やってみたけどダメだった」で終わるのではなく、「ほかに方法はないか」と考えるようになるのだ。障害に出会えばそれをチャンスとみなす。

まず大事なのは、未来は自分の力で変えられるということだ。私の長男は、ハリウッドの脚本家になるのが夢だった。入っていくのが恐ろしく難しい世界である。何しろ毎年、何千人という脚本家がシナリオを書くのだが、そのうちハリウッドのスタジオが実際に採用して映画にするのは数十本というレベルだ。ほとんどの脚本家はあきらめてしまう。とにかく固定的なマインドセットの持ち主にはまず無理だ。絶えず誰かに拒絶されるからだ。最もつらいのは「私、あなたの映画、見たことありますかね？」と質問されて「ないでしょうね」と答えなくてはならないときだ。脚本が1本も売れておらず、映画が1本もつくられていないと認めるのは、自分の人生が失敗していることを認めるようなものだからだ。どのスタジオも自分の脚本を映画にしてくれないのだから、自分には価値がないのだろうと考えてしまう。

しかし、私の息子は成長のマインドセットの持ち主だった。何年もの間、ベンジー（長男の名前だ）と彼の執筆パートナー、ダン・ヘルナンデスは人から「私、あなたの映画、見たことありますかね？」と尋ねられるたび、「いえ、まだですね」と答えていた。「まだ」というのは、これから先は見るかもしれない、という意味だ。10年ほど経ったいま、息子は同じ質問にこう答えることができる。「『名探偵ピカチュウ』って映画、見たことありますか？」（そして、息子を自慢したい父親の私は、２０１９年、世界で二番目に興行収入が多かった映画ですよ、と付け加えるのだ）。

「成長のマインドセット」を身に付けるための6つのテクニック

脚本家、バスケットボール選手、何を目指すにせよ、成長のマインドセットは大切だ。そして、このマインドセットを身に付けるには、練習、努力が必要になる。

①失敗を学びの機会とみなす

何かが自分の思いどおりにならなかったときに、それを「失敗した」と思わないようにする。**失敗したのではなく、うまくいかない方法を見つけた**、と考える。この方法でうまくいかなかったのだから、では別の方法ではどうか、と考えればいい。

自分は元来、不完全なのだということを受け入れる。不完全だからといって、それで何もかもがダメだというわけではない。それだけ、成長、改善の余地がある。障害に直面したら乗り越える方法を探す。そう考えるようになれば、(最終目標にばかり目を向けるのではなく) その過程も楽しめるようになる。

②他人に認められようとせず、批判には耳を傾ける

認められたいとばかり思っていると、褒め言葉ばかりに目を向けて、学習の機会を逃す。批判から学んで成長するべきなのに、実際には、褒め言葉によってダメになってしまう人があまりに多い。

成功するには、絶えず学び、自分を改善していくしかない。職場での毎日も、他人との関わりも、すべて学びの機会ととらえるべきだ。上司にしろ、顧客にしろ、関わるすべての人が、きっとあなたのしていない体験から何かを学んできたはずである。もちろん仕事そのものも学びの機会だ。いまの仕事があまり好きではないとしても、必ず何かを学ぶことができるし、しかも給料までもらえるのだ。仕事から学ぶのであれば、大学で学ぶのとは違って奨学金を借りる必要はない。

③日記を書いて日々の進歩を記録する

日記を書くことは、マインドセットを変えるのには絶対に必要である。毎晩、今日は何がうまくいって、何がうまくいかなかったかを振り返る時間をとるのだ。その日、週の目標はなんだったのかを確認する。その目標は達成できているのか。もしできていないのであれば、どうすれば少しでも目標に近づけるのか。**自分の目標を書き留める人はそうでない人よりも、人生で大きな成果をあげることができる。**

ただし、**目標や自分の行動を書くときの言葉には気をつける必要がある。**その日のことを暗い、否定的な言葉で振り返ると、行動もその言葉につられてしまう。たとえば、何かがっかりするようなことがあったとしても、そこから何を学んだか、ということに重点を置いて書けば、同じ失敗を繰り返す恐れは減るだろう。日記に使う言葉に気をつけることも、成長のマインドセットを育てるのに役立つ。そして、職場などでほかの人たちとコミュニケーションをとる際の言葉遣いにも好影響があるだろう。

重要なことは、失敗はない、あるのは学びだけということだ。失敗しても、自分の立てた目標が達せられなかったとしても、それだけで自分を責めることはすべきではない。とはいえ物事がうまくいかないとき、人はどうしても失敗や不運についてくよくよと考えがちになる。そういうときは**ネガティブな感情を言葉にして、日記の空いたページに思い切り書いてしまおう。**そうすれば、少し気分が軽くなって前に進めることが多い。心の中に嫌なことを抱えているのではなく、紙にすべて吐き出してしまうのだ。書きたいだけ書いたらそのページを切り取って捨てる。それでネガティブな感情とはお別れというわけだ。

日記を書くと目的意識が生まれる。自分には使命があるのだという気持ちになる。人生はレースではなく、他人と競う必要はないのだ。

成果のあがる速度よりも、自分の成長の度合いを大事にしよう。壁に突き当たって気分が落ち込んだときには、昔の日記を読み返すといい。すると、じつは随分と遠いところまで来ていることに気づくはずだ。そのことを喜ぼう。たとえ時間がかかっていたとしても遠くまで来られたことを喜べばいいのだ。

④他人からどう見えるかではなく、あくまで自分がどう感じるかを大事にする

自分の目標を達成するのに他人の評価は関係ない。**自分のなりたい人になればいいのだから、他人がどう思うかを気にする必要はないのだ。**あなたを貶める人がいたとしても、誰かを貶める時点でその人はあなたより下なのだから、相手にしなくていい。

成長のマインドセットを身に付ければ、自分の内なる声にだけ耳を傾けるようになるし、自分にこれから何が可能かだけを気にするようになる。あなたを悪く言う人がいても、それはその人の見方にすぎないとわかるようになるだろう。誰かが「そんなことはできるはずがない」と言ってきたとしても、本当にできないわけではない。ただ、その人と一緒にいては何もできないというだけだ。成長のマインドセットを持っていれば、悪口を言う人も「損な人」と思うだけで気に留めなくなる。

⑤他人の失敗からも学んで成長の糧とする

他人と比較することには意味がない。ただ、他人の失敗から学べば、成功までの道のりを短くできることがある。いまは、何度かマウスをクリックするだけで、人間の持つ知識

の多くが手に入る時代だ。その資源はぜひとも利用すべきだ。

ネット上で情報を探すよりは、**情報を提供してくれそうな人を探す**といいだろう。たとえば、LinkedInなどを見てみれば、自分がこれからしようとしているのと似た体験をした人がいるかもしれない。その人が成し遂げたことに敬意を払って接すれば、だいたいの人は喜んで知識を授けてくれる。どういう人からでも何かしら学ぶことはあるものだ。成功した人もそこにいたるまでの途上でいくつも失敗をしていると知れば、リスクを厭わずに新たな挑戦をしてみようという意欲が高まるだろう。

私はわずか4人のスタートアップを経営したこともあれば、従業員数25万人を超える大企業でマネージャーをしたこともある。私は何十年も前から、自分で雇った人には「これから1年の間に何も失敗をしなかった人は解雇する」と最初に伝えてきた。失敗を恐れずに挑戦してほしかったからだ。居心地のよい場所にずっととどまるのではなく、そこから外に飛び出してほしかった。固定的なマインドセットの持ち主ばかりでは企業は決して成長しない。

⑥感謝の気持ちを表に出す

毎晩、日記を書くときや、毎朝、起きて鏡を見るときなどに、感謝の気持ちを表に出すようにしよう。自己啓発の偉人として知られるジグ・ジグラーは「みんなが言うとおり、モチベーションは長続きしない。それは風呂にずっと入り続けられないのと同じことだ。だから毎日風呂に入るようにモチベーションも毎日高めればいいんだよ」と言っている。[13]

自己憐憫やネガティブな思考に陥るのではなく、日々感謝の気持ちを表に出して生きるべきだ。**生活の中でつねに自分が感謝すべきものを探す**ようにしよう。プライベートジェットを持つほどの贅沢ができる人はあまりいないだろうが、屋根のあるうちに住み、満足な食事をすることができればそれに感謝すべきだ。目標に向かって努力し続けるだけの気力があるのなら、それにも感謝すべきだろう。少しでも誰かに親切にしてもらったら、「ありがとう」と口に出して言うようにしよう。

『エモーション誌』に発表された論文によれば、新しく知り合った人に感謝の言葉をかけると、その人との関係が長続きしやすいという（後に妻になった女性とはじめて会ったときのことはよく覚えていないが、はじめて会ったあとに彼女は礼状をくれた。そこから私の人生は完全に変わったのだ）。感謝の心を持つことは間違いなく健康にもよい影響を与える。[14]

バックストリート・ボーイズ、ＮＳＹＮＣ、ブリトニー・スピアーズ、ジャネット・ジャクソンなどと契約したジャイヴ・レコードの設立者、ラルフ・サイモンは音楽界でも有名な実業家だが、世界中どこにいても、友人や同僚たちに毎週のように手書きの手紙を送っている。私も彼と友人になって25年は経つが、いまも手紙をくれるし、そのたびに嬉しい気持ちになる。

心からの感謝の気持ちがあれば、ネガティブな感情は鎮められる。後悔、羨望、恐怖、恨み、怒り、憂鬱といった感情をずっと抱えていてもいいことはない。「スター・ウォーズ」でヨーダも言っている。「恐れはダークサイドに通じる。恐れは怒りに、怒りは憎しみに、憎しみは苦しみへと変わる」

感謝の気持ちは攻撃性を下げる。それだけでも健康によい。毎晩、寝る前の15分くらいを使って、自分が感謝していることを書き留めるといいだろう。『アプライド・サイコロジー誌』に２０１１年に発表された論文によれば、それだけで人はリラックスして、深く眠れるという。朝、目覚めたときも何かに感謝して、１日を感謝の気持ちではじめよう。私は毎朝、歯磨きをして髭を剃るときに、鏡の中の自分に向かって「今日は昨日より成長できる。自分にはそれができる力がある」と言う。

成功できる人は必ず、成長のマインドセットを持っている。このマインドセットの持ち主は、たとえ何か障害に突き当たっても、それがどういうものなのか正しく認識できる。ほとんどの障害は一時的なもので、乗り越えられるものだとわかるのだ。

成長のマインドセットを持っていれば、物事を前向きに考え、いろいろなことに感謝できる。そういう人はなんにでも根気強く取り組むことができる。根気強く取り組んでいれば、人はどこまでも前に進める。

第1.5章 フューチャー・プルーフになれる人材

可能性は黄金にも匹敵する宝物である。私たちはみな、中に黄金を隠している。ただ、自分で掘らないと外には出て来ない。

——ジョイス・マイヤー

準備ができたものには、師が現れる。
真に準備が整ったときには、師は去っていく。

——老子

100万ドルはクールじゃない。何がクールかわかるか？ 10億ドルだよ。

——ショーン・パーカー、映画「ソーシャル・ネットワーク」

本を書いていて何より楽しいのは、読者からの声が聞けるときである。私は最初の著書として『自分を破壊せよ！』を書いた。これは、読者が自分の人生を変える手助けをする本だ。ビジネスの世界では誰もが成功できる可能性があることを知らせたいと思った。『自分を破壊せよ！』は、多くの本が共通して発している「世界を変えたいならまず自分を変えるべき」というメッセージを覆している。この本は幸い、世界の多くの国で読者を得ることができた。

私は読者からの反応に謙虚な気持ちになることもあったし、感動させられることもあった。何十カ国もの読者が、本の中の物語を私と共有し、自分の人生やビジネスに活かそうとしたのだ。

たとえば、私はパキスタンの歯科医から感想をもらった。もとは妻と子どもたちを養うことすらできていなかったのが、いまではイスラマバードでもとくに恵まれた生活ができるまでになったという。また、勇気を出して旧態依然としていた会社を変えることができた、という会社員もいたし、副業で成功してそれまでの仕事をやめることができたというシングルマザーもいた。わざわざ何百キロメートルも車を運転して私に会いに来て礼を言ってくれた20代前半の若い読者もいた。その読者は、私の本を読んでからたった2年で、両親と祖父母のために家を買うことができたという。

これまでにもらったどの反応もありがたかったが、別の若者がくれた「この本は気に入ったけれど、自分に書いてあるとおりのことができるとは思えない」という感想は私にとって忘れられないものになった。まだ20代だったその若者はすでに目標をあきらめてしまっていた。可能性を感じられないそのときの仕事は好きになれず、クレジットカードでできた負債にも苦しんでいた。なんとかその日暮らしを続けていく、という未来以外、思い描くことはできなかった。自分は行き詰まっている、人生の敗者だと感じていた。これから先、自分が成功できるなどとは思えなかった。

私はこの若者からのメールを何回も読み返し、なんとか適切な返事をしようと必死になった。私はなんとしても、成功は誰にでも可能だということを証明せねばならなかった。そうでなければ、私は彼の人生を台無しにしてしまうのだ。

いったいどうすれば、このミレニアル世代の若者――もちろんほかの世代の人でもいい――を私は説得できるだろうか。経済的な成功は十分に可能だとどうにかわかってもらいたい。彼は私に助けを求めて叫んでいるように感じられた。彼の痛みは私を苦しめた。しばらくは夜、眠れない日が続いた。働いた経験も少なく、恵まれた家庭環境に育ったわけでもなければ、優れたメンターもいない、そんな人を大富豪に出世させることなど本当にできるのだろうか。それにはどのくらい時間がかかるのか。1年くらいあれば可能なのか。「フューチャー・プルーフ」な人になる方法は学ぶことができるのか。

私はともかく、ひとりの人間を「フューチャー・プルーフ」にし、大富豪にすることに挑戦すると決意した。果たして自分にそれが可能かを試すことにしたのだ。

1年にわたり、特定のひとりのメンターとなり、その人を大富豪へと導くべく努力をした。毎週、何をしたかを詳細に記録し、次にどうするかの綿密な計画を立てた。私の真の目的はあるひとりを教え導くことではなく、誰もが人生を「フューチャー・プルーフ」にできる普遍的な方法を見つけ出すことだった。私が体験によって得たことをここに書くので参考にしてほしい。

どんな人でも億万長者に変える指導

実際の指導をはじめる前に、しなくてはならないことは、どう相手を導いていくか、おおまかな指針を決めることだ。

指導は再現可能でなくてはならないし、誰にでも適用可能でなくてはならない。指導と言っても、基本的には本人が独力で行動しなくてはならないので、するのはあくまで助言であり、時折、相談相手になることだ。私はコーチではあるが、現場で動くのは本人だ。すべてを自分の力でやらなければならない。何かを判断するのもすべて本人だ。どういうビジネスをするか、ニッチをどう見つけるか、顧客をどう獲得するかなどもすべて本人が自分で判断する。努力をするのもすべて本人だ。**本人がすべてを吸収して自分のものにしなくては、「フューチャー・プルーフ」にはなれない。**

経験の浅い起業家は、資金が足りなかった、投資してくれる人を見つけられなかった、ということを失敗の言い訳にしがちだ。私が指導の対象とする人は、大金を持たない人でなくてはならない。ちなみに私のメンターは、私からお金を取ったことは一度もなかった（正直に言えば、ランチ・ミーティングで私がピッツァを奢ったことはあった）。

私は、最初に大きな資金を用意しなくても成功できることを証明したいのだ。ただ、本人が自分の持てるスキルを活かしたさほどの資金の必要でないビジネスを立ちあげ、とくに最初の1年は、そのビジネスを、得た利益のみを再投資することで成長させてもらいたい。

また、はじめの時点で他人と比べて何も優位点を持たない人を選びたい。できれば、企業で働いた経験がまったくないか、経験が浅い人がいい。

そういう人を成功させられれば、経験豊富な人を成功させるのはより簡単になるだろう。できれば労働者階級出身の人がいい。ロールモデルになる人が家族にいたり、資金を貸してもらえるような起業家が周りにいないほうがいい。また、幅広い人脈も持っていない人のほうがいい。慣れない土地に来たばかりという人もいい。なんのセーフティ・ネットもなくロサンゼルスに最近やって来た、というような人がいいのだ。

私は指導する相手のために扉を開けることはしないし、自分の人脈から誰かを紹介することもしない。その人のビジネスが軌道に乗るよう、友人に協力を頼むこともしないし、従業員を見つけることに協力したりもしない。公平を期すため、必ず本人が自分の人脈だけを使うようにし、自分で協力者を探すようにする。

そうして独力で成果を出せば、自分のしたことに誇りを感じ、達成感も得られるはずだ。誇りと達成感は、そのあとに何か壁にぶつかったときに乗り越えるための力になるだろう。成功のためにまず必要なのは**忍耐力**である。忍耐力がない人は、私がいくら助言をしても無駄だろう。忍耐力は教えられて身に付くものではない。

立ち直りの早さも大切だ。これまでの人生ですでにいくつもの困難を乗り越えてきた人は成功の可能性が高いだろう。厳しい環境に生まれ育ち、経済的にも恵まれてはいないけれど、少しでも状況を改善すべく努力してきた、という人がいい。もちろん誰もが絶対に1年で大富豪になれるとは限らないが、それができると信じている人の手助けがしたかった。

私の手法は年齢に関係なく有効ではあるが、私としてはできればミレニアル世代に応用したいとは思っていた。ミレニアル世代は甘やかされており、勤勉努力を嫌がるという偏見もある。私の知人の中にも「ミレニアル世代は、ただ人前に出るだけでも褒められてきたので、何を言っても何をしても褒めてもらえるだろうと思っている」と言っている人がいる。私の2人の息子はまさにミレニアル世代だが、どちらも勤勉に努力をする人間なので、そういう意見はまったく信じていない。同じように世間のイメージを壊すようなミレニアル世代を手助けしたいと思っている。全世界でもとくに人口の多い世代を助け、成功に導くことができれば、その中から後の世代を導いてくれる人が多く現れるのではないかと期待できる。

以上が私の指導の指針である。指針が固まったら、あとは適切な人を選んでその人に全力を注ぐだけだ。

ヴィン・クランシーとの出会い

ある土曜日の朝、私はロサンゼルスで開催されたグロースハッキング（マーケティング手法のひとつ）関連のイベントの観客席にいた。

そこで、壇上を神経質そうに歩き回るひとりの若い登壇者を見た。檻に入れられ、レッドブルを何本も飲まされたヒョウのように、壇上をすごいスピードで行ったり来たりしながら、その若者はとてつもなく早口で話していた。ウィンブルドンでテニスの試合を見ているようなもので、首を左右に急いで動かさねばならず、彼を見ているのはとても疲れた。絶えず動き回る彼に気を取られ、パワーポイントでつくられた100枚を超えるスライドで提示される膨大な量の情報になかなか注意を向けられない。言いたいことがあまりに多いせいで、どれだけ早口で話しても、追いつかないようだった。

また、その細身の若者が金のラメ入りのジャンプスーツに、やはり金のローマの神マーキュリーのような翼のついたヒップホップ風スニーカーという出で立ちだったことも、こちらの集中力を削いでいた。スポットライトの下、彼のきらびやかな衣装はディスコのミラーボールのように輝き、あちこちの壁に光を反射させていた。

そんなとんでもない外見の彼だったが、私は「この人は本物かもしれない」と思って見ていた。エネルギー、情熱、アイデアがとにかくほとばしるようだった。彼は独学で低コストのオンラインマーケティングの手法を学んだのだが、それをどうやってビジネスにしたらいいかがわからないようだった。私はターゲットを見つけた、と思った。

ヴィン・クランシーはロンドンの労働者階級の家庭で育った。姉とともに埃っぽいシェパーズ・ブッシュ地区のカウンシル・ハウジング（公営住宅）に住んでいた。

彼の誕生の数年前、シェパーズ・ブッシュは、車両を停止させて職務質問をしただけの警察官が射殺されたことで、世界的に名を知られるようになった。ヴィンの父親は建物の管理人で、母親は仕事があるときにだけ働いていた。

カウンシル・ハウジングで過ごした子ども時代、ヴィンはつねに貧困と暴力と薬物に囲まれていた。12歳のときは、学校帰りにいつも、リッチモンド・ロードのブルー・ハワイ・レストランに立ち寄っていた。寄るといつもただで1杯のパイナップルジュースを飲ませてくれたからだ。ところがある日、ジュースをくれるはずのウェイターは姿を現さず、代わりにヴィンには仕事が与えられた。そこでの仕事では週に4ポンドもらえた。ヴィンはハイスクールに通う間、その仕事を続けた。

20代のはじめ、ヴィンはいろいろな仕事をした。イギリスの有名なスーパー、テスコの店員をしていたこともある。これといった目標のなかったヴィンは、営業の仕事をしてみたこともあるが、すぐに退屈してやめてしまった。つい最近まで、ヴィンはイギリスで週に100ドルの生活保護を受けて暮らしていた。統計的には、こういう若者は、間もなく死亡するか、刑務所に入ることが多く、出世して大富豪になることはまずないと言える。

これだけの障害がありながらも、いや、あったからこそなのか、ヴィンには他人にはない忍耐力があった。やる気も能力もあるのだが、残念ながら、自分がどちらに向かって進めばいいのか、それがわからない。

だが、オデオン・キングストン・シネマでの夜がすべてを変えた。デヴィッド・フィンチャー監督の映画「ソーシャル・ネットワーク」を見て魅了されたのだ。これは、ベン・メズリックの著書『facebook（夏目大訳、青志社、2010年）』を原作とした映画だ。無名のハッカーだったマーク・ザッカーバーグが世界最年少のビリオネアになるまでを描いている。
アカデミー賞にもノミネートされたこの映画が、ヴィンにひらめきを与えた。ジェシー・アイゼンバーグが演じた主人公に自分と似たものを感じた。自分の未来をどうすべきか、エネルギーをどこに注ぎ込むべきかが見えてきたのだ。自分も有名で裕福なハッカーになろうと思った。

だがそのためにはまず、コンピュータを手に入れて、使い方を学ぶ必要があった。地元の図書館には無料で使えるコンピュータがあったので、手始めにそれを使うことにした。まったく経験はなかったが、独学でコンピュータの使い方を覚え、ソーシャルメディアの仕組みを学ぶこと、そして「システムをハッキングする」方法を学ぶのに全力をあげた。ヴィンは、ネットワーク上で多くの人とつながりはじめた。どうすれば、ソーシャルメディアでのフォロワーを増やせるか、フォロワーとはどう関わればいいか、どういうツールが有効かなどを学んでいった。

彼の世代にはそういう人が多いが、ヴィンの夢もネットワーク上で有名になってハリウッドへと移り住むことだった。彼はカイリー・カーダシアンや、マインクラフトのゲーム動画で有名なイギリスのユーチューバー、ダニエル・ミドルトンのようなソーシャルメディアのインフルエンサーになりたかった。主要なソーシャルメディアにコンテンツを投稿するだけで年に100万ドルも稼ぐような人になりたかったのだ。

ヴィンは、自力でソーシャルメディアのマーケティング・エキスパートになると決意し、ほぼ費用をかけずに、20代のフォロワーを10万人以上まで増やした。

生活を切り詰めて貯金をし、持っているものはすべて売り払って、ロサンゼルス行きの片道チケットを手に入れた。目を輝かせてアメリカにやって来たのだ。アメリカでは、自分の「ヴィン・クランシー・ブランド」を築きあげるつもりだった。

だが、すぐに富も名声もそう簡単に手に入るものではないとわかり、ヴィンはフォロワーを集める自分のスキルを販売しようと考えた。だが、たとえハリウッドでも、金を払ってくれる顧客を見つけるのは容易ではなかった。顧客集めの手段として、ヴィンは、数々のイベントに参加し、そこでノーギャラで講演をするようになった。金もなく、車も、家財道具も持っていなかったヴィンは、2人の生活保護受給者が住むアリの出るアパートに居候をしていた。それでも、まだあきらめてはいなかった。

私が引きつけられたのは、ヴィンが話してくれた「イギリスで新しいパブを開店して、流行らせる方法」だった。ロンドンにはすでに7000軒を超えるパブがあり、新たな店を開いても流行らせるのは至難の業だ。イギリスの首都だけに、どういうかたちであれ、広告を出そうとすれば法外な費用がかかる。ロンドンは賃料もとてつもなく高いので、新しい店は常連客がつかなければすぐにつぶれてしまう。

ヴィンのアイデアを聞いたとき、私は天才だと思った。その方法なら、パブは流行り、彼は大儲けできる。しかも、コストはゼロだ。ソーシャルメディアに広告を出す必要はない。人目を引く綺麗な写真を撮る必要もない。検索で上位に表示される必要もないのだ。

この場合、パブの立場でものを考えてはいけない。ヴィンは自然に、潜在顧客の立場でものを考えることができた。人はなぜ、どのようにしてパブに来るのか。誰とパブに来るのか。パブに来る相手とはどこで出会うのか。

ヴィンはそう考え、どうすればいいかをすぐに思いついた。友人、知人と話をする場所であるソーシャルメディアは、パブへ人を呼ぶのにはあまり役に立たない。使えるのはマッチングアプリだ。マッチングアプリに偽物のプロフィールを載せるのだ。美男美女の写真を使い、偽物のプロフィールを数多く載せておけば、独り者の男女が多く見てくれる。大勢の人さえ集められれば、あとはどうにでもなる。

「当然、そのプロフィールを持つ人物は実在しないのだけれど、プロフィールをつくったのがどういう人物かは、新たに開店したパブに来れば確かめられるようにしておくんです」

ヴィンはそう話した。実際、この戦略はすぐに効果を発揮し、多くの人々が反応を示した。ジョークだと理解した人たちは、そのことを友人に知らせた。やがて、マスコミがこのハッキングについて報道しはじめ、話題のパブには人が多く詰めかけるようになった。

ヴィンはこのように、常識外れの発想ができた。彼本人の言葉を借りれば「ハッカーらしい」考え方をしたというわけだ。

「君ほど大富豪になれる可能性が高い人はいない」

すでに書いてきたとおり、ヴィンを「フューチャー・プルーフ」な人にするのであれば、まず私は、彼が成長のマインドセットの持ち主であるか否かを確かめる必要がある。**「自分は出世して1年以内に大富豪になれる」ということをはじめから信じられるような人物かどうかが大事だ。**

ヴィンがそうした人物であるか確かめるため、カリフォルニア大学リバーサイド校の心理学教授リチャード・ローゼンタールが考案したテクニックを使うことにした。

ローゼンタールは、いわゆる「自己達成的予言」が生徒の成績に与える影響について調べた。ある小学校で、学年のはじめ、全生徒にＩＱテストを受けてもらう。ローゼンタールは担当の教師たちに、「テストの結果から、この先、知的能力が伸びていきそうな生徒」を伝える。すると、その生徒は実際に知的能力が伸びることが多い。だが、ローゼンタールは嘘を言っている。本当は、「知的能力が伸びていきそうな生徒」は、完全にランダムに選ばれており、ＩＱテストの結果とはなんの関係もない。ローゼンタールは、教師がこの生徒は特別だと信じることが、その子の成長、成績にどう影響するかを確かめたかったのである。

学年の終わりに再度ＩＱテストを受けると、「伸びていきそう」と教師に伝えられた生徒はほかの生徒たちよりも明らかにスコアが向上していた。ただ「この生徒は賢い」と言うだけで本当に賢くなったのだ。

この現象は**「ピグマリオン効果」**とも呼ばれる。伸びていくという予言が成就すれば、さらに伸びていきそうに思え、それがさらに好結果につながる、というふうな好循環も生まれる。

私はヴィン・クランシーを支援対象に選ぶにあたっても、ピグマリオン効果を利用した。そうすれば、成功の確率はあがるはずだった。はじめの段階で、私はヴィンに「自分はこれまでに数多くの人間に会って来たが、能力、気力、知力などから見て、君ほど大富豪になれる可能性が高い人はいなかった」と告げたのだ。

ヴィンは私の言葉に喜び、大富豪になることに全エネルギーを注ぐと改めて決意をした。私とはじめて話をしたあと、ヴィンはそのレストランにひとり残り、自分だけのために文章を書いた（それを次に載せておく。半年後、信じられないほどの大成功を収めたあと、私に見せてくれた）。

映画「レクイエム・フォー・ドリーム」の中に、女性が精神分析医に会いに行くシーンがある。女性と医師の間には大きな力の不均衡がある。女性は医師の持っている金がほしい。医師は彼女の何を求めているのか。それが見ているうちにわかってくる。僕はさっきまでとてつもない大金持ちと食事をしていて、そのシーンを思い出した。僕はどうしても彼と同じような大金持ちになりたい。

彼は誰かを選んで、1年以内にスターに、大富豪にしたいのだという。

彼は人の指導をしている。顧客も大勢いる。本も書いていて、ベストセラーになっている。僕みたいに退屈な仕事に飽き飽きした人間を救う魔法が使えるみたいだ。

僕たちはビーチでピッツァを食べた。僕は興奮していたけれど、あえてそれを隠してなんでもないような態度を取った。僕にはそういうところがあるんだな（本当に興奮するようなことってめったにないし。期待しすぎてがっかりするのも嫌だ。本当にうまくいくとは限らないし。興奮しすぎるのはよくない）。

インターネットをいまのようにした3つの会社の立ちあげチームにもいた人らしい。毎年、何十億ドルと稼ぎ出す有名企業の副会長もしている。当然のように、カリフォルニアの有名人はみんな知り合いだ。

この四半世紀、世界を変えてきた会社に関わってきただけでなく、引退前に、自分の人生を変えられるような若者を探して助言をしたいと思っているらしい。

そのためにたくさんの人と会って話をしているということだ。僕は大勢のうちのひとり。僕のライバルのひとりとも話をしたと言っていた（なんてこった、ちくしょう、と僕は心の中で思った）。僕は彼の言うことを全部、信じるしかないだろう。

産まれたばかりの僕を、両親がそのとき暮らしていた家に連れて帰ると、すぐそばでギャングがひとり、膝を撃たれて倒れていた。ギャングの縄張り争いが激しくなり、殺人が毎週のように起きていた。幸い、僕ら家族はもう少しいいうちに引っ越せてそこから先はましな暮らしができるようになった。

僕は長い道のりを歩いて来た。多分、いま、ずっと待ち望んでいたものがやって来たんだと思う。

会話の主導権をとることはできなかった。一応、僕も話はしたけれど、ほとんどは聞き役だった。僕らはみんな導いてくれる人を探している。自分だけの救世主を求めているんだ。いつだって人生は厳しいからね（うまくやった奴だっていつおかしくなるかわからない）。「僕らはみんな過去を爆発させたい、捨て去りたいと願っている」とエミネムも言っていた。

僕は言いたかった。「あなたがもし僕を選ばなかったら、別の誰かを選ぶことになるんですか」と。ひとりだけ選ばれるとは限らないけど、僕は2番目は嫌だった。ただし、それは口に出さずに黙っていた。もし、彼が僕を選ばなかったとしたら、それは大きな間違いだと、僕は自信を持って言える（実際にそう言うだろう）。

まだロサンゼルスに来てたったの1カ月だし、チャンスは多そうで勇気が出る。だけどそれは僕があまりにも必死ですぐに「これはきっとチャンスだ」と思ってしまうせいかもしれない。だからこの街に本当にチャンスが多いのかはわからない。これを書き終えてレストランを出るときには「ばかやろう！　誰の助けもなくたって俺はやってみせるさ」という気分になっているかもしれない。

唯一の慰めは、僕には自分を励ますことができるということだ。自分の気分をよくする術を知っている。生活保護を受けていたときのあの絶望的な気持ちはいつまでもなくならない。いつか自分の望むものを手に入れればなくなるのかもしれない。でも、いいことか悪いことかはわからないけれど、本当に貧しかったころのことを思い出せば、決意が固くなるんだ。もう絶対にあんなふうにはならないって思う。この街に出て来て、いまは僕の存在に誰もが無関心だけど、どうにか一矢報いる方法を見つけようと思う。


成功したビジネスマンが「この人ならやれる」と思ってただひとりだけ選んだ、というメッセージは、間違いなくヴィンの自信を強化した。ヴィンは完全に「自分ならやれる。絶対にやる」と信じられるようになった。ナポレオン・ヒルの「人が心に思い描けること、信じられることは、すべて実現することができる」という言葉があるが、まさにそのとおりだと思う。

何をどうするかを決めるのはヴィン自身だし、行動するのも本人だ。ただ、**最初の段階で私は、具体的な目標を立てることが重要**だと話した。

毎日の目標、1週間の目標、1カ月の目標を設定する。目標を決め、それを達成するための計画を立てる、そうすると比較的、容易に集中力を保つことができる。目標、計画を立て、達成できたことを記録するのには日記を書くのが有効だ。こうしたことすべてが成長のマインドセットを強化するのに役立つ。

毎朝、無数のメール、留守番電話のメッセージ、ショート・メッセージなどが入っていて、それに応答するだけで大変、まるで底なし沼に落ちたようになってしまう、という人もいるだろう。

だから、ヴィンには**毎週1通だけ私にメールを出してもらう**ことにした。そこにはその週の目標を書いてもらう。そして、**毎週金曜日に会うときに、達成度を確認する**。成果を最大限に高めるには、つねに、1日のうちで特定の時間にしかできないことに集中することが大切だ。たとえば、営業の電話を午後11時にかけるわけにはいかないだろう。ヴィンの場合は、日中を売り込みに、夜は企画書の作成に充てるのが最も有効だった。

ここで読者には、ヴィンにも言わなかった秘密を明かすことにする。「数多くの人に会って君に決めた」と私はヴィンに告げたのだが、実際には私は彼を選ぶにあたってほかの誰とも会っていない。また、科学の実験で言う「対照群」にあたる人はいない。ヴィンと、私が何もしなかった別の人とを比較することはできない。しかも、はじめから有望と思った人を選んでいるので、私の助言がどこまで有効かわからない、と思う人もいるはずだ。だが、とにかく私はヴィンだけを選び、私の方法がどこまで有効かを確かめる実験をした。それは事実だ。

自分でヴィンを選んだわけなので、私には責任があった。私はただ助言をするだけでなく、３６５日、彼のやる気と集中力を保たせなくてはならなかった。ヴィンは「いままでこんなに働いたことはなかった」と何度も言っていた。

また、若い人だけに、友人と遊びに行ったりする時間がほぼなかったのもつらかったようだ。「うまくいったら、絶対に休暇を取ってどこかへ行きます」とヴィンは繰り返し言った。睡眠も十分に取れず、疲れ切ってしまうことも多かったが、ヴィンは1年間、ずっとめげることなく粘り強くがんばり続けた。

第2章

1カ月目

問題は成功の種

稼いだ総額

0ドル

私はそれほど賢いわけではありません。ただ人よりも長く同じ問題と向き合っているだけです。

――アルベルト・アインシュタイン

人生は苦しみだ……何か変わったことを言う奴は何かを売りつけようとしているだけだ。

――ザ・マン・イン・ブラック

映画「プリンセス・ブライド・ストーリー」

真実2　短所は長所に変わる

その少年は交通事故で片腕を失った。両親は、少年に柔道を習わせることにした。そうすれば、少しは自信がつくのではないかと思ったのだ。指導をした日本人の師匠は、わずか10歳の少年の取り組む態度の素晴らしさに感心し、つきっきりで教えるようになった。少年は真剣に修業に励んだ。何週間も昼も夜も稽古を続けた。

厳しい稽古が3カ月続いたころ、少年は師匠がひとつの技しか教えてくれていないことに不満を持つようになった。

「先生、僕はずっと同じ技ばかり稽古しています。そろそろ別の技も教わりたいです」と少年は言った。

「君はこの技を覚えた」師匠は言った。「君が覚えるべき技はこれひとつだけだよ」

師匠を尊敬していた少年はさらに同じ技の稽古を続けて、やがて最初の試合に出られるほどの自信をつけた。師匠が見守る中、少年は最初の相手にあっという間に勝った。次の試合もその次の試合も勝った。勝ち進むにつれ、当然のように、身体が大きくて経験の豊富な相手と当たるようになる。だが、少年は気力を振り絞って次々に相手を倒していき、驚いたことに決勝までたどり着いた。決勝の相手は少年よりかなり年上で、しかも身体は倍ほどもあった。審判は片腕の少年を見て試合をやめさせようとした。少年がその日、本当にがんばったことはよくわかっていたが、この試合は危険なのではと心配になったのだ。だが、師匠はかまわず試合をさせるよう審判に言った。決勝の相手はやはり相当な腕前だった。大きな身体で片腕の少年に襲いかかって来る。体格と腕力に差があるので、まともに組み合っては勝ち目がない。少年はつかまらないよう畳の上を素早く動き回る。追いかけるのに疲れた相手に一瞬の隙が生じたとき、少年は唯一知っている技をしかけ、見事、試合に勝った。

帰り際、少年は小声で師匠に尋ねた。

「あんな強い相手に、どうしてひとつの技しか知らない僕が勝てたのでしょうか」

「理由はふたつある」師匠は笑顔で答えた。「まず、君が柔道でも一番難しい投げ技を完璧に習得したことだ。そして2つ目は、相手の左腕をつかまない限り、その技は防げない、ということだ」

少年の抱えていた障害が、その試合では強みになったのである。

富を生み出すのは「問題」

実を言えば、**富の源泉となるのは多くの場合、生産物というよりも「問題」**である。友人の抱える問題を次々に解決すれば、あなたは人気者になるだろう。何百万人もの問題を解決できれば、あなたは富豪になれる。10億人の問題を解決すれば、世界を変えることができる。

偉大な製品、サービス、企業が偉大なのは、多くの人の問題を解決したからだ。少年の失われた片腕は長年、少年にとって妨げになってきた問題ではあったが、それが成功の源にもなり得た。

富は何かを売ることによって生まれると誤解している人は多い。安く買って、高く売る、それが基本だ。あるいは、安く売るのであれば大量に売る。いわゆる薄利多売だ。たとえば、サム・ウォルトンがウォルマートでアメリカでも有数の大富豪になったのは、薄利多売のおかげだと思われている。

しかし、実際にはそうではない。ウォルマート以前にも、薄利多売をする小売店はアメリカの主要都市すべてに無数にあった。ウォルマートが年に5000億ドルを超える売上を持つ企業になったのは、サムに満たされないニーズを見つけ出す洞察力があったからだ。

ほかの大手チェーンは主要都市にばかり出店していた。サムは、小都市の家庭が抱える問題に注目したのだ。小都市に住む人たちは、いちいち大都市の店舗にまで長時間かけて行き、大量の商品を抱えて帰る必要があった。サムはその問題を解決しようとした。アーカンソー州ロジャース、ミズーリ州シケストン、オクラホマ州クレアモントといった田舎町に住む人たちの買い物を便利にしたのだ。

50年後にジェフ・ベゾスが世界一の大富豪になったのも、サムと同じ問題を解決したからだ。ベゾスはとくに競合他社に比べて安売りをしたわけではない。アマゾンは安売りには注力していない。競合他社がまだショッピングモールに力を入れている時期に、人々が容易にeコマースへと移行できるようにした。

ベゾスは、人々の時間を節約し、買い物にまつわるすべての面倒をなくしたのだ。もはやわざわざ家族を車に乗せてモールに行き、車を停めるために駐車場をさまよった挙げ句、買いたいものは品切れだった、などという目に遭うことはない。

問題はいたるところにある。何か問題を抱えているのなら、それに感謝すべきだ。問題があれば、解決できる可能性がある。**日々あなたを苦しめている問題は、じつは何百万人もが共通して抱えているものかもしれない。**

問題は何も、気候変動や津波といった大きなものでなくてもかまわない。「これを解決してくれたらお金を払ってもいい」と人が思うような問題であれば、些細なものでいいのだ。ドリルがほしくてホームセンターに行く人はほとんどいない。ドリルを買う人が本当にほしいのは、そのドリルで開けた穴である。

当時52歳だった旅客機の客室乗務員、サンディー・スタインは、いつもハンドバッグに入れたはずの鍵を見つけるのに苦労していた。毎度あまりにも見つからないのに業を煮やしたスタインは、4カ月かけてその問題を解決する金具をつくり「キー・ファインダーズ・パース」と名づけた。その後、キー・ファインダーズ・パースはたった4カ月間で、なんと100万ドルもの売上を彼女にもたらした。8カ月で100万個以上も売れたのだ。

スタインは、自分の抱えていた問題は、彼女だけではなく、数多くの人に共通する問題だったことを知った。みなが解決を待っていた問題だったのだ。

解決すべき問題を見つける

問題を解決するには、まずその存在を認識する必要がある。本書では繰り返し言うことになるが、**成功をつかむのに必要なのは、洞察力と忍耐力**である。この章では、ほとんどの人が見逃している問題に気づけるような洞察力をどうすれば持てるかを書くことにする。

これから読者には、30日間、**「1日に最低3つの問題を見つける」**という課題に取り組んでもらいたい。手始めに、この本を置いて、**あなたの人生に存在する問題を3つ書き留めてみよう。**そして、まる**1カ月間、毎日、最低3つの問題を書き留めていく**のだ。

インデックス・カードを用意して、問題を書き留め、それぞれにできるだけ詳しい説明をつける（説明を書いておかないと、そもそもなんのことだったか、3週間もしないうちに忘れてしまう恐れがある）。「犬の散歩をする時間がない」かもしれないし、「娘のサッカー・チームのためにTシャツを注文しなくてはいけなかったのに忘れてしまった」かもしれない。問題の種類はなんでもいい。個人的な問題であればいいのだ（逆に、「世界が平和にならない」、「がんを撲滅できない」など大きすぎる問題は避ける）。

おそらくはじめのうちは簡単に見つかるだろう。問題は身の回りにあふれているからだ。

あなたと関わるすべての人が問題を抱えている。だが、数日続けると、だんだん問題を見つけるのが難しくなる。そこからが本当の課題がはじまると言っていいだろう。意識的に考えなければ、何も思いつかなくなるのだ。

ほとんどの人は、最初の数日が終わると行き詰まる。「もう問題は出尽くした」そう思う。その人の人生が完璧なわけではない。**ただ問題の存在に注意が向いていないだけ**だ。

私たち人間は日々の生活を簡単にするため、ほとんどの活動を習慣化、自動化している。仕事には毎日、同じ経路で行く。新しい経路を探そうとは考えもしない。来る日も来る日も同じ道を通る。「これについては考える必要がない」といったん決めれば、それ以降はまったく考えないのである。

普段は夢遊病に近い状態で生きている人が多いということだ。この課題は、あなたを眠りから覚ますためのものだ。あなたの毎日にはどのような軋轢が存在しているだろう。どんな些細なことでもいいので、見つけ出して書き留める。そうすれば、隠れていた宝物が見つかるかもしれない。

30日間、毎日のすべての瞬間を注意深く観察する。たとえば、朝の時間。目を覚ますとまず、薬を飲むことになっている。ただ、そこに電話がかかってきたとする。しばらく友人と楽しく話す。すると、自分が薬を飲んだかどうかがわからなくなってしまう。ほとんどの日は自動運転の状態で何も困らないのに、こんなふうに不測の事態が起きることもある。

　これは私の友人のラリー・トゥワースキーに実際に起きたことだ。電話を切ったラリーは、自分が薬をすでに飲んだかどうかわからなくなった。もし、電話の前にすでに飲んでいて、うっかり電話のあとにも飲んでしまったら、過剰服薬である。反対に電話の前に飲んでいなかったとしたら、電話のあとに飲まないと体調が大きく悪化する恐れがある。

　たいていの人は「こんなことを忘れるなんてもう年だな」くらいに思ってそのまま忘れてしまう。だがラリーは問題の存在を認識した。自分と同じように薬を飲んだかどうか忘れてしまい、飲みすぎたり、飲まなかったりしたことのある人は多いのではないかと考えた。毎日決まった薬を飲まなくてはならない人も多いはずだ（調べたところ、なんとアメリカ人の55パーセントが毎日決まった薬を飲んでいるとわかった）。ＩＭＳ医療情報学協会によれば、アメリカ人に年間に発行される処方箋の数は43億通にもなるという。いまは医薬、医療のコストが増加し続けているため、ラリーの抱えていた一見、些細な問題は、数十億円規模のビジネスにつながる可能性を秘めていた。

　ラリーの思いついた解決策は驚くほど単純なものだった。お子様ランチのおまけについて来るような安価なデジタル時計を薬瓶の蓋に取りつけたのだ。瓶の蓋を開けるたびに、時計がリセットされ、経過時間が「０」に戻る。こうしておけば、仮に朝、電話がかかってきたとしても、電話を切ってから時計を見ればいい。前回、蓋を開けてからどのくらいの時間が経ったかが表示されるからだ。たとえば、前回蓋を開けてから12時間が経過していれば、「今朝はまだ薬を飲んでいない」とわかる。

ラリーの考案したこの「タイマーキャップ」は、何千という薬局に採用された。ほんの簡単な思いつきだけで、ラリーは何百万という人の健康を保ち、過剰投薬を防ぐ製品を生み出すことができた。毎日の生活の一瞬一瞬に、こうした重要な問題が隠れている可能性がある。その問題を解決できれば大金を稼げるかもしれないのだ。

この課題で大事なのは、自分の頭の中の小さな声に耳を傾けることだ。この文章を読んでいる間も、頭の中では何か声がすることがあるはずだ。声が聞こえたら、それを書き留める。たとえば、空港にいるとき、「そういえば、車はどこに停めたかな?」という声がすることもある。ある店で「ホットドッグは10個セットで売っているのに、どうして、ホットドッグ用のパンは8個セットなんだ?」と思うこともある。こういう疑問の声の中には大事なものもあればそうでないものもあるが、とにかく自分の頭の中の声を意識していれば、よい結果を生むことが増える。

問題があるからこそ創造力を発揮できる。行き詰まったときには、周囲の人たち、家族、友人、同僚などを見てみよう。日ごろ、どういう不満を言っているだろうか。本人たちも気づいていない問題があるかもしれない。あなたが代わりにそれに気づければしめたものだ。

私の友人、デイヴ・カールソンは、二代目の屋根職人だ。毎日、うだるように暑い日も、凍えるほど寒い日も作業靴を履いて、はしごに登り、巻き尺の先についたボールを投げる。屋根の大きさを正確に測るためだ。屋根の修繕費用は、屋根の大きさに比例する。樹木や雹などで屋根が傷ついた場合、保険会社は、修繕費用の見積もりのために屋根の正確な大きさを知る必要がある。

デイヴは自分の仕事がいかに危険かをよく知っていたので、保険会社の査定人の作業を見て驚くことが多かった。みな、スーツに滑りやすい革靴で屋根にあがるのだ。それがどれほど危険なことかわかっていないらしい。つまり、そこには生死に関わるような問題があるということだった。

ある夜、グーグルアースを使っていたデイヴはふと、航空写真を使って屋根の大きさを測れないものだろうか、と思った。そこで、デイヴは模型の鳥小屋を使い、エンジニアの義理の弟とともに「イーグルビュー・テクノロジーズ」という会社をつくった。この会社では、人工衛星の画像を使い、コンピュータで屋根の大きさ、形状、傾斜、面積などを推測する。

数年後、この会社は６億５０００万ドルで売れた。そして、デイヴは二度と屋根に登らなくてよくなった。ひとつの問題を発見し、解決したことでデイヴは成功でき、いまでは中米に自分の島を所有するまでになった。

1カ月間、最後まで課題をやり遂げれば、解決を必要とする90の問題が並んだリストができるはずだ。90の問題それぞれが、大金を生み出すアイデアにつながり得る。

「スケール」と「熱量」

問題のリストができたら、次はその中からより深く追求するべきものを選んでみよう。まずは個々の問題を**「スケール」**と**「自分の熱意」**というふたつの尺度で評価する。

私は南カリフォルニア大学で「ハイテクスタートアップの立ちあげ方」という講座を受け持っている。その講座の学生からよく、「寮生相手に食事のデリバリーをするビジネスをはじめたい」と相談される。たしかに、夜中に空腹で苦しんでいる寮生は多いだろうとは思う。

だが、苦労して開業をしたとしても、そのビジネスの**「総獲得可能市場(TAM)」**は3000人を超えない。つまり、時間と労力の無駄ということだ。**重要なのは、総獲得可能市場が巨大になるような問題を選ぶことだ。**ビジネスを成長させるための資金を集めようとすれば、投資家やベンチャーキャピタリストに総獲得可能市場を査定されることになる。

問題の潜在市場の規模を見積もる場合は、自分の地元の街や県、または自分の住んでいる国のことだけ考えていてはいけない。その問題を抱えている人が世界中にどのくらいの数いるかを考える。当然、問題を抱えている人の数が多いほど、大きなビジネスチャンスがある。

総獲得可能市場を評価する際には、現実離れした想定をしないよう注意する。私は以前、冒頭に「アメリカ人が毎週1個、ラビットバーガーを食べるとして……」と書かれたビジネス提案書を読んだことがある。こういう想定では何もうまくいかないだろう。

最初のうちは、地元の狭い範囲で自分のアイデアが有効かをテストすることになる。でも、ウーバー、エアビーアンドビー、フェイスブック、ドロップボックスなどもそうだったが、総獲得可能市場がグローバルであれば、いずれは全世界に展開する大きなビジネスに成長させることができる。

もうひとつの尺度、**「自分の熱量」は、長期的な成功にとってはひとつ目よりも重要だ**ろう。リストに並んだ問題を、個人的に解決への熱意がどの程度あるかで評価する（第6章で、この熱意に関してはさらに詳しく説明する）。

トム・ビリューは、成功したソフトウェアスタートアップ企業で働いていたが、満たされない気持ちを抱えていた。トムは栄養学に関心があり、自分の母親のような肥満の人が健康になるための手助けがしたかった。結局、トムは仕事をやめ、自分のやりたいことを追求するために「クエスト・ニュートリション」という会社をつくった。

トムが起業した時点で、市場には１６００種類を超えるプロテインバーが存在していたが、その大半に砂糖など、「ヘルシー」とは言えない原料が使われていた。

クエスト・ニュートリションは当時、アメリカでも2番目に急成長した企業となったが、それは市場にプロテインバーが不足していたからではない。急成長できたのは、創業者に「みんなに健康的な食生活をしてもらいたい」という熱意があったからだ。

クエスト・ニュートリションを10億ドルで売却すると、トムは新たにインパクト・セオリーという企業をはじめ、次は、自ら起業したい人を支援することにエネルギーを注ぐようになった。

どのようなものであれ、新たに企業を興すことは容易ではない。いまは10億ドル規模になった企業であっても、何度も困難に直面し、思いがけない障害に行く手を阻まれてきた。そういうとき、前進するためには熱意が必要である。**熱意を持って解決に取り組めるかどうかは、その問題があなたにとってどれほど重要かによって変わってくる**だろう。

問題解決のための7つのステップ

問題を発見するのにはたっぷり1カ月かけたが、解決策を見つけることはそれに比べればたやすい。デロイト・コンサルティングの独立副会長だった私は、大手のコンサルタント会社ならば、必ず独自の問題解決のためのフレームワークを持っていると知っている。また、ハーバード・ビジネス・スクールの講座は、結局はどれも、問題解決が主なテーマになっていると言ってもいいだろう。私は次に紹介する「問題解決のための７つのステップ」がシンプルで気に入っている。これならば誰でも実践が可能だろう。

ステップ①　問題の確認

すでに30日間をかけたで取り組むべき課題は見つかっているはずだが、このステップでは、その問題がどういうものなのか詳しく調べていくのだ。**目標が明確になるほど、具体的にどうなれば問題解決と言えるかが明確になるほど、解決策は簡単に見つかる**だろう。

たとえば、「床が汚い」という問題があったとする。これを「掃除の必要がある」と言い換えれば、よりよい解決策が見つけやすくなるだろう。このような場合、便利な掃除道具をつくればよいとわかる。実際、市場で大ヒットし、巨額の利益を生んでいる掃除道具がいくつも存在する。

ステップ②　目標の設定

どうなれば成功と言えるのか。どうなれば、問題は解決したと言えるのか。それを決める。

たとえば、「ウェイズ」というカーナビアプリは何も道路から渋滞をなくすわけではない。魔法が使えるわけではないのだ。ただ、車をできる限り広い範囲に分散させて、交通を効率化できれば成功とみなすことができる。決して地上の楽園をつくり出す必要はない。みなの生活を少し楽にできれば十分だ。

成功を見極める際には、できる限り多くの情報を集めるべきだろう。自分だけの基準で判断してはいけない。他人の成功の基準はあなたよりも高いことも低いこともあるからだ。また、解決策の総獲得可能市場はできるだけ大きいことが望ましい。

たとえば、スイファー（訳注：日本の「クイックルワイパー」に似た、シート交換式フロアモップ）のマーケティングチームが、自分たちの成功を「スーパーマーケットの掃除用品売り場からほうきを駆逐して、代わりに自分たちの商品が置かれるようにする」と定義すれば、そのあと会社としてどう動けばいいかが明確にわかる。スイファーは、ハンドルを分解可能にしてパッケージをコンパクトにしたことで、床用ワックスや、洗剤の隣の棚に簡単に置けるようになり、売り場に多くのスペースを確保できた。

ステップ③　ブレインストーミング

ホワイトボードを前に、デリバリーのピザを食べながらみんなで話をしただけで素晴らしいアイデアが生まれた、という例は過去に数多くある。ブレインストーミングのテクニックについて書いた本は無数に存在している。すべての本に共通して書かれているのは、参加者全員が自由に意見を言える雰囲気づくりが重要ということだ。何を言ってもからかわれたり、バカにされたりしないと思えることが大切である。

そもそも**完璧な答えを持っていたらブレインストーミングになど参加する必要はない。**なので、私は、中途半端なアイデアでいいから話してほしいと言って、みんなの気を楽にさせるようにしている。誰かの半端なアイデアと別の誰かの半端なアイデアを組み合わせれば、よいアイデアになるかもしれない。

私は以前、クラウドファンディング式のオンライン不動産会社の会長をしていたことがある。その会社のコンセプトは素晴らしかったのだが、知名度をあげるためにマスコミに取りあげてもらいたいと思ってもなかなかうまくいかずに困っていた。新聞の不動産担当の記者たちは、クラウドファンディングなどのデジタルの世界をよくわかっていなかったし、インターネットのライターたちは、アパートやショッピングセンターの取引にはあまり関心がない。

そこでブレインストーミングを行ったところ、真の問題が明らかになった。問題は、クラウドファンディングでも、不動産でもなかった。時間に余裕のあるジャーナリストをどこで見つけるか、だった。２０１４年のことだ。

コーチェラ・バレー・ミュージック・フェスティバルはそのころから、３日間だけのイベントから、2回の週末にまたがるイベントへと拡大された。その年は、アウトキャスト、ベック、クイーン・オブ・ザ・ストーン・エイジ、ファレル・ウィリアムス、ブライアン・フェリー、スクリレックスのほか、有名ミュージシャンが多数、出演し、動員した聴衆の数も非常に多かった。もちろん、マスコミもこのイベントを大きく報道した。私の見たところ、イベントが開催された週末と週末の間の、何もネタがないはずの5日間にも、６００人もの報道陣がパーム・スプリングスにとどまっていた。

それで思いついたのが、不動産のクラウドファンディングと音楽とを結びつけることだ。それができればマスコミの関心を引くことができる。私は、パーム・スプリングスのハードロック・ホテルに１００万ドル規模のクラウドファンディング・キャンペーンの話を持ちかけた。するとそのことがマスコミで大きく報道された。なんと遠くロンドンでも報道されたのである。おかげで、何千人もの投資家を集めることに成功した。

ブレインストーミングに多くの視点が加わるほど、問題をさまざまな角度で見ることができる。チームがそれぞれに文化の異なる人たちから構成されていると、さらにその点で有利になるだろう。この時点では、**思いつく解決策が本当に実行可能か、コストはどのくらいか、などは考えなくていい。**ともかく大勢で集まって、思いついたことを話せばいい。

現在のようにテクノロジーの進歩が速い時代には、ブレインストーミングに**最新のバズワードを積極的に取り入れる**のもよい方法だ。ブロックチェーン、バーチャルリアリティ、クラウド、ＡＩなどを問題解決に利用できないか、と考えるのである。

テクノロジーが新しいものであればあるほど、競合に負ける恐れは減るだろう。ウーバー・テクノロジーズが成功しはじめたころ、同じように「ウーバー式」のサービスをするスタートアップが多数立ちあがった。たとえば、犬の散歩（ローバー）や、部屋の掃除（ハンディ）、マッサージ（スーズ）、ベイビーシッター（ポピー）をウーバー化する企業にベンチャーキャピタルが次々に投資した。

ついでに言えば、**新しいビジネスに投資を募りたいと思ったら、何かすでに成功しているビジネスモデルとの共通点を強調するのがコツ**だ。そうすれば、あなたが何をしたいと考えているかが伝わりやすくなり、投資をしたいと考える人も増えるだろう。アイデアそのものはたいしたことがなくても、その方法をとれば比較的、簡単に資金が集まることもある。

ステップ④　解決策の評価

複数の候補がある場合は比較をする。中にはそもそも物理的に不可能なものもあるだろう。すでにほかの誰かが試みて失敗に終わっているものもあるかもしれない。

可能なとき、また可能なところには、**できる限りデータを取り入れ、意思決定に活かす**べきだ。消費者は何にならお金を払うのか。その解決策は、ユーザーの時間、お金をどのくらい節約できるのか。ユーザーとは誰か。その人たちはなぜ、その解決策を求めるのか。そういったことをよく考える。ミニバンがほしいかを独身者に尋ねてもあまり意味がない。

調査をする際には**対象をよく選ぶ**ことも大切だ。顧客となり得る人について深く調べる。できれば、直接、話をする。そうして解決策の候補をひとつかふたつにまで絞り込む。

ステップ⑤　解決策の選択と有効性の検証

最初の打席で場外ホームランを打てる人はまずいない。何をするにしても最初はうまくいかないのが普通だ。**テストをして失敗することで、隠れていた別のニーズが見つかることも多い。**

ミレニアル世代の人にこんなことを言っても信じてもらえないかもしれないが、ノキアがはじめ出したカメラつきの携帯電話はまったく売れなかった。電話になぜカメラがいるのか誰にもわからなかったからだ。ノキアはニーズの存在は認識していたのに、つくった製品はそれに応えられなかった。

そのデバイスを流行らせたければ、ノキアは若いカップルを雇って、タイムズ・スクエアのような人通りの多い観光スポットを歩いてもらい、通行人に「自分たちの写真を撮ってほしい」と頼んでもらうべきだった。カップルがカメラつき携帯電話を通行人に手渡すことで、その人が未来の顧客になる可能性が生まれる。「なるほど携帯にカメラがついていれば、カメラをいつも持ち歩けて便利だな」と思ってもらえればいいのだ。実際、カメラつき携帯電話が普及しはじめると、はじめの2年くらいで、人類はそれまでの１５０年に撮られたよりも多くの写真を撮ることになった。

ステップ⑥　商品やサービスを実際に市場に投入して結果を見る

結果は早くわかるほど、それへの対応も早くできる。いまは全世界で30億人を超える人たちがソーシャルメディアを利用しているので、思いがけない場所で突然、その商品やサービスが人気を博することがある。

たとえば、イギリス、ウースターの電気掃除機、ガーデニング用品メーカーのグレイ・テックは、台湾のあるVロガーが「グレイ・テックの小型掃除機はベッドの下を掃除するのにすごく便利」という動画を投稿したことで、掃除機が台湾だけで4万台も売れた。フェイスブック、インスタグラム、ティックトック、スナップ、LinkedInなどがあるおかげで歴史上はじめて、スタートアップでもグローバルにビジネスを展開できる状況になっている。

ステップ⑦　絶えず解決策の評価をし続ける

市場の状況はつねに変化するし、模倣する競合者も現れる。顧客の状況をよく見ることも大切だが、同じように競合者の状況にもつねに目を光らせていなくてはならない。未開拓の市場をつくれば、最初のうちはほかに誰もいないが、その状況はおそらく長くは続かない。

グーグルが自動運転車の実験をはじめたころ、競合者になり得るデトロイトや日本、ヨーロッパの自動車メーカーはそれを笑い飛ばしていた。自動運転車に搭載されたLiDARセンターにかかるコストが1台あたり7万5000ドルにもなったからだ。だが現在では、ルミナーなどの企業から提供されるInGaAsを利用したセンサーは、1ユニットあたり3ドルにまでなっている。そのため誰もが市場に参入できる状態になった。

ヴィン・クランシーの解決すべき問題

私に会うまで、ヴィン・クランシーは自分のことをハッカーだと思っていた。プロのエンジニアとは言えなかったが、ヴィンはたしかに独学でソフトウェアのことを熱心に勉強していたし、その旺盛な知的好奇心で、最新のショートカット、ハック、オンラインマーケティングのテクニックなどを知るとすぐに自分で試していた。

ヴィンにとってコンピュータ、インターネット上のソフトウェア、サービスなどの仕組みを解き明かすことは、仕事ではなく楽しみであり、夢中になれる無料の趣味だった。自分のしたいことに合ったツールがあっても有料のものには手が出せなかったので、ヴィンはオープンソースのユーティリティーやシェアウェアなどを探し求めてインターネットを何時間もさまよった。いつしかヴィンは、最新のもの、すごいものを求めてチャットグループで長い時間を過ごすようになった。

そして数年経つとグロースハッカーとして名が知られるようになり、ソーシャルメディアには少ないながらも彼を熱烈に支持してくれるフォロワーが現れるようになった。グロースハッキングとは、グーグルやフェイスブックに大金の必要な広告を出すことなく、大手企業のマーケターと競争する手法のことである。

多くの「ソーシャルメディアエキスパート」たちは、標的となるオーディエンスに何かを知らせるのに大きな額の予算を必要とするのに対し、ヴィンは1セントも使わずに同様の結果を得ることにやりがいを見出していた。ただ、ヴィンにとって大きな課題は、そのように金銭を使わない技術によっていかにして生計を立てるかということだった。

ブルーカラーの家庭に育ったヴィンは、CMO（最高マーケティング責任者）やブランド・マネージャーがいて、広告代理店と取引する、というような大企業の世界とはまったく接点がなかった。

ヴィンはエネルギッシュで、自信家で、厚かましくもあった。彼は、オンラインショートカットや、低コストで目的を達するテクニックのリストをつくっていた。彼にとってそうしたスキルセットは、低コストのデジタルマーケターのようなものだったのだ。

素晴らしい力ではあるが、残念ながら、その力を魅力的に感じるのは、通常のマーケティングに必要な資金を持たない人間だけである。だから、ヴィンは、グロースハッキングのスキルで生計を立てる方法を見つけられずにいた。


私が最初にヴィンと話をしたとき、困るなと思ったのは、彼が自分の名前を売りたいと強く願っていたことだ。ともかく人に自分を認めさせたいという気持ちが強かった。故郷のイギリスにいる友人や家族に、自分がアメリカで成功したことを知ってもらいたいと思っていたのだ。

これからはじめるビジネスについて具体的に話し合う前から、「自分はヴィン・クランシーをブランドにしたい」とはっきり言っていた。その点に関して彼は頑固だった。

シアーズ、ハインツ、フォード、ディズニーなど、創業者の名前を冠した企業は無数にある。ヴィンも同じようにしたかったわけだ。自分の名前がそのまま有名ブランドの名前になれば、自分が成功者であることをみんなに簡単にわかってもらえる。

たしかに昔は、会社が大きく成長するまでには何十年もかかったし、何世代も同じ家族がその企業を支配し続けることが多かった（たとえば、フォード・モーター・カンパニーは現在、フォード家の4代目の支配下にある）。そういう時代であれば、自分の名前とビジネスを結びつけることにも意味があった。

だが、二一世紀には、たとえばカテラ、インスタカート、オープンドアなどのように、創業して2年ほどで時価総額が10億ドルを超えるような企業が多くなっている。そういう時代には、創業者ははじめから個人としての自分とビジネスとを切り離すほうがいい。

それ自体が独立してブランドになった企業であれば、創業者の名前を冠した、元来、創業者との結びつきが強い企業に比べて簡単に売却して手放すことができる。

また、創業者の名前を冠した企業は、創業者が何か問題を起こした場合には、投資家にとって厄介な存在になってしまう（「カリスマ主婦」として有名になったマーサ・スチュワートが刑務所に入ったときには、彼女の20億ドル規模のビジネスがまさにそういう状態に陥った）。２０１８年には、大手ピザ・チェーン、パパ・ジョンズの創業者、ジョン・シュナッターが、人種差別的な発言をしたことで自分のつくった会社を追われることになった。同社の株価はその発言が原因で一気に33パーセントも下落したのだ。

私は最初の段階で、自分の名前とは無関係の企業名を考えるよう、ヴィンを説得する必要があった。しかも、それによって私の助言を聞く気をなくさないよう注意しなくてはならなかった。私は相手の進む方向に関しては口を出さないが、自分の経験から得た知識は伝える。よりよい情報がより多く得られていれば、それだけよい決断ができるはずだ。

幸い、私はヴィンがまねるべき最高のロールモデルを知っていた。サー・リチャード・

ブランソンだ。サー・リチャードはおそらく世界でも最も有名な起業家だ。彼は本人の名前とは無関係の「ヴァージン」というブランドをつくりあげた。リチャードはこれまでに、「ヴァージン」という名前のついた企業を300社以上も立ちあげている。ヴァージン・ミュージック、ヴァージン・レイル、ヴァージン・アクティブ、ヴァージン・ブライズ、ヴァージン・コミックス、ヴァージン・モバイル、ヴァージン・マネーなど。最近では、宇宙旅行ビジネスを行うヴァージン・ギャラクティックまで立ちあげた。

私は、「ヴァージン」は歴史上、最も素晴らしいブランド名ではないかと思っている。この言葉には元来、若さ、無垢、未熟、というイメージがある。この名前がついているおかげで、仮にリチャードの企業が失敗したとしても（ヴァージン・コーラなどは成功したとは言えない）、ブランドは傷つくどころかさらに強化されるのだ。つねに新しいことに挑戦する精神を持っていることを証明できるからだ。

私はヴィンにリチャード・ブランソンの話をした。そして、リチャードに協力を求められたときの話もした。その話を聴くうちに、ヴィンは自分が興す企業に新たなブランド名をつける気になってくれた。

リチャード・ブランソンはただの有名人ではない。イギリス一の大富豪であり、アイコンでもある。身を乗り出して笑顔で話を聴くヴィンの様子を見ていると、「次のリチャード・ブランソンになるのもいいな」と思っているらしいとわかった（半年後にヴィンは私に、

「あれは自分が人から受けた最高のアドバイスだった」と話していた。実際に自分とは無関係の名前をつけた会社をつくり成功した）。自分の名前をブランド化することは、ともかく最初の段階では考えるべきではない。

ヴィンとのブレインストーミングの結果、可能性のあるビジネスはふたつだとわかった。どちらもヴィンにとっては同じくらい情熱を傾けられるビジネスだった。ひとつはオンラインマーケティング、もうひとつは他人にマーケティングを教えるためのデジタル教材の作成と販売だった。

ずっと低コストのグロースハッキングに取り組んできただけに、大きな予算が使える従来型の広告代理店を羨ましく思ってもいた。自分なら１００ドルくらいでできる仕事なのに、顧客企業から巨額の報酬をもらっていることがねたましくもあった。

そんな巨額のマーケティング予算を持つ企業をどうすれば顧客にできるのか、自分には見当もつかないだけに、ヴィンにとって広告代理店はある種、不気味な存在だった。代理店と顧客の関係すべてが、彼にとってはよく理解できない謎だったのだ。

商品をつくることはヴィンにとってある意味で楽だった。誰のこと（顧客、投資家、従業員など）も考えなくていいからだ。オンラインマーケティングそのものについては裏も表もわかっているから何も心配はなかった。

ただ、100万ドル稼げるようなものを何も持っていないのではないか（少なくとも彼自身はそう思っていたのだ）、と心配していた。「1年以内に100万ドルを稼ぎ出す」という目標を達成するには、単純計算で月に8万3333ドル稼がなくてはならない。そのためにすべきことを考えると気が遠くなってしまう。

私たちは、ともかくいまのところはふたつのビジネスを両方手掛けることにする、ということで意見が一致した。ヴィンには十分にそれができる能力があるはずだった。

100万ドルを稼ぐヴィンのアイデア

「あなたにはすごく影響を受けましたよ」ヴィンは、私の著書『自分を破壊せよ！』を読んだあと、メールにそう書いてきた。

「第10章を読み終わったところで、ひとつビジネスのアイデアを思いついたんです。『自分の名前を売る』という発想を完全に離れられたのはそれがはじめてでした。考えはじめると止まらなくなりました」

すでに話し合ったことを踏まえ、ヴィンは自身の広告代理店を立ちあげ、その代理店を世界一にすることを目指すと決めた。そして、その名前は後に顧客のニーズなどに応じて柔軟に方向転換できるよう、なるべく特徴のない包括的なものにすることにした。URL

の空きも調べたうえで、ヴィンは新会社の名前を「ワールズ・ベスト・エージェンシー」と決めた。

次に私たちは、新会社のビジネスモデルについて話し合った。短期間に富を築くためには、適切なビジネスモデルを選ばなくてはならない。

当面、新会社ではサービスの提供に重点を置くことになった。その後、ヴィンの名前をブランド名にした商品をテスト販売する。商品を一度買っておしまい、というのではなく、何カ月にもわたる広告キャンペーンを繰り返し依頼してくれる顧客の獲得に力を入れる。

長期間の収入源になる顧客を確保すれば、毎月ゼロから1ドルずつ稼ぐことはしなくて済む。同じような顧客を次々に増やせば、同じ労力で何倍も稼げるようになるだろう。

サービス事業と商品販売事業を組み合わせたヴィンのビジネスモデルでは、会社はすぐには成長しないだろうと私は思っていた。

サービス事業は、ある月には新たに3社の顧客と契約できたかと思えば、別の月には複数の顧客を失う、という具合でそう簡単に顧客は増えていかない。ただ、それでも会社には次第に勢いがつく。顧客企業の社員はずっと同じ会社にとどまっているわけではなく、転職することがある。転職先で広告が必要になったときは、前職でうまくやってくれた代理店を頼ることになる。それで徐々に顧客が増えるのだ。こうした事情から、サービス事業の成長には時間がかかる。

いっぽう、商品を販売するビジネスを成長させるには、大きなマーケティング費用が必要になる。潜在顧客が多い商品でも、その人たちに実際に購入してもらうには費用がかかるわけだ。

サービス事業で得た利益を商品のマーケティング費用にするのがいいだろうと私は思っていた。そうすれば、１００万ドル稼ぎ出すことは可能だろう。ただ、サービス事業の利益を早く増やすにはどうすればいいのか。


ビジネスのアイデアも商品も、思いついたばかりの段階では独自性が足りないことが多い。そのままではほかとの差別化が難しいのだ。汎用のビデオカメラをつくったところでそう簡単には売れない。ゴープロのように、ヘルメットに取りつけることもでき、スポーツをしながら撮影ができる、というくらいの特徴があればかなり売りやすくなる。ゴープロならば、マーケターは誰が潜在顧客なのかが明確にわかる。その人たちがどこにいるかも明らかだ。量販店に並べて、多数のビデオカメラと競争する必要はない。ゴープロは、スポーツ用品店、サーフショップ、スキー場などで売ればいい。

ソーシャルメディア専門の広告代理店というビジネスモデルは２０１７年の時点で、まったく新しくなかった。フェイスブックが生まれてからすでに10年以上経っていたし、

LinkedInには毎日13万件を超えるソーシャルメディア関連の求人情報が追加されていた。ヴィンは自分の代理店だけの新しいニッチを見つける必要があった。

私は「ブレインストーミングには最新のバズワードを積極的に取り入れるとよい」と考えている。ドローンがはじめて空を飛んだとき、すでに世界には、プロのフォトグラファー、ビデオグラファーが無数にいた。だが、はじめて自ら「ドローンフォトグラファー」と名乗った人は、不動産業者やリゾート地のオーナーなど、従来とは違うまったく新しい顧客を多数、獲得できただろう。

ヴィンが起業したのが２０００年ごろだったとしたら、ドットコムバブルに関わるビジネスが何かできないかと考えたはずだ。二一世紀に入ってからデジタルミュージックに関わる企業が爆発的に増える中、私は総売上が3万ドルほどにすぎなかった自分の会社のＩＰＯを行い、6億ドルを得ることができた。

２０１７年の秋ごろのバズワードと言えば、なんといっても「暗号通貨」だった。暗号通貨の周辺の未開拓市場は２７００億ドル規模になると思われた。

２０１７年には、スポーツトレーナーからウォール・ストリートの大物まで、ありとあらゆる人たちがビットコインブームに夢中になっていた。フェイスブックのフィードを見ていても、「ビットコインでいくら儲かった」というような話ばかりだった。年のはじめに1000ドル以下の価値しかなかったビットコインが、2017年の末には2万ドルに近い価値を持つようになった。

オクタゴン・ストラテジーのマネージングディレクターだったデイヴ・チャップマンのように「ビットコインの価値は2018年にはピークに達し、10万ドルほどにもなる」と予測する人が現れると、「このブームに乗り遅れるな」という機運がますます高まった。投資をしようと我も我もと群がったため、ビットコインの取引にマーケティングの助けは必要なかった。

だがその陰で、ビットコインは新たな市場の種を蒔いていたのだ。ビットコインに代わる暗号通貨（アルトコイン）の市場だ。アルトコインの例としては、イオス（EOS）、イーサリアム、アスパイアなどがあげられる。いずれも、ビットコインのブロックチェーンが抱えていたシステム上の制約になんらかの改良を加えたものだ。

1848年のゴールドラッシュのときに金を求めて大勢の人々が一斉にカリフォルニアに集まったように、なんらかの改良を加えた新たな暗号通貨のICO（新規の暗号通貨の公開）が相次いだ。

ヴィンと私が話し合いをはじめたころには、すでに1000を超えるアルトコインが公開されていて、市場シェアを競い合っていた。暗号通貨が一時的なブームに終わる可能性も高く、そうなると膨れあがった資産はあっという間に消えると思われた。その前に稼がなければとみんなが急いでいた。

このような状況で、新しいアルトコインが市場を獲得するにはどうすればいいか。まずは人に見つけてもらわねばならない。もし、アルトコインに特化したデジタル広告代理店があれば、きっと役に立つだろう。

話し合いの結果、ヴィンはこれからの方針を決めた。アルトコインの市場に注力することにしたのだ。ワールズ・ベスト・エージェンシーは、まずはアルトコインに特化した広告代理店としてスタートすることになった。

ワールズ・ベスト・エージェンシーは、世界ではじめて、まったく新しい部門である暗号通貨を専門とするソーシャルメディア代理店となった（つまり当然、その時点では世界最高の代理店でもあった）。

ヴィンは、すぐに最初の月に2社の顧客と契約を交わし、６万５９１ドルもの収益をあげた。代理店のオーナーとなり、暗号通貨市場のエキスパートにもなったヴィン・クランシーは、最初の30日でそれだけの成果をあげられたことで完全に勢いづいた。飛行機がなくてもイギリスまで飛んで帰れるのではないか、と思えるほどだった。

稼げたことも大事だが、もっと大事だったのは、ヴィンが顧客に利益をもたらしたことだ。ヴィンの助力により、ＩＣＯ時の予約販売だけで３万６０００人もの顧客を獲得しわずか1日で8000万ドルを超える資金を集めた顧客もあった。ワールズ・ベスト・エージェンシーはその名のとおり「世界最高」であることを証明できたわけだ。

1カ月で6万ドルは素晴らしい数字だが、12カ月で100万ドルを達成するのには足りない。そのためにはすぐにでもビジネスを50％以上、成長させる必要があった。

ヴィンにはそれができると私は信じていたが、この先どのような障害が待ち受けているかはわからなかった。これからの数カ月でさえどうなるかわからなかったが、ともかくこれが驚くべき旅になることだけは確かだった。コメディエンヌのリリー・トムリンが「成功への道はいつも工事中」と言っていたが、まさにそのとおりだ。

第3章

2カ月目

恐怖を味方につける

落ち武者はすすきの穂にも怖ず

――日本に伝わることわざ

★★★★★
★★★★★
稼いだ総額
6万ドル

真実3　恐怖を感じるのは望ましいこと

これは中世の話だ。ある大泥棒が捕らえられ、リオネス王の前に連れて来られた。王は泥棒を、城内のかび臭い地下牢へと連れて行くよう命じ、泥棒に対してふたつの刑罰のうちのどちらかを選ぶように言った。ひとつは即座に絞首台に吊るされるという刑罰。もうひとつは、大きく恐ろしげな錆びた鉄の扉の向こうに行くという刑罰だ。

泥棒は迷うことなく絞首台を選んだ。

首に縄をかけられた泥棒はこう尋ねた。

「王様、教えてください。あの扉の向こうには何があるのですか」

「どの罪人にもふたつのうちどちらかを選ばせるのだが」王は笑いながら大声で言った。「誰もが絞首台を選ぶ」

絞首刑の執行人が、首の縄を絞めていく。泥棒は死ぬ間際に再び尋ねた。

「私はこのとおりもう誰にも言えませんから、教えていただけませんか。扉の向こうには何があるのですか」

「自由だ」王はため息をつきながら言った。

「だが、どうやら人間にとって、先がわからないことは、死よりも恐ろしいらしい」

夢を壊すのは「恐怖」である

私たちはずっと「恐怖はよくないこと」、「恐怖を抱くのは人間の弱さの表れだ」と教わってきた。新約聖書の「タラントのたとえ」や、臆病なライオンが登場する「オズの魔法使い」など、そう思わされる話もさんざん聞かされてきた。

私たちは失敗を恐れるし、人から拒絶されることや、人前で恥をかくこと、経済的な破綻なども恐れる。そして、恐怖を感じるたびに、自分を恥じ、自分はだめな人間だと思ってしまう。読者の中に、大泥棒と同じ立場になって、鉄の扉を選べる人がどのくらいいるだろうか。

世の中には勇ましく「失敗を恐れるな」と言う人も少なくない。失敗ができるのは素晴らしいことなのだから何も怖がることはない、というのだ。失敗は誰にでもある。その失敗によって失業をすることもあるし、家や家族、時には命まで失うことがある。それなのに失敗を恐れずにいることなどできるだろうか。恐怖を感じるのは人間にとって最も原始的な本能のひとつだろう。程度の差はあっても、私たちは絶えず恐怖を感じている。

たとえば、会議の場で発言してほかの出席者からバカにされるのを恐れる人もいる。周りの人がみな、昇進して、自分だけ昇進できなかったらどうしよう、と恐れる人もいる。ひどい心配性で、電話が鳴るたびに「これは上司からの電話で、クビだと告げられるのではないか」と思って脅えてしまう人もいる。

恐怖を感じると、人の身体にはさまざまな反応が出る。心臓の鼓動が速くなることもあれば、めまいが起きることも、手に汗をかくことや、口が乾くこともある。極端な場合には、恐怖によってパニック発作が起きて動けなくなることや、ショック状態に陥ることもある。恐怖で人が死んでしまうことは本当にあるのだ。

だが私は日ごろから、**「恐怖を感じるのはよいこと」**と言っている。それはなぜか。第3章では主に恐怖について話をしたい。成功のためには、「恐怖を感じるのはよいこと」

だと理解する必要がある。

まず、間違いなく言えるのは、恐怖がなければ、人間は誰も生きてはいけないということだ。人間が過去700世代にもわたって生き続けられたのは、恐怖を感じることができたからだ。サーベルタイガー、略奪者、生態系の破壊、邪悪な暴君などから逃げ延びた者だけが、長生きをして次の世代を育てることができた。先祖の中にひとりでも周囲の世界に恐怖を感じない者がいたとしたら、この連鎖は断ち切られ、あなたはいま、存在していなかっただろう。人間は恐怖を感じたからこそ、生きのびてきたのだ。新型コロナウイルスのパンデミックの際、懸命に手を洗い、ソーシャルディスタンスを確保したのも、恐怖を感じたからだ。私たち人間は生まれつき、恐怖を感じられるようプログラムされている。


人間は恐怖に打ち勝つことはできない。それは生物学的に不可能である。恐怖に反応するシステムは、人間の中核を成すシステムであり、人間の基盤だからだ。人間は生まれつき、恐怖を感じるようにできている。**私たちにできるのは、感じてしまった恐怖にどう対処すべきかを学ぶことだけ**だ。

たとえば、スポーツ選手は恐怖にうまく対処することで、それを力に変えることがある。恐怖によって引き起こされる闘争・逃走反応を競技に利用するのだ。産生されたアドレナリンを、相手と戦うための武器にする。心理学者のヘンリー・マレーのオックスフォード・ユニバーシティ・プレスから1938年に刊行された有名な著書『人格の探検（未邦訳）』はおそらく、失敗することへの恐れが成功のための力になり得ることがはじめて記された本だろう。失敗という結果は人間にとって恐ろしいため、その恐ろしい結果をどうにか回避しようとすることで、成功の可能性が高まることがあり得ると発見したのだ。その後の何十年かにわたる研究により、恐怖はとくにスポーツ選手が失敗を回避するうえで有効に作用し得ることがわかってきた。恐怖への反応は非常に素早いため、スピードが要求されるスポーツには有効だったのだ。

恐怖はスポーツと同じく、ビジネスにも有効に活かすことができる。そのためにはまず、**「失敗よりも恐ろしいことは何か？」**と自分に問いかける必要がある。新たにビジネスをはじめようとするとき、人にはどのような恐怖が襲いかかって来るだろうか。まずはそれを知っておくべきだろう。

ハーバード・ビジネス・スクールの調査によれば、現代のスタートアップの創始者が感じる恐怖は大きく分けて7つだという。経済的な安定に関わる恐怖、運営資金に関わる恐怖、個人の能力／自尊心に関わる恐怖、アイデアの可能性に関わる恐怖、社会的評価に関わる恐怖、実行能力に関わる恐怖、そして機会費用に関わる恐怖の7つだ。いずれも、新しいビジネスを立ちあげる際に直面する課題に関連している。新しいビジネスがレストランでも、自動運転車の製造企業でもそれは同じだろう。

統計データを少し調べるだけで、どの恐怖にも十分な根拠があり、どの恐怖も合理的なものだとわかる。アメリカ労働統計局のデータによれば、小規模企業の約20パーセントは初年度のうちに、約半数は5年目までに倒産するという[1]。これでは怖くて当たり前なのではないだろうか。

何かをすることと、何もしないことはどちらが怖いか

ここで少し見方を変えてみよう。ビジネスを立ちあげることが危険なのであれば、立ちあげなければいいのではないか。ならば安全なのではないか。

起業せず、いまのままの仕事を続けていても、富豪になることは絶対にない。収入が増えないとどうなるか。子どもたちの大学の学費は払えるか。住宅ローンやクレジットカードの支払いは大丈夫か。老後のための蓄えは十分にできるだろうか。挑戦を先延ばしにすればするほど、成功のために使える時間、成功の可能性は下がっていく。

行動を怠ることによって生じる結果も、失敗することと同じように怖いのではないだろうか。行動をしないことも怖いと認識すれば、行動して失敗することに対する恐怖が少し減るかもしれない。両方の恐怖をよく比較し、どちらを選ぶかを慎重に検討すべきだ。自分が恐怖をコントロールするのか、それとも恐怖に自分がコントロールされるのか。

人生は短い。こうして考えていられる時間も驚くほど短いのだ。どのような仕事をしていようと、あなたは毎日、自分の1日を何かと交換することになる。そして、その時間は二度と戻っては来ない。その1日を何に費やしてもいいが、大事なのは自分にとって価値あることに費やせたかどうかだ。

意味を感じない仕事に1日を費やすこと自体はとくに怖くはない。あなたが「たかが1日」と思っている限り、怖いと感じることはないだろう。運がよければ、人生はおそらく2万9000日くらいある。

ただ、好きでもない仕事をこの先、1年、5年、あるいは引退まで続けるのだと思ったらどうだろうか。あなたはそれだけの日数をその仕事と交換することになる。それだけの日数を、ただ一度の人生を無駄に費やすのは怖くないだろうか。うまくいくかどうかわからない新たなことをはじめるのとどちらが怖いのか。

高校時代、大学時代に思い描いたとおりの人生を送れる人はどのくらいいるだろうか。人が夢見ることをやめるのはいつだろう。永遠に生きることはできないが、あなたが生きている間につくったもの、ことは永遠に残る可能性がある。それほどのことができれば、世界を変えられるかもしれない。

あなたはいま、世界を変えるようなことをしているだろうか。また、いまの仕事に満足しているだろうか。満足していない人は、なぜ一度しかない人生をほしくもないものと交換しようとしているのだろうか。

ここにパラドックスがある――満足できない仕事なのに、失うのを恐れるのはなぜか。

会社をやめて自分のビジネスを立ちあげるとまず直面するのは、経済的安定の喪失の恐怖である。その恐怖にかられると、浮ついた理由で大事なものを手放したような気がしてくる。配偶者や親、友人たちに「あなたは間違っている」と非難されるかもしれないと思うとそれも恐ろしい。その恐怖もストレスになる。英語には「手の中の1羽の鳥は、茂みの中の鳥2羽分の価値がある」ということわざもある。

だが、せっかく手の中に鳥がいても、その鳥が病気でいまにも死にそうだとしたらどうだろうか。新しいビジネスを立ちあげれば、たしかに経済的に不安定になるかもしれない。だが、いま、勤めている会社はどうだろう。本当にこの先も安泰なのだろうか。

思い切って起業に踏み切らなかったとしても、あなたがいまの職場に長く居続けない可能性は高い。アメリカの場合、2014年の時点で労働者の平均在職期間は4・2年だった。2008年には5・1年だったので、短くなっている。

勤めている会社がなくなってしまうこともある。買収されることもあれば、ほかの会社と合併することもあるだろう。トムソン・ロイターによれば、アメリカの起業合併、買収の件数は2017年に史上最多を記録したという。(2) 電気通信大手のセンチュリーリンクは、ケーブル会社のレベル3を340億ドルで買収した。ディズニーは21世紀フォックスの

５２４０億ドル分の資産を買収した。

買収や合併が起きたとき、その会社で最初に行われるのは「業務の効率化（役割の重複する従業員を削減することを起業コンサルタントはこう呼ぶ）」である。新会社には、人事部門も、営業部門も、倉庫もふたつは必要ないので、ひとつは削るわけだ。合併が起きるたびに、余分なオフィスや工場は閉鎖される。近隣の企業や、卸売業者など取引のある企業はみな、影響を受けることになる。

アメリカでは歴史上でも例のないほどの合併、買収ブームが起きている。２００８年の不況以降に起きた企業合併は、合計すると10兆ドルを超える規模になる。合併が進めば、雇用は減ることになる。あなたは職場では優秀な社員かもしれない。ただ、働いているオフィス、工場、部門、企業自体が、サインひとつで突然、なくなる可能性はある。

そうでなくても、ひとつの大手企業に依存する街に暮らしている場合には、その企業の動向で急に衰退することもある。アメリカの「ラストベルト」と呼ばれる地帯では実際にそういうことが起きた。

あなたが雇用者の側にいない限り、自分の未来の安定を人の手にゆだねていることになる。１９８０年代の自動車業界、１９９０年代の音楽業界で働いていた人たち、そして現在の小売業界で働く人たちに聞いてみればいい。

ＪＣペニー、ＥＭＩ、レナウン、ハーツ、ブルックス・ブラザーズ、ニーマン・マーカス、パシフィック・ガス・アンド・エレクトリックといった100年もの歴史を持つ企業が、この数年の間に廃業や破産申請などに追い込まれている。

何もしないのは、何かに挑戦するよりはるかに怖いことかもしれない。少なくとも、自分で起業すれば、自分のリスクは自分で管理できるし、自分の運命も自分でコントロールできる。**自分で自分の運命をコントロールするのと、他人の不手際を黙って受け入れるのと、どちらがいいだろうか。**

資金不足への恐怖を克服する

独立して起業するにあたっては、資金不足への恐怖もつきまとう。十分な資金を集めるなど不可能ではないのか。

ここでも重要なのは、「成長のマインドセット」を持って物事を見ることである。**自分は誰かに資金を出して「もらう」のではなく、誰かに投資のチャンスを与えるのだ**、と考える。実際、他人に目標達成のための資金を提供することを業務としている人たちは無数に存在している。

ベンチャーキャピタル企業がスタートアップにつぎ込んだ資金は2019年だけで1360億ドルを超えている——その中には1億ドルを超える巨額投資が252件も含ま

れていた。

最初の時点では、ベンチャーキャピタルから資金提供されるスタートアップのほとんどは、あなたがはじめるビジネスとなんら変わりはない。起業する人の中にはたしかに初期の段階ですでにある程度の資産があり、支えてくれる人たちがいたり、わずかながら顧客がいる場合もある。ウーバーやエアビーアンドビーのように何十億ドル単位の投資を受けてニュースになるスタートアップがあることも事実だ。だが、全米ベンチャーキャピタル協会のデータによれば、最初からそれほどの評価をされるスタートアップは全体の１％にもならない。

もちろん、セコイア・キャピタル、グレイロック・パートナーズといったベンチャーキャピタルに即、投資してもらうことは難しいかもしれない。それはさほど大きな問題ではないだろう。

ほかに資金を提供してくれそうな人はいないだろうか。**親や親戚、大学の友人**などはどうだろう。はじめの段階で家族や友人に資金提供を受けた企業は多い。件数も、資金の総額も、ベンチャーキャピタルからの投資よりも多い。２０１９年に新たに創業したスタートアップが、最も身近な家族や友人から提供された資金は６００ドルを超えていた。

この種の投資には、**ビジネスが軌道に乗った場合は家族や友人もみな、同時に裕福になる**というよさがある。ジェフ・ベゾスはアマゾンに25万ドルの投資をしたが、そのあとは両親もビリオネアになった。また、家族や友人が自分とは違った視点から助言をくれることもある。

自分の業界を成長させるのに役立つ企業に戦略的に資金を提供する投資家も存在する。たとえば、マクドナルドを世界的なファストフード・チェーンにしたレイ・クロックは初期の段階で、ハンバーガーの消費が増えることで利益を得るはずの食肉業者に資金提供を頼んでいる。

国や州、都市、地域などが、雇用を増やすために投資をすることはよくある。資金を提供し、顧客獲得の手伝いをするなど、全体で新規参入企業の後押しをする業界も珍しくない。農業から製薬業にいたるまでさまざまな業界でそういう動きが見られる。

プライベート・エクイティ・ファームと呼ばれる投資会社も存在する。未上場の企業に投資する会社だ。単に資金を投資するだけでなく、経験豊富な経営陣を送り込んでその企業の成長を助けることもある。2020年、プライベート・エクイティ・ファームの未公開株式への投資額は合計で1・5兆ドルにもなった(3)。数字だけを見ると巨額ではあるが、これは、全世界の投資可能資金のたった2%にすぎない。IPOなど、資金調達に使える手段はほかに多数ある。

投資銀行のように、複雑な取引を代行して、必要な資金の調達を手伝ってくれるところもある(その代わりに調達できた資金の何%かを支払う)。投資銀行は、あなたのビジネスにどれほどの価値があるかを評価し、過去の取引先の中から、投資してくれそうな人、企業を探す。

私は20代ではじめて起業したとき、そういう知識がまったくなかったために、クレジットカードを使って資金調達をするという高くつく失敗をした（絶対にまねをしてはいけない。金利は非常に高いし、返済できない場合のペナルティも厳しい。下手をすると立ち直れないほどのダメージを負うことになる）。それから40年の間に私が学んだのは、**資金は近くに豊富にあるということだ——学ぶべきは、それを自分に向けてもらう方法**だ。

資金が豊富にあることは、実績を見ればわかる。あなたと同じような何百万という人たちが実際に資金提供を受けている。２０１５年の調査では、小企業の経営者のじつに73％が「経営のための資金が十分に得られる状況にある」と回答したという。[4]

最良のタイミングは「いま」

もちろん何もかもうまくいかず、破産してしまう恐れもある。フォーブスの富豪一族ランキングに載っている一族でさえ、そのうちの少なくとも5つが、これまでに破産を経験している。ビル・ゲイツも、ウォルト・ディズニーも最初につくった会社は失敗に終わっている。失敗してしまえば、新たにビジネスを立ちあげない限り、もう失敗を恐れる必要はない。しかし、2人がそこで止まることはなかった。失敗したままで終わることはなかったのだ。

恐れるべきは、何かをして失敗することではなく、何も挑戦しないで終わることだ。老人ホームに行き、「人生で一番、後悔していることは何か」と尋ねてみるといい。おそらく、後悔しているのは、挑戦して失敗したことではないだろう。やりたいことがあったのに、実行する勇気がなかったことだろう。能力を無駄にすること、人生を浪費することほど悲しいものはない。

後悔を抱えて生きるのは悲惨である。起業を先延ばしにしても、成功のために使える時間が減っていくだけだ。**「いつが起業に最適のタイミングか」という問いへの私の答えはいつも同じだ。「いま」だ。**

本当は10年前に起業していればもっとよかったのかもしれないが、それが過ぎてしまった以上、いまが最良と言うしかない。**スタートアップの失敗率に脅えるよりも、リスクを最小限に抑え、成功率を最大限に高める方法を学ぶほうがいい。**少なくとも本書で紹介する12の真実を知れば、成功率がかなり高まるのは確かだ。

小規模企業の約20%が初年度のうちに倒産するというアメリカ労働統計局のデータは、逆に言えば、80%は初年度を乗り越えるということだ。そう思えば、あまり怖がりすぎるのもおかしいだろう。

小規模な企業の多くがなぜ失敗するのか、その理由をよく知っておけば恐怖もかなり薄れるはずだ。成長のマインドセットを持っていれば、**恐怖を「乗り越えるべき課題」とみなすこともできる。**具体的にどういうリスクがあるかを明確にすれば、失敗確率を下げるような計画を事前に立てることもできる。対処の仕方がわかれば、もはや恐怖は恐怖でなくなるのだ。

自分自身への疑いを晴らすのは前進することだけ

起業する者にとって何より害になるのは疑いの心である。たしかに疑いの心はつねに存在する。ヴィン・クランシーとの挑戦をはじめたとき、私にも本当に彼が１年以内に１００万ドルを稼ぎ出せるのか、疑う気持ちがなかったわけではない。ホームレスが１年で富豪になる、一見、途方もない目標だ。そんな目標を立ててもしも失敗したら。私はみんなにバカにされるかもしれない、という恐れもたしかにあった。

だが、疑いの心があっても私は止まらなかった。疑いの心も、恐怖と同様、角度を変えて見ることもできるし、精査することもできる。なぜ、疑いの心を持ってしまうのか、その原因をまず知る必要がある。原因がわかれば、どうにかそれを取り除けないかと考える。「授業中、先生に指されるたび、私は『きっと恥をかくに違いない』と思っていた」フエイスブックのCOOだったシェリル・サンドバーグは著書『LEAN IN：女性、仕事、リーダーへの意欲』（村井章子訳、日経BPマーケティング、2018年）の中でそう書いている。「試験を受けるたびに、きっとひどい成績だろうと思っていた。そして、恥をかかずに済んだとき――あるいは素晴らしい結果が出たとき――には、またどうにかみんなを騙せたなと本気で思っていた[5]」

サンドバーグは、キャリアを積んでいる女性の多くが、自分は悪い母親、悪い妻、悪い娘だとみんなに思われるのではないか、という恐れを抱えているとも書いている。社会的な圧力のせいで、本来「私ならやれる」と思うはずの女性でも、「私はそもそも挑戦すべきなのか」と考えてしまうという。

ルネッサンス期の芸術家、ミケランジェロはおそらく歴史上でも最高の画家のひとりだが、そんな彼にも自分を疑う心はあった。ローマ教皇ユリウス二世にバチカンのシスティーナ礼拝堂の天井画を描くよう依頼されたとき、はじめは、自分は彫刻家であって画家ではないので、と言って断っている。

芸術家であっても、ビジネス・リーダーであっても疑念を克服するには、すべきことをやり遂げるしかない。ポスト印象派の画家、フィンセント・ファン・ゴッホの場合は、疑いの心が強すぎ、つねに離れることがなかったため、ついには精神病院に入ることになってしまった。ゴッホにもやはり、自分の手を動かして絵を描くこと以外に対処の方法はなかった。「頭の中の声を聴いてしまうと、絵は描けない」ゴッホはそう言う。「なんとしても絵を描く。そうすれば、声は静まる」

社会に出て働きはじめたころの私は、自分が無価値だなどと思ってはいなかった。それはたしかだ。私は思いつく限りの手段を駆使してハリウッドの世界に食い込もうとした。しかし、私には売り物になるスキルもなかったし、業界のコネもなかった。やがて妻と2人の子どもができたが、奨学金とクレジットカードの負債と住宅ローンの返済に追われることになった。

自分を疑う心もあったが、それよりも強かったのは、息子たちの期待を裏切ることへの恐怖だった。失敗を恐れる気持ちが強くなると、私は幼い息子たちを見て奮い立ち、２人のためにできる限りのことをしたいと思った。そして、自分のできることに集中したのだ。だめな父親になることへの恐怖が、私を前進させたのである。恐怖は私のロケットエンジンの燃料だった。「ごまかしも続ければいつか本物になる」という言葉を胸に、私は生活のために頼まれる仕事をなんでもやった。

その後、ついにブレイク・エドワーズ監督の「ミッキー＆モード」の技術顧問というかたちで映画の現場に入れることになった。ただ、私がその仕事に就けたのは、いわば「はったり」のおかげで、実際には残念ながらその仕事をする資格などなかった（技術顧問と言っても技術のことなど何も知らないに等しかったのだ）。使われている機材のどれかが壊れ、修理しろと言われたらどうすればいいだろう。技術的な質問をされたらどうすればいいのか。答えることなどできはしない。私は恐怖で押し潰されそうだった。

ただ、そのときのギャラは1日1000ドルだった――1980年代の22歳にとっては大金だ。アメリカ人の平均年収が1万5239ドルしかなかった時代である。

ブレイク・エドワーズはもちろん素晴らしい監督だが、現場では暴君として有名だった。私は初日から震えあがっていた。恐怖のあまり思いついたのは、午前中とにかく何も言わずにやり過ごすことだった。ともかく昼食までは現場にいる。そのあとクビになっても、食事にありつけるうえに500ドルは受け取れるだろうと思った。昼食を食べたあと、クビになる、それが私のショービジネス界でのキャリアプランだった。

恐怖で固まったまま、私は午前中ずっと、監督の視界に入らない場所に隠れていた。現場の隅に立ち、そこにいた誰にも自己紹介すらしなかった。助監督が昼食の時間だと告げると、私は急いでケータリングのトラックへと向かった。トレーをつかむと、私は隅のテーブルに座った。

問題は、映画界には食事に関して私の知らないしきたりがあったことだ。最初に食事を提供されるのは出演者たちと決まっていた。そのとき、私の次に列に並んだのは、映画の主役を務めたイギリスのコメディアン、ダドリー・ムーアだった。ムーアは昼食を受け取ると、私のあとについて歩き、私のすぐ隣に座った。

当然、うっかり主役と同じテーブルに着いてしまったことにすぐに気づき、「これで間違いなくクビだな」と思った。「でもとりあえず、昼食は食べられるからいいか」、そう思って私は急いでステーキを食べはじめた。

ここで思いがけないことが起きた。自分より先に食事をはじめた私を見たダドリーは、プロデューサーの息子か、少なくとも誰か重要な人物の親戚に違いないと思ったらしく、私に話しかけてきたのだ。おかげで私は、そのあとから食事をはじめた人たちともすっかり打ち解けることができた。結局、私はその映画の撮影が終わるまでみんなと良好な関係のままでいられた。

40年以上経ったいま、ここで正直に告白するが、撮影が進む間、私は何ひとつ頼まれることがなかった。何もしていないのだから何もミスをすることもなく、おかげでプロダクションマネージャーは次の映画「ビバリーヒルズ・バム」でも私を雇ってくれた。

これ自体は決して褒められたことではないが、恐怖や疑念のおかげでこんなふうにかえってうまくいってしまうことは実際にある。同じようなことはあなたにも起きるかもしれない。

自信のなさに打ち勝つ方法

どうしても自信がなく、恐怖に負けてしまいそうなときには、自分に**「いま、起き得る最悪のことは何か？」**と問いかけてみるといい。人間の想像力はじつに豊かなので、あり得ないことをいくらでも想像できてしまうが、ここでは現実的になって、自分が挑戦して失敗した場合、どういうことになるかを考えてみるのだ。

映画「ビューティフル・マインド」にこんなシーンがある。ラッセル・クロウ演じるジョン・ナッシュが大学の友人とバーにいて、そばにいる女の子に声をかけようとしている。ジョンは、バーにいる男が全員、一番の美人のブロンドの子を狙っていると気づき、ここで起き得る最悪のことは何かをみんなに話す。ジョンはみんなにこう言うのだ。「僕らが全員、あのブロンドに声をかけるとする。すると僕らは互いに邪魔をし合うことになり、結局誰も彼女とうまくやれない。うまくいかないとわかってからほかの子たちに声をかけてもだめだ。第二希望なのがまるわかりでは誰もいい気はしないだろう。では、誰もブロンドに声をかけなかったとしたらどうか。そうすれば僕らは誰の邪魔もしないし、ブロンド以外の子の気分を害することもない。ほかにいい方法はないいな」

何かをしようとするとき、「起き得る最悪のことは何か」を問うことは大事だが、同じくらい**「それをしなかった場合に起き得る最悪のことは何か」**を問うことも大事だ。たとえ自信がなく恐怖にかられていたとしても、より大きな恐怖に襲われれば、最初の恐怖は忘れられるかもしれない。

私の著書『自分を破壊せよ！』の読者からこんなメールをもらったことがある。その読者は中年の女性で、成人した娘がいる。そして、自殺したくなるくらい思い詰めていたという。彼女は不動産会社の管理職で、年に数十万ドルという高給をもらっていたが、前から興味のあった事業をはじめるために会社をやめた。メールにはこんなふうに書かれていた。

私はわずかな貯金を持ってアトランタに引っ越し、３つの部屋を借りて民泊事業をはじめました。ただ、資金不足で借りていた部屋の家賃が払えず、結局は３部屋とも手放すことになって事業からも撤退するしかありませんでした。

あっという間にそこまで追い込まれたのがショックで、私はすっかり落ち込んでしまいました。体調も悪くなるほどでした。あまりにも憂鬱で恐ろしく、とうとう自殺したいと思いはじめました。

私は娘にそう話しました（娘はもう少しで救急車を呼ぶところだったのではないかと思います）。泣き腫らした目でベッドに横たわったまま私は娘に言いました。

「もう死のうかと思っているの」

するとと娘は私にこう言ったんです。

「死にたいですって？　たかがお金のことで。ばかげてる。あのね、お母さん、起業家が失敗するなんて、普通のことよ。失敗したなと思ったらやり直せばいいだけ」

私はその言葉を待っていたのだと思います。自殺を図って救急車で運ばれる自分を想像していましたが、それは現実逃避だったのでしょう。その夜は久しぶりにぐっすり眠れました。そして思ったんです。挑戦を続けなくてはいけないと。

娘さんは正しい。ビジネスで起き得る最悪のことは、持っている資産をすべて失うことだ。メールの主、フェリシアはそれでも立ち直れた。

もはや資産を失うことを恐れずに済むようになった彼女は、私の本を読み、それが辛い時期を乗り越えるのに役立ったとメールに書いていた。自分が失敗したのは、アイデアがよくなかったのではなく、プランニングに不備があったからだと悟ったという。反省を踏まえ、彼女は新たなビジネスを立ちあげた。最悪の事態が起きたが、それに耐え抜いたことで強くなれたのである。

経験はすべて成長の糧になる。スタートアップを立ちあげれば、稼ぐことと学ぶことが同時にできるかもしれない。

投資家は、失敗したことのない起業家よりも、過去に失敗した経験を持つ起業家（いわば、他人の資金で学んだ人たちだ）を好ましく思うことが多い。創業10年以内で、評価額10億ドル以上のいわゆる「ユニコーン企業」の創業者の80％は、過去に別の企業を立ちあげた経験を持っているという。[6]

本書の読者も、これまでにいろいろなことを恐れて生きてきたと思う。そして、ひとつ間違いなく言えるのは、読者は全員、恐れていたことすべてを乗り越えて生きているということだ。そうでなければ本を読めているはずはない。フリードリヒ・ニーチェは「死なないほどの苦労は、すべて私たちを強くする」と言い切っている。

3種類の根源的な恐怖

「夢のために生きられない人が多いのは、恐怖が強すぎるためだ」人を鼓舞するスピーチで有名なレス・ブラウンはそう言っている。[7]

恐怖は誰もが抱える普遍的な感情だ。それならいっそ利用してしまえばいいのではないか。**恐怖をうまく利用すれば、ビジネスの資金を調達すること、チームをつくること、売上を増やすこと、優れたメンターを見つけることなどに役立つ可能性がある。**

恐怖を役立てるにはまず、他人の恐怖をよく理解する必要がある。他人の恐怖を十分に理解すれば、成功の役に立つかもしれない。

日ごろ出会う人たち、仕事で関わる人たち、あなたのビジネスの成功の鍵を握る人たちもすべて、何かしらの恐怖を抱え、恐怖に動かされている。誰もがみなそうなのだ。

ビジネスに関しては、人と絆をつくること、人に好感を持たれることの大切さがよく強調される。だが、誰に好かれ、誰に嫌われるかは実際にはコントロールできない。できるのは、恐怖の種を植えることだけだ。16世紀の哲学者、ニッコロ・マキャベリは「両方が無理ならば、愛されるよりも恐れられるほうがよい」と書いている。

私は何もマフィアのように人を脅せと言いたいわけではない。ただ、関わる人たちが、何に突き動かされているのかをよく考えるべきと言いたいのだ。たとえば、誰かとミーティングをしているとして、そのミーティングの目的はよくわかっていたとしても、テーブルをはさんで向かい合っている人が、何を動機として行動しているかはあまり考えたことがないのではないだろうか。

あなたの企業の新製品が大企業のニーズにぴったり合うものだったとしよう。その製品を使うことで大企業は、既存の製品を使った場合に比べて大幅なコスト削減ができるとする。もし、その製品をこれからの数年間、購入し続けてくれれば、数百万ドルという売上になるはずだ。その製品の商談をするミーティングは、もしかするとあなたの人生にとって最も重要なミーティングになるかもしれない。

ただ、デスクをはさんで向かい合っている大企業の重役は、「このミーティングさえ終わればランチに行けるのに」と思っているだけという可能性もある。この場合、あなたがどれほど好ましく、魅力的な人間かはまったく重要ではない。商品がたとえどれほど素晴らしくても、相手はランチのことだけ考えているかもしれないのだ。

だがそこであなたがこの重役に、「競合他社はすでにこの製品を使っていて、利幅を広げるのに成功している」「そのことは今週中に私の上司からあなたの上司に伝えることになっている」と告げたとしたらどうか。あるいは、近々行われる買収のインサイダー情報を持っている、どの部門が閉鎖になるかを知っている、などと言ったとしたら。

競争、未知の情報、状況の変化などはすべて、即座に恐怖反応を引き起こす。あなたの言葉によって恐怖反応が起きた相手の脳では、アドレナリンやコルチゾールが分泌される。そして消防車のサイレンが鳴るように、脳内のシナプスが盛んに発火する。石器時代人も、サーベルタイガーの昼食になろうとしているときに自分の空腹について考えたりはしなかっただろう。闘争・逃走反応が起きた重役の脳内では、もはやランチのことは二の次、三の次になっているはずだ。

ビジネスにおいて強い味方になり得る原始的な恐怖は３種類ある。**失業の恐怖、取り残されることへの恐怖（ＦＯＭＯ）、大勢の前で恥をかく恐怖**だ。どれもうまく利用すれば、目的達成に役立つだろう。

「失業の恐怖」を利用する

2008年の不況以後、アメリカ経済はたしかに急速な回復を見せた。ただ、人々の精神が回復するには、まるまる一世代分の時間がかかる恐れがある。私の両親は、世界恐慌を体験した世代なので、そのせいで雇用、財産、負債などに対する考え方が極端に保守的になり、それは生涯変わらなかった。

NHP財団の最近の調査によれば、アメリカ人の75%がいまでも家を失うのではないかと恐れており、40%が、失業すればそのせいで家を失うかもしれないと恐れているという。失業への恐怖は非常に大きく、労働省の調査によれば、「いてもいなくても困らない人間」と思われることを恐れて、この1年間、1週間を超える休暇を取っていないという人がアメリカ人の半数以上にもなったという。

つまり、あなたが仕事上で関わる人たちの大半がこういうマインドセットを持っているということだ。それを理解すれば、どうすれば会ってもらえるか、どうすれば優先順位をあげてもらえるかがわかるのではないだろうか。**あなたに会わなければ職を失うかもしれない、昇進できないかもしれない、と思えば、会ってくれるに違いない。**

企業の重役にとって、自己保身は非常に大きな行動の動機だ。たとえば、企業買収の際、自己保身が大事なあまり、まったく何もせず、目立たないようにしていることが多い。何かすれば、目立ってしまって解任される恐れがあるからだ。

そういうことを知っていれば、強力な武器として利用できる。**あなたの提案が自分の存在に関わると認識すれば、またそれが恐ろしい事態を回避するのに役立つと判断すれば、相手は嫌でも話に耳を傾けることになるだろう。**最終的には、あなたと取引することが論理的に最善の選択だと思ってもらえれば成功だ。

「取り残されることへの恐怖」を利用する

取り残されることへの恐怖（ＦＯＭＯ）は複雑な恐怖だ。この恐怖には、欲や自尊心が混じり合っている。自分が何かをしないことで、ある場所にいないことで、何かを逃してしまうかもしれないという恐れである。自分の手に入ったはずのものが入らないのが嫌なのは、欲があるからだ。また、手に入ったはずのものをみすみす逃すのは恥だとも感じる。これは自尊心があるからだ。

ソーシャルメディアは、誰が最もクールな生活をしているか、誰が最も多くのフォロワーを獲得するかを競い合う場になっているが、ＦＯＭＯが問題になりやすい場でもある。ソーシャルメディアに浸かって生活していると、大事な情報を見逃して輪の中に入れなくなることはとても恐ろしい。

ビジネスの世界でも、群集心理がはたらく場合には、ＦＯＭＯをうまく利用できる可能性がある。**企業が、あるいは業界が大きくなるほど、中にいる人、とくに経営者は、はみ出し者になりたくないと思いがちだ。**アメリカ自動車業界のビッグスリーがいつも決まって同じタイミングで経営難に陥るのはそのせいだ——思考や行動が群れを成す動物のようになっているのだ。

自分だけ別のことをするのを恐れる経営者は多い。出る杭は打たれると思っているのだ。現代社会では、企業幹部のほとんどはレミングのようになっている——先頭にはなりたくないが、先頭には遅れたくないのだ。

たとえば、私は４人のアメリカ大統領候補とホワイトハウスに関わるビジネスで、ＦＯＭＯを利用した。ロシアとフェイスブックの一件からもわかるとおり、当然のことながら最近のアメリカ大統領選挙ではソーシャルメディアが活用されている。

２０１６年の大統領選挙ではロシアの工作により、ソーシャルメディアの偽情報が選挙に与える影響の大きさが明らかになったが、私はその4年前に『政治はすべてソーシャル：ソーシャルメディアとの関わりが２０１２年の選挙結果を決める』という白書を出版していた。選挙のためのコミュニケーションチャネルとしてのソーシャルメディアの重要性を強調した私の主張は当時まだ目新しいものだった。主要な大統領候補の中に、フェイスブックやツイッターの広告に費用をかけようなどと考える人はひとりもいなかったからだ。

私が白書を出版したのは自分の利益のためでもあった。２０１１年当時、私はソーシャルメディア広告のスタートアップのＣＥＯで、顧客と収益を増やすことに必死だったのだ。アメリカ大統領選挙の候補者は1年に70億ドルもの資金を費やすとわかっていたので、どうにかその一部をいただこうと考えた。

そのころ、選挙で広告を出す媒体と言えば、ほぼテレビかラジオのどちらかだった。私はまず、売り込みのため、ある候補の選挙運動本部長に会ったのだが、すぐにわかったのは、24時間これだけプレッシャーのかかる状態に置かれていては、とても新しい広告媒体について学ぶ時間などないな、ということだった。

前回の選挙戦は２００７年だった。フェイスブックのユーザー数がまだ２０００万人にも満たないころだ（しかもその多くが有権者ではなかった）。

私の見るところ営業に向けての課題は3つあった。まず、私が何を売り込もうとしているか誰も理解していない。誰も私の売ろうとしているものに興味がない。だから当然、誰も私の売ろうとしているものを買おうとはしない。

この3つの課題をどうにかできたとしても、それで大丈夫というわけではない。選挙ではどの陣営も、業者に自分たちと独占的に関わることを要求してくる。つまり、私がもしいずれかの候補と契約すれば、もうほかの候補とは取引ができないことになるのだ。私は作戦を変えた。

　私は民主党全国委員会と共和党全国委員会の技術スタッフに会うことにした。あるロビイストに頼んで、とにかく関係者の中でもインターネットのことがわかる人と話をする機会を設けてもらったのだ。

　私が強調したのは、インターネットが従来のテレビ・ネットワーク、ＡＢＣ、ＣＢＳ、ＮＢＣと同じような媒体だということだ。インターネットを利用すれば、日々、１億人を超える登録有権者に情報を届けることができる。つまり、いずれかの候補の独占となるのは適切ではない。民主党、共和党、どちらに対しても公平に関わるのが妥当だということを訴えた。

　共和党のミット・ロムニー候補の陣営とミーティングすることになった際には、「会うのなら私がボストンにいるときにお願いしたい。ワシントン州、ワシントンＤＣ、ジョージア州、テキサス州にも行かねばならないので、ほかのときだと予定が合わない」と知らせた。テキサス州知事だったリック・ペリー、ティーパーティー活動家のハーマン・ケイン、そして現職だったバラク・オバマ大統領の陣営とミーティングをする際にも同じ作戦を使った。

　この作戦によって、各陣営はほかの陣営がみな、私たちと取引をしていると思い込んだ。

大統領選挙に関わった経験はなかったが、どの陣営の選挙運動本部長も、自分だけがソーシャルメディアを活用していない、という状況になるのを恐れるだろうとは思った。ソーシャルメディアの力は理解できなくても、自分だけがそれを使わないことでキャリアが終わってしまう恐れがあるとなれば、わざわざリスクを冒すことはないだろう。

私はあえて、どの陣営の選挙運動本部長にも、ソーシャルメディアについて詳しく説明することはしなかった。だが、結局はどの陣営も顧客になってくれた。ＦＯＭＯはそれだけ強力ということだ。自分だけが乗り遅れるのを恐れて、選挙運動本部長はこぞってソーシャルメディアを利用しはじめた。いまでは、ソーシャルメディアがアメリカの政治に与える影響力は巨大になっている。

「大勢の前で恥をかく恐怖」を利用する

大統領選挙の事例は、３つある原始的な恐怖の３つ目、「大勢の前で恥をかく恐怖」にもつながる。

誰だって無知だと思われるのは嫌なものだ。コメディアン、ジミー・キンメルの深夜の番組にこんなコーナーがあった。街で適当に捕まえた人に、ある映画やバンドについてどう思うかを尋ねていく。問題は、その映画やバンドが実在しない、ということだ。にもかかわらず、カメラが回っていると、実在しない映画について「あれはじつに素晴らしい」、「今週末また見に行こうと思っている」という具合に滔々と語る人が多い。

その人たちも普段から嘘ばかりついているわけではないだろう。だが、全国放送のテレビで無知をさらすのを恐れるあまりに、つい知ったかぶりをしてしまう人は少なくない。

大統領選挙でも、インターネットについて知ったかぶりをする選挙運動本部長はいた。FOMOだけではなく、無知をさらす恐怖が私の味方になってくれた。それが取引をまとめるのに役立ったわけだ。

ヴィンも恐怖を抱えていた

ワールズ・ベスト・エージェンシーを立ちあげたヴィンもいろいろと恐怖を抱えていた。顧客は獲得できるだろうか。本当に顧客の役に立てるのか。急成長したICOの市場だが、消滅も速いのではないか。

ただ、ヴィンにとってそうした恐怖は、「メンター（私のことだ）を失望させ、成功のチャンスを失うのではないか」という最大の恐怖によってかき消された。

私は、ヴィンが恐怖を抱いていても、とくにそれを非難することはなかった。ヴィンは、自分の挑戦についてイギリスの家族や友人にすでに話していた。いろいろと不安はあったが、何より家族や友人に恥ずかしいところを見せるのを恐れていた。

最初の月がうまくいったことで自信はついたようだった。そして、２カ月目、収益が期待を上回り、８万26ドルに達した。合計の収益は14万６１７ドルになったのだ。

２カ月連続で成功を収め、経験も積み、自信もつけたのだから、もうこの先どのような挫折があっても対処できるのではないか、と思った。そのくらいの精神力もついたはず、と私は楽観的だった。だが、大変な苦難が思ったよりも早く訪れることになる。

第4章

3カ月目

失敗を受け入れる

彼女は止められない。それは彼女が失敗しないからでも、疑いを持たないからでもない。ただ、失敗しても疑いがあっても前に進み続けるからだ。

——ボウ・タプリン

稼いだ総額

14.6万ドル

真実4　失敗は最高

電気掃除機は吸い込む。少なくともそういうことにはなっている。

1979年、ある若いボートのデザイナーが、「世界で最も強力な電気掃除機」という触れ込みの商品を購入したのだが、彼は満足できなかった。自分の作業場の床を掃除してみたのだが、ほこりを吸い込むどころか、部屋中に撒き散らすことになってしまったのだ。

散歩中、製材所の前を通りかかった彼は、そこで木くずを吸引、分離する機械を目にする。その機械は木くずが空気中に撒き散らされるのを防げていたのだ。同じような仕組みを電気掃除機にも使えばいいのではないか。

これできっと大儲けができると思った彼はすぐに仕事をやめ、まったく新しい掃除機の実用レベルの試作機を急いでつくった。だが、そのプロトタイプは改良が必要なものだった。その後、5年の月日と貯金のすべてを費やして、紙パックのいらない電気掃除機のプロトタイプの製作に取り組んだ。妻は働いて彼の必死の努力を支えてくれたが、ほかの人たちはみな、彼を笑い物にした。

じつに5126個の失敗作をつくったあと、彼、ジェームズ・ダイソンのつくった5127個目のプロトタイプがついに50億ドルという大金をもたらすことになる。

何よりもよかったのは、その時点でひとりの投資家も株主もいなかったことだ。ダイソンのサイクロン式掃除機は、ほこりだけでなく、富もしっかりと集めてくれたのである。

人は必ず失敗を通過して成功へといたる

日本には「七転び八起き」ということわざがある。文字どおり、「7回転んでも8回起きる」という意味だ。失敗してもめげずにがんばるべき、ということだが、このことわざの精神は日本人の心に深く浸透しているらしい。日本人は自分たちのことをとくに立ち直りが早いとは思っておらず、世界中どこの人も同じようなものだと考えているようだ。

ただ残念ながら、こういう精神は日本の企業にはあまり浸透していないらしい。日本では企業が何か失敗した場合、CEOは公の場で謝罪することを期待される。投資家を裏切り、従業員を失業させてしまって申し訳ないと言って謝罪するわけだ。

シドニー・ロースクールの国際比較商法学教授でとくに日本やアジア太平洋地域を重点的に研究しているルーク・ノッテージは「日本では、何か失敗すれば、即座にそのことを謝罪する責任がある。社会が謝罪を期待するのだ」と言っている。企業が失敗をした際には、CEOが注意深く準備された脚本に従って謝罪会見を行う。会見の最後には涙ながらに深々と頭を下げる。それがもはや制度となっている。

ヨーロッパで最もリスクを回避する傾向が強い国はおそらくドイツだろう。効率的であることは称賛されるが、その一方でリスクをとることは愚かなこと、無駄なこととみなされやすい。

ベルリンの起業家、ルーカス・カンプマンは「ドイツでは、失敗は傷になる」と言っている。「それが大きな問題だ。おかげで起業する勇気がくじかれがちになる」[1]

起業家精神に反するこの意識を乗り越えるべく、カンプマンは、ダブリンから何人かの起業家を招くことにした。アイルランド式の「スタートアップ葬」を開くためだ。失敗に終わったスタートアップの葬式をしたのだ。会場の入口で会葬者名簿に署名した人たちは、ウィスキーを飲み交わし、死んでしまった会社たちを悼み、失敗した起業家たちの体験に学んだ。

政府主導で国民のリスクや失敗に対する意識を変えることに取り組んでいる国もある。そのひとつがメキシコだ。メキシコの連邦政府は、大学やビジネス界の協力を得て、「全国起業家週間」という年1回のイベントを立ちあげた。毎年1週間恒例でサメに関連する番組を特集するディスカバリーチャンネルの「シャーク・ウィーク」と同じように、毎年10月に1週間にわたって開催される全国起業家週間は、国をあげてスタートアップを祝福するイベントである。私はこのイベントに参加し、メキシコ大統領とカンファレンスで話をしたことがあるが、そのころには国の歴史の中でもとくに注目を集めるイベントに成長していた。

この1週間は、起業家たちに各種の賞が贈られるほか、起業家と投資家、あるいは起業家どうしが出会う機会ともなる。メキシコシティでは、F・U・N（Fuck Up Nights）というイベントも開催されている。これは、スタートアップで失敗した経験を持つ人たちが集まって、失敗による傷を克服すべくはじめられたイベントだ。このイベントでは「人生に限界はない」というスローガンが掲げられている。

ライブハウスの「オープンマイク」と同じく、このイベントでは、誰もが自由にマイクの前に立ち、自分の失敗談をみんなに話していいことになっている。２０１２年に開始されたF・U・Nはいまでは、開催場所が世界90カ国、３２０都市にまで拡大されており、毎年10万人以上が参加している（これから起業しようとする人にとっては、人材発掘の場ともなっている）。

ある起業家はこのイベントについて、「F・U・Nは、失敗というものに対する偏見を取り払ってくれるし、他人の失敗から学ぶ機会も与えてくれる。私の会社からも多くの社員、管理職が参加したが、大きな影響、いい影響を受けたし、それ以後、社内の雰囲気、コミュニケーションがいい方向に変わったと思う」と言っている。

失敗に対する態度が健全なのはイスラエルである。「スタートアップ国家」と呼ばれることもある。人口わずか８５０万人の小さな国だが、人口あたりのスタートアップ数は世界一である。だいたい国民１４００人に1社、スタートアップが存在している。これくらいだと、イスラエルで誰かに会えば、その人本人か親しい友人のどちらかはスタートアップで働いている、という印象になる。

サイレンチウム社のCEO、ヨエル・ナオールによれば、イスラエル人は砂漠の真ん中にいるような状況でも平気で起業するという。「だいたいは資金や資源が不足している状態で起業しますね。結局、乗り越えられないことも多いです」ナオールはそう言っている。(2)

イスラエルのスタートアップはまず、地元で成功することに注力することが多い。そして、国際的な大企業に買収されるのを待つのだ。たとえば、テルアビブのスタートアップ、ウェイズは、13億ドルでグーグルに買収されたし、メラノックスは153億ドルという巨額でエヌビディアに買収された。また、ある程度の規模にまで達したイスラエルのスタートアップは、さらに成長すべくアメリカに移転することも多い。たとえばタブーラやアウトブレインはアメリカに移転し、アメリカでのIPOに備えることになった。ウィックスの株主は、2013年の株式公開時に650%のリターンを得ることができた。バークレイズによれば、イスラエルの企業がナスダックやニューヨーク証券取引所で集めた資金は100億ドルを超えているという。(3)

ただ大多数の成功したイスラエルのスタートアップは株式を公開するのではなく、大企業に買収される道を選んでいる。イスラエルのスタートアップを買収した大企業はマクドナルドやナイキなど多岐にわたる。失敗の傷を克服したコミュニティでは好循環が生まれることになる。成功した起業家たちがリスクをとることについての有用な知識を次の世代へと伝えるのだ。

俳優のミッキー・ルーニーは「人は必ず失敗を通過して成功へといたる」という素晴らしい言葉を残している。そのとおりだ。成功するためには、失敗をしてそれを克服する必要がある。次に、失敗を受け入れ、前進するための4つのコツを紹介しよう。

失敗を受け入れる4つのコツ

①幸福になるため、成功するためにまず、自分の行動すべてを愛する

どのような体験も後悔すべきではない。必ず何かを学べるはずだ。失敗が避けられないのだとしたら、失敗は成功に向かうための重要な段階なのだとしたら、失敗も愛せるようになったほうがいい。

成功する前には、間違いなく、多くの失敗を経験するはずである。受け入れがたいことではあるが、紛れもない事実である。夜の暗闇を体験しない限り、美しい朝日を見ることはできないだろう。障害を乗り越えない限り、成功したときに真の満足感を味わうことはできないのだ。

大富豪の二世、三世は、ある意味で誰よりも気の毒な人たちかもしれない。ゼロから自分の力で何かを成し遂げる体験ができないからだ。成功で大事なのは、成功そのものより

もそれにいたる過程、成功への旅である。失敗は旅の途中の停泊地のようなものだ。停泊地を大切にし、それにどのような意味があるかを理解することが重要だろう。

②つねに自信を持つ

成功のために大切なのは、能力よりもまず自信を持つことである。何か失敗したとしても、それであなたが「だめな人」というわけではない。ただ今回、あるひとつのことをあるひとつの方法で試してうまくいかなかった、というだけのことだ。次に別の方法を試みれば、望む結果が得られる可能性がある。

本当に自信のある人は、いま、絶頂にあろうが、どん底にいようが、その中間だろうが、つねに同じように自信を持っている。ただ誤解しないでほしいのは、誰でも気分が落ち込むことはあるし、それ自体はいけないことではないということだ。

アイルランド式のスタートアップ葬で、ドイツ人参加者が学んだのは、失敗を嘆くのはかまわない、ということだった。嘆き悲しんだり、落ち込んだりするのは、心を癒やすのに必要な過程である。

③失敗に正しく立ち向かい、前へ進む

失敗してストレスがたまると、人はついジャンク・フードを食べる、酒を飲む、などの

後ろ向きな気晴らしに走ってしまう。

気晴らしも悪くはないが、同時に前向きに正しくストレスに立ち向かう術も知っておこう。ストレスを感じたときに何をすべきかを決め、それをリストにし、机や壁などの目立つところに貼っておこう。温かい風呂に浸かる、深呼吸をする、ヨガをする、犬と遊ぶ、友人とおしゃべりをする、といったことはストレスに立ち向かうのに有効な方法だ。

失敗を乗り越えるには、まずストレスを解消し、それから前に進むことが大切である。私の場合、失敗してストレスを抱えたときには、浜辺で長い散歩をすることにしている。日光を浴びながら身体を動かし、マイナスイオンの多い潮風を浴びる。ロサンゼルスに住んでいると、波の音をすぐに聞きに行けるのがよい。それだけで頭はすっきりして、幸福な気分になってくる。

④失敗したからといってあきらめない

もしかすると成功まであと一歩のところかもしれない。失敗して全財産を失ったとしても、次はもうゼロからのスタートではないのだ。少なくとも一度試みた経験を踏まえて行動できる。失敗するまでの間に身につけた能力、知識は次に活かせる。ゲームと同じく、繰り返すたびにレベルがあがっていく。

前回ゲームオーバーになったとき、何がいけなかったのか、何が障害になったのかはよく覚えているだろう。**繰り返しプレーするとそういう経験値がたまっていき、うまくプレーできるようになっていく。**

アリババを創業し、460億ドルの資産を築きあげたジャック・マーだが、その前は大学受験に3年連続で失敗し、地元のケンタッキー・フライド・チキンに就職しようとして断られたこともある。

私は2000年に香港で開催されたデジタルミュージックカンファレンスで、はじめてマーに会った。マーは、中国企業のウェブサイトをつくるビジネスを5年ほど続けていて、ちょうどアリババを立ちあげたばかりだった。当時の中国にはまだブロードバンドさえなかったが、マーはすでにeコマースの未来を見通していた。マー自身はエンジニアではなかったが、彼にはたとえ多少失敗して停滞したとしても、決して止まることのないエネルギーがあった。

アリババは2014年、ニューヨーク証券取引所に上場するが、それは当時としてはアメリカ史上最大規模のIPOとなった(4)。マーは自分の行動のすべてを肯定し、失敗もすべて受け入れて次に活かしたことで成功をつかんだのだ。

ラリー・エリソンは世界でもベストテンに入るほどの大富豪となったが、誰も彼のビジョンを信じなかったころには、オラクルを潰さないために自宅を抵当に入れたこともある。

ハフィントン・ポストの創設者で、後に同社を3億ドルを超える額で売却することになるアリアナ・ハフィントンは、作家としては成功できなかった。20代のころ、アリアナは36もの出版社から著書の出版を断られ、結局、作家の道を断念したのだ。銀行からの借金でどうにか生きのび、その後、成功をつかんだ。ウォルト・ディズニー、ビル・ゲイツ、アブラハム・リンカーン、レディー・ガガ、ジョージ・フォアマン、ヘンリー・フォードなど、大成功の前に窮地に陥った人は無数にいる。そういう人たちの物語を書いていくだけで、百科事典なみの本ができあがるはずだ。

失敗の確率を下げる

失敗から立ち直ることはもちろん可能なのだが、いっぽうで、**そもそも失敗の確率を下げるということも可能**である。

小規模ビジネスが失敗する理由の42％は、提供するサービスや商品に市場ニーズがないことである。**この失敗は、事前に市場をよく調べることでかなり防ぐことができる。**ニーズがないことが事前にわかっていれば、膨大な時間と資源をつぎ込んで誰もほしがらない し必要としないものを売るビジネスをはじめずに済むのだ。顧客になりそうな人を見つけ出し、その人たちとよく話す。そうして提供する予定の商品やサービスが望まれているかを見極める。望まれているにしろ、いないにしろ、その理由を確かめる。そういう作業によって時間と資金の節約ができる。お金を出す人の姿も見ないでビジネスを成功させることなどできないだろう。

そして小規模ビジネスが失敗する理由の29パーセントは、資金の枯渇である。これもある程度、防ぐことができる。まず重要なのは、いわゆる**「バーンレート（資本を消費する速度）」を見積もる**ことだ。毎月、あなたの会社はいくらの資金を使うのか。持っている資金をそのバーンレートで単純に割れば、あと何カ月持ちこたえられるかが予測できるだろう。それまでの間にビジネスが軌道に乗ればいいし、乗らなければ終わりということだ。見積もりに際しては楽天的になるのではなく、現実を見据えなくてはいけない。起業家はまともじゃない人、世間知らずの楽天家、と思っている人が多い。だが実際にはその逆だ。私の知る限り、成功している起業家はほとんどが悲観的で、恐怖心が強い。それが成功につながっていると思う。常に最悪に備えているので、何が起きてもあまり悲嘆に暮れたりはしない。

起業家が数多く集まるイベントや会合に行ってみるといい。ほかの起業家と話せば、その人たちの過去の失敗談から学べるかもしれない。他人の体験を聞くことで、頭の中で起業のシミュレーションができる。実際の市場で大きな資金を費やさなくても必要な知識が身につくのだ。

そのほかの失敗の理由も、ハーバード・ビジネス・スクールが紹介しているが、競合他社の過小評価、価格設定の誤り、マーケティングの不手際など、**ほとんどは事前のプランニングをしっかりしていれば防げる初歩的なミス**だ。

創業者にビジネスモデルがなかったために失敗した企業も多いのだが、じつはこれがなかなか複雑だ。私は判断に迷っている。というのも、ビジネスモデルはなかったにもかかわらず巨額の利益を生んだ企業は存在するからだ。アップルに2億ドルで買収されたシリ社は、収益をあげる手段を持っていなかった。フェイスブックに10億ドルもの巨額で買収されたインスタグラム社もビジネスモデルを持たなかった。

ベンチャーキャピタルは、収益をどうあげるのかが不明でもアイデアに可能性があれば投資することがある。私自身は決してそういうことはしない。シリ社やインスタグラム社は稀な例外であり、ビジネスモデルがなければ普通は成功しないと考えたほうがいい。たまたま、大企業の既存のビジネスにとって有用だったので大金で買われただけだ。

これからも時々、そういう例外は生まれるだろうが、私は収益を生まずに資金を溶かすだけのビジネスに未来を賭けようとは思わない。収益を得る方法がわからないのなら、それはビジネスではなく慈善事業である。非営利団体にして、寄付を募ったほうがいいだろう。

ビジネスをスタートさせたばかりの時期には、いつごろから利益が出始めるかを正確に予測できないこともあるだろう。しかし、だとしても、**少なくとも自分がどういう道筋で進んで行くかという計画くらいは立てておくべき**である。

ジェフ・ベゾスは、まだアマゾンがベゾス自身と彼のデスクトップコンピュータだけだったころから、ビジネスモデルを持っていた。eコマースを支配するためには、アマゾンのインフラに巨額の投資が必要なことはわかっていた。そして投資家たちはベゾスに十分な時間と資本を与えてくれ、おかげで1兆ドル規模の帝国を築くことができた。アマゾンは結局、10年近く利益を出せなかったが、やがてそのビジネスモデルの正しさが証明されるころには、ベゾス自身は世界一の富豪になっていた。つまり、世界一の富豪になるまでの間、ベゾスは資金を失い続けていたことになる。ジェフ・ベゾスはフューチャー・プルーフな大富豪の最高の例だと言える。おそらく彼は私が本書に書いた「12の真実」をすべて理解しているだろう。

自分の計画を丁寧に伝え、その計画が十分に実行可能だと思ってもらえれば、投資家たちは忍耐強く待ってくれるし、失敗しないよう支えてもくれるだろう。しかし、ビジネスモデルの正しさを証明する前に資金を使い切ってしまわないよう注意しなくてはいけない。砂漠を横断する前に手持ちの水を全部飲んでしまったらもう前へは進めなくなる。

失敗と成功は地続き

ヴィン・クランシーもやはり成功をつかむまでの間には何度か失敗を経験した。あるとき、ヴィンの会社、ワールズ・ベスト・エージェンシーに、プロテインシェイクのメーカーからの引き合いがあった。それは大きな利益を生みそうな仕事に思えた。そのメーカーはソーシャルメディアで多数のフォロワーを確保しているという。だが、さらにその数を増やし、オンラインサブスクリプションでの売上を増やしたいというのだ。

その話を聞いた私はヴィンに**「大きな報酬が得られそうな話があった場合には、一方に資金面でのリスクがないか注意したほうがいい」**とアドバイスした。ヴィンには、オンラインで商品を直販するメーカーと仕事できるのは素晴らしいチャンスに思えた。

プロテインシェイクをエンドユーザーに直販すれば利益率は非常に高くなる。そこで、ヴィンは、その顧客に対し、広告費に関して通常とは違う提案をした。「総売上に対して何%」という計算で広告費をもらいたいと申し出たのだ。顧客にとってそれは「ウィン・ウィン」の提案だった。ヴィンの側は、顧客のプロテインシェイクを売るために全力を尽くす、それがそのまま代理店の売上増につながる。つまりふたつの会社の目標は完全に一致していたわけだ。売上の数字はつねに把握できる状態にあったから、ごまかされ広告費を不当に安くされることはあり得ない。絶対に失敗などあり得ないと思われた。

ヴィンは適切な層の人たちに広告を見せることに成功し、高いクリックスルー率を達成できた。ただ問題は、そのクリックが売上につながらなかったことだ。そこでヴィンはターゲティングをさらに改良した。より買ってくれる可能性が高い人に広告を見せる工夫をしたのだ。だが、クリックスルー率が高まっても、コンバージョン率に変化はなかった。ヴィンのつくった広告は目を引くのでそれで狙いどおり多くの人が見てはくれるのだが、商品を買うまでにはいたらない。ヴィンはその問題を解決すべく、ほかの顧客から得た利益を多くつぎ込んだ。

そうするうちにひとつ気づいたことがあった。商品を宣伝することばかりに気を取られて、ヴィンは商品そのものをよく見ていなかったのだ。自分で試したことさえなかった。売れないのはマーケティングのせいではなかった。そもそも商品がお粗末だったのだ。最初の交渉の段階で、顧客は自分たちの商品にはすでに一定の数のユーザーがいると言っていたが、それは嘘だった。

ヴィンからその話を聞いた私は、「稼ぐことも大事だが、同時に学ぶことも大事だ」と言った。ヴィンはこの失敗から何を学んだのか。彼はどうやらそれをよくわかっていたようだ。

ヴィンはプロテインシェイクのマーケティングのために資金も時間も多くつぎ込んだ。

過去のどの仕事よりも多くの時間と資金をつぎ込み、対象を的確に絞り込んで狙った相手に広告を見せることに注力したのだ。おかげで彼はｅコマースにおいて最も重要な技術を完全にマスターした。それは、クリックスルー率を高める技術だ。プロテインシェイクの件は失敗だったが、その失敗を通じて身に付けた技術はきっとほかの機会に活きるはずだ。たとえば、まともな品質のシェイクを自分でつくり、その技術を使って宣伝すれば大きな売上が見込めるかもしれない。ヴィンはどうやら成功のコツをつかんだらしかった。

その後は新たなビジネスをはじめることになった。それはグロースハッキングの教育だ。ウェビナーや、教室に実際に人を集めての講座を開催し、また自分のノウハウをまとめた電子書籍も製作し、販売することにした。これが大きな収益の柱になった。どれもすべて自ら生産し、品質管理もする商品をエンドユーザーに直接、販売するビジネスである。これならば売上が全部自分のところに入って来る。その電子書籍は、最初の2週間で4万5800ドルの売上を生んだ。

新たなビジネスをはじめたのと入れ替わりに、マーケティングのビジネスはやめていくことにした。新ビジネスのほうに多くの力を注ぐことにしたのだ。

顧客との折衝ばかりに時間を取られ、ほかの人たちとの関わりがほとんど持てない生活はヴィンにとって疲れるものだった。それに比べれば、電子書籍をはじめ、自分の商品を直接売るビジネスはストレスもなく楽しかった。折衝すべき顧客はいないし、営業電話をかける必要もない。プレゼンテーションをする必要もない。ただ、自分の知っているノウハウを伝えることに集中できる。

ただ、新ビジネスが軌道に乗るまでは代理店のほうもやめてはいけない、と私は助言した。運転資金が枯渇すると困るからだ。こうして、元々無職で目標も明確に定まっていなかったヴィンは、１００日にも満たない時間でふたつのビジネスを同時に抱える人間になったのだ。

プロテインシェイクでの失敗はあったが、じつはその間もヴィンのマーケティングビジネスは成長を続けていた。プロテインシェイクをなんとか売ろうと工夫をこらしながら、ほかのクライアントの広告の仕事もし、新たなグロースハッキングの教育ビジネスのプランニングもする、そういう忙しい日々が続いた。おかげで売上の集計をする時間がなかなか取れず、その月の集計をしたのは、私との月例ミーティングの前夜だった。

数字を見たヴィンは驚いて気を失いそうになった。はじめてたったの3カ月だというのに、心理的な大きな壁である月10万ドルを早くも超えていたのだ。売上はなんと10万３４９４ドルにもなっていた。つまり、わずか1カ月で、アメリカ人の上位10％に入る収入があったということだ。ヴィンは確実に成功に近づいていた。

第5章

4カ月目

「強み」と「弱み」の両方があなたを成功に導く

★★☆☆☆☆☆☆☆☆

稼いだ総額

24.4万ドル

突然変異。進化の鍵となるのはそれだ。単細胞だった生物が、地球を支配する生物へと進化したのは、突然変異が起きたからだ。進化の速度は非常に遅く、通常は何万年、何億年単位の時間を要する。しかし、何十万年に一度くらい、飛躍的な進化が起きることもあるのだ。

――プロフェッサーX（チャールズ・フランシス・エグゼビア）、アメリカン・コミック『X-メン』の登場人物

真実5　成功の鍵はいつも自分の中にある

マイケルは9歳のとき、注意欠如・多動症（ADHD）と診断された。その後の2年間は、リタリンという薬で治療を受けていた。ただ、薬を服用していることを恥ずかしく思ったマイケルは、あり余るエネルギーを水泳に注ぎ込めば、症状を抑えられ

るのではないかと考えた。母親と医師は、本当に水泳に集中するのなら、という条件で、薬をやめることに同意した。4年後、マイケル・フェルプスはオリンピック選手になっていた。史上最高のオリンピック選手と言ってよかった。なんと28個もメダル（うち23個が金メダル）を獲得した。

マイケルは元々、水泳が得意なのだと単純に考えてはいけない。それだけ勝てたのは、勝利のために何年も毎日毎日、激しいトレーニングを続けたおかげだ。そのためにADHDが武器になった。

「私はプールでは速く動けるのです」マイケルはそう言う。

「それに、プールにいると、心は穏やかになるのがわかりました。水に入ってはじめて、私は自分を制御できるようになったのです」

ADHDを武器に成功をつかんだのはマイケル・フェルプスだけではない。集中力に欠け、自己の制御ができず、異常なほどに活発——それが典型的なADHDの症状だ——という性質は、ドイツ、ミュンヘン大学の研究者が行った2017年の調査によれば、イノベーションや起業にも強力な武器になるという。

「ADHDの人は、新奇なこと、驚くようなことをつねに求める傾向になる。そういうことを恐れるのではなくむしろ引きつけられるのだ」調査に参加したヨハン・ヴィークルンド博士はそう言う。

「また、何かをするときに前もってあれこれ考えることをしない。結果を考えずにいきなり行動に移る(1)」

「強み」はなんだっていい

人はみなそれぞれに違う。誰もが、何百万年、何億年もの間に繰り返された遺伝子の突然変異の結果、生まれた存在であり、それぞれほかにはない強みを持っている。この章のテーマはこの「**強み**」である。

まずは**誰にも必ずその人ならではの強みがある**のだということをわかってもらいたい。その人を他人と違ったものにしている独自の特徴があり、それがその人の武器になり得る。その強みをうまく活かせればマイケル・フェルプスのように無敵になる可能性がある。**大切なのは、自分の強みがなんなのかをできるだけ早い時期に知ること**だ。

その人ならではの強みと言っても、壁を通り抜けるとか、テレパシーが使えるとかそういう超能力ではない。その人が生まれながらに持っている天性の才能のことだ。それは人を説得する能力かもしれないし、ともかく人に強く信頼してもらえることかもしれない。組織をまとめるのが誰よりもうまい人もいれば、記憶力が異常に優れている人もいる。根回しがうまい、人好きがする、つねに自信がある、楽観的など、どれもがその人ならではの強みになり得る。自分の強みがよくわかっている人ほど、それをうまく活用してチャンスを生み出し、成功できる可能性が高まる。

私が知っている成功したリーダーたちもみな、自分の強みをうまく活かしている。たとえば、LinkedInの共同創業者、リード・ホフマンの強みは先を見通すビジョンがあることだ。リードは、私がこれまでに会った誰よりも、ビジネスの視点で未来を遠くまで正しく見通すことができる。そうしたビジョンを持ったリードは、企業の創業者としても、投資家としても力を発揮し、LinkedInだけでなく、ペイパル、フェイスブック、エアビーアンドビーなどを支える存在となった。

人は誰でもすごい能力を持って生まれて来る。スーパーマンのように高いビルをひとっ飛びにする人や、ストームのように気象を操る人は私もさすがに見たことがないが、**成功した人はみな、自分が生来持っている能力をうまく活用している。**その能力によって頭角を現し、ビジネスなどなんらかの分野で傑出した業績を残し、みんなに注目され、記憶されるようになったのだ。

私の友人で精神科医のマーク・ゴールストンは、大変な聴き上手という素晴らしい能力がある。ゴールストンは、この能力を磨き、ＦＢＩの人質解放交渉の担当者を教育するようになり、自殺する可能性が高い人専門のセラピストもするようになった。長いキャリアの中で、患者がひとりも命を失っていないことが、ゴールストンの能力の高さを証明している。

メタル・インターナショナルの創立者、ケン・ルトコフスキには、人と人を引き合わせる、というすごい能力がある。何かアイデアを持った人と、それを実現させる力を持った人とを引き合わせるのだ。たいした能力じゃないと思う人もいるかもしれない。だが、ルトコフスキの引き合わせは、これまでになんと30億ドルもの商取引を生み出しているのだ。おかげで彼は定職に就く必要がない。

そして、ビル・クリントンと会ったことがある人、また彼と仕事をした人たちがみな、言うのは、クリントンにはカリスマ性というすごい能力があるということだ。大統領は、ただ微笑みかけ、握手をするだけで人を自分の味方にしてしまう。

もしあなたが誰が見てもすぐにわかるくらいに特異な人であれば、きっと自分の運命を思いどおりにできるだろう。必ず誰かがあなたを見出してくれる。あなたに何ができるかを理解した人がチャンスをくれるはずだ。組織をまとめるのが非常にうまい人もいれば、記憶力が異様なほどによい人もいる。トレンドを読むのが驚くほどうまい人もいれば、ボールを投げるのが誰よりもうまい人もいる。

「私の武器となる独自の能力は、『熱狂』だ」スイスのデザイナー、ティナ・ロート・アイゼンバーグはそう言う。「『自信』も同じ結果をもたらすのでは、と言う人がいるだろうが、私はそうは思わない。自信というのはあくまで自分だけのものだ。自信を持つことはたしかに素晴らしい。だが、熱狂には伝染力がある。自信は真面目だが、熱狂は楽しい[2]」

起業家として成功した人たちもみな、自分ならではの能力を思いどおりに操ることで成功をつかんできた。リチャード・ブランソンには、一般の消費者が何を考えているかを直感的に察知する能力がある。いっぽう、マーク・キューバンには、型にはまらずにものを考える能力がある。

大事なのは、**生来の能力はどのようなものでもかまわない**ということだ。どのような能力であれ、将来、成功と富をつかむための基礎、鍵になり得る。人によっては「内向的である」というのが独自の能力になり得るし、それを自分で認識し、発展させていけば大きな強みになるわけだ。

ベストセラー『内向型人間の時代　社会を変える静かな人の力（古草秀子訳、講談社、２０１３年）』の著者、スーザン・ケインは「孤独は人間にとって非常に大きな力になり得る。よき決断を下すには、孤独であることは重要であり、孤独であれば、その決断に自信と責任を持つ勇気が出る」と言う[3]。

独自の能力は、私たちの人生を決め、私たちを導く。私たちの人生における行動の助けとなり、自分という「ブランド」の枠組みとなる。その能力を早く認識すれば、その分だけ能力を成長させられるし、得られる成功も大きくなるだろう。

自分の強みを見つける5つの質問

ここで問題になるのは、あなたの将来の基礎となるような独自の能力をどう見つければいいのか、ということだ。そのためには次に紹介する5つの質問に答えるといいだろう。

①自分はどういう子どもだったのか

ここで言う独自の能力とは、子どものころから自然に持っていた能力のことである。まずは自分が子どものころ、周囲の人からどういう性格、特徴を持った人間と言われていたのかを思い出し、言われていたことをリスト化してみよう。生来の人間性のリストをつくるわけだ。

生まれつきの能力がなかなか見つけられない場合は、逆のことをしてみよう。**「自分が人よりだめだったところは何か」**を考えるのだ。

シンガー・ソングライターのスカイラー・グレイは「私は自分の抱えている不安感や欠点こそ大事にすべきだと気づいた。私はそれを自分にとっての大きな強みに変えたのだ」と言っている。自分の不安感を詞に盛り込んだからこそ、グレイはエミネムの〝Love The Way You Lie〟をヒットさせることができたのだろう。２０１０年以降、エミネムと誰よりも頻繁に共同製作をしているのがグレイだと言っていい。

自分の苦手だったこと、嫌いだったことも思い出してみてほしい。なぜ苦手だったのか、嫌いだったのかを分析すると、それが自分の生来の強みと相反していたからだと気づくことも多い。

たとえば、私は子どものころを思い出すと、ルールに従うことや、すべきことを指示されるのが嫌いだった。ルールや指示といったものが、私の生来持っている特性や能力と相容れなかったということだろう。それで気づいたのは、私はどこかに雇われるよりも、自分が雇う側になるほうが適した人間だということだ。こうして自分を知ることが、自分の運命を操る第一歩になる。

②これまでに会った誰よりもうまくできることは何か

ここで謙遜は無用だ。何が得意なのかは自分でよくわかるだろう。

「あの有名なボクサーたち（モハメド・アリ、ジョー・ルイス、ジャック・ジョンソンのこと）と自分を同列に並べてくれるのはありがたいが、人気という面でいうと私はもうその誰よりも上を行ってると思うね」マイク・タイソンは得意げにそう言った。「史上最も偉大なボクサーは私だ。嘘だと思うのなら、私の稼ぎを調べてみるといい(4)」

もし、あなたがリングにあがり、トップレベルのボクシング選手と対戦して命を危険にさらすことになった場合には、自分を最高のボクサーだと信じるしかないだろう。ただ、何もボクシングのリングにあがらなくても、命を危険にさらしてしまうことはある。

たとえば、なんの挑戦もなく、充実感も得られない仕事をずっと続ければ、あなたは自分の命を危険にさらすことになるだろう。生まれ持った能力を活かせない仕事をしても、成長は望めない。それが長く続けば、ゆっくりとだが、熱意は失われていくし、夢もなくなっていく。

まず大切なのは、**自分の生まれながらの能力を懸命に働いて磨く**ことだ。そうすれば、自分のレベルが一段階あがる。子どものころ、親や先生が褒めてくれたのは、あなたが何をしたときだろうか。思い出してみよう。これまで何をしたときにとくに大きな成果をあげられたのか。それが自分の独自の能力だと確信が持てれば、訓練してそれを磨き、最大限活かせるようにしようという気持ちになれる。自分の強みがなんなのかよく知っていれば、自分の見せ方もうまくなり、ビジネス市場での自分の価値も高めることができるはずだ。

ジョン・リヴセイは、業界誌の広告販売で成功を収めていた。だが、ウェブが普及し、みんなが紙の印刷物で業界のニュースを読まなくなって状況が変わった。リヴセイは、コンデナスト社の営業幹部で受賞歴もあったが、紙媒体そのものが売れなくなり、リヴセイ自身だけでなく周囲の誰もが多くの仕事を失うことになった。

状況を打開すべく、リヴセイはまず自分自身を見つめることにした。なぜ自分はいままで成功できていたのか、その理由を考えたのだ。それでわかったのは、自分の強みは、自社の媒体で多く扱っている女性ファッションについての専門知識ではないということだった。リヴセイの強みは、「ストーリーテリング」の能力だった。何かを伝えるとき、それを聴く人の感情に訴えるような物語を語るのが得意だった。リヴセイはストーリーテリングについて書いた著書『ストーリーテリングで販売促進（未邦訳）』を出版し、講演者としての第二のキャリアで成功を収めることができた。ストーリーテリングが自分の強みだと正しく認識したことで、リヴセイはそれを売り物にして、数ある講演者の中でも目立つ存在になれた。

コンビニエンスストアを経営していたジェリー・セルビーは、若いころは数学が得意で、ウェスタン・ミシガン大学で数学の学士号を取得した。ただ、人口１９００人の故郷の街、ミシガン州エヴァートでは数学の使い途もなく、メインストリートで17年間、夫婦で小さな店を営んだ。

その後、セルビーは店をやめたが、２００３年にすでに閉めた店で「ウィンフォール」という ミシガン州の新しい宝くじのパンフレットを見つけた。「ウィンフォール」では当せん者が誰もいなければ、賞金は次の週にキャリーオーバーされることになっていた。１から50までの数字の中から６つを選び、最低３つの数字を的中させれば賞金がもらえる。

当然、６つを的中させれば賞金は最高額となる。そしてここが特別なのだが、６つ的中させた人が６週間連続で出なければ、あるいはキャリーオーバー額が５００万ドルに達すれば、たまった賞金は、次回３つ以上数字を的中させた人たちで分配することになっていた。

数学が得意なセルビーは、このシステムの欠陥をすぐに見抜いた。１１００ドル分のくじを買えば、計算上、１回は４つの数字を的中させることができる。それで賞金１０００ドルが得られる。また、だいたい18回か19回は３つの数字なら的中させることができ、その都度50ドルの賞金が得られる。１１００ドル分くじを買って、４つの数字を１回的中させて１０００ドル、３つの数字を18回的中させて９００ドルの賞金を得るとすれば、１１００ドルの投資で１９００ドル獲得することになる。

計算上、この買い方ならセルビーは絶対に損をしないことになる。何週間も勝ち続けたセルビーは友人たちも誘って、みんなで同じようにくじを買いはじめ、みんなが利益を出すことができた。この買い方を６年間、毎週続けたことで、セルビーの利益は合計で２６００万ドルを超えた。

③時間が消えてしまったように感じるのはどういうときか

もしも時間を思いどおりに操れる人がいたとしたら大変な能力である。だが、それは状況によっては誰にでもできることでもあるのだ。アメコミのヒーロー、フラッシュのように時間を自分の思いどおりに操りたいと夢想したことのある人は読者の中にも多いだろう。それは無理にしても、時間を消してしまうことならじつは誰にでもできる。誰かが「すみません。気づいたらこんな時間になっていて」と誰かに謝るのを聞いたことのある人も多いはずだ。気づいたら何時間も経っていて驚く。そういうことは誰にでも起きるだろう。

あなたは何をしているときにそうなるだろうか。たとえば、絵を描く、曲をつくるといった趣味で時間を忘れる人もいるだろう。だが、本当に時間を忘れて夢中になれるくらい好きなことがあるのなら、それは趣味ではなく仕事にすべきだ。

マーサ・スチュワートは41歳になるまでウォール街で働いていたのだが、同僚や友人を集めてディナーパーティーを開くのが好きで、それが昂じてついには副業としてケータリングサービスまではじめてしまった。ただし、最初はあくまで趣味の延長であり楽しみのためにやっていただけだった。その後、彼女は自分の好きなことや楽しんでいることについて書いた最初の著書『マーサ・スチュワート・エンターテイニング（未邦訳）』を出版する。スチュワートは、自分が夢中になれることに集中したおかげで、６億ドルもの資産を築くことができた。

「あなたにとって何が大事かは、カレンダーと小切手帳を見ればわかる」有名コンサルタントのデヴィッド・ダイはそう言う。過去何年かのカレンダーを見れば、あなたが楽しく時間を過ごすのはどういうときで、何をしているときなのかがよくわかるはずだ。時間

を忘れて楽しくできることをずっと続けていれば、それによって大きな資産を築くこともできるだろう。(5)

クレイグ・ニューマークは、チャールズ・シュワブでプログラマをしていたが、レイオフされてしまった。だがニューマークは、コンピュータでプログラムのコードを書く時間が好きだった。ニューマークにとってプログラミングは時間を忘れてできることだったのだ。前職からの仲間との関係を維持したかったこともあり、ニューマークは簡単な掲示板をつくった。そこでは最初のうち、友人たちが興味を持ちそうな地元のイベントを紹介するなどしていた。ユーザーが増えはじめたころ、ニューマークは、掲示板に求人情報など、それまでとは違う新しい種類の情報も載せることにした。現在のその掲示板「クレイグズリスト」は、1カ月のページビューが500億回で、求人情報は100万件を超える規模になっている。時間を忘れてできる趣味のおかげでニューマークはビリオネアになれた。

④友人からどういう相談を受けるか、またなぜあなたに相談をするのか

こう書くと驚くかもしれないが、家族や友人、同僚など、普段からあなたとよく関わっている人たちは、あなたの最大の強みが何かをすでに知っていることが多い。だから、あなたの強みに関係あることで何か問題が起きれば必ず、あなたのところに助言を求めに来る。

投資銀行で働くオーレン・クラフは、10年以上、企業の資金調達の手助けをしてきたが、やがて起業家たちが彼に資金よりもアドバイスを求めることのほうが多いのに気づいた。投資家や顧客に自社をどう売り込めばいいかアドバイスをしてほしいとよく頼まれていたのだ。クラフは「与えられた時間は5分だけと思ったほうがいい。その間に注意を惹かないと、もう相手はこちらに興味を持ってくれなくなる」というようにアドバイスする。(6)

クラフには売り込みの能力があった。彼の売り込みはただの技術ではなく、それには科学的な裏づけがあったのだ。オーレン・クラフの著書『シリコンバレーの交渉術――YESを引き出す〈売り込み〉の脳科学（小巻靖子訳、ダイレクト出版、2012年）』は、現在でも名著として高く評価されている。

カンサス・シティ在住のジェームズ・フィース、スーザン・フィース夫妻は、フルタイムの仕事に就いていたが、仕事は退屈で、頭の中はいつもヨーロッパへのバックパック旅行のことばかりだった。「あるとき、私にアドバイスを求める人からメールを受け取って気づいたんです」ジェームズはそう回想する。

その後、〝The Savvy Backpacker（Savvyは「精通した」という意味）〟と名づけたブログが2人のフルタイムの仕事となった。いまでは、この旅好きの夫妻は、大人気ブログを書くほかに、ヨーロッパ各地に旅した際の費用がわかるガイドブックも出版している。

友人、知人によくアドバイスを求められるのなら、「なぜ自分に聞くのか？」と逆に尋ねてみよう。そうすれば、自分の強みがなんなのかがわかるはずだ。

⑤お金の心配がなければ何をするか

自分がどういう人間かを知るには、いったんお金の問題を脇に置くのも有効な方法だ。ある程度、生活にゆとりができるまでは好きなことをするのを我慢しなくてはいけない、と考える人は多い。だが、実際にはその「好きなこと」こそが生活にゆとりをもたらしてくれるのだ（これに関しては次の章で詳しく説明する）。

レコード会社の役員だったころ、私は世界でも最も有名で才能のあるミュージシャンたちと仕事をする幸運に恵まれた。しばらくすると、そのミュージシャンたちは大きく2種類に分けられることに気づいた。まず、一方は、富や名声が目的でこの世界に入った人たち。そして、もう一方は、たとえ誰もそれに対してお金を払わなくても音楽をつくらずにはいられない人たち。前者はあまり長続きがしない。後者は私たちの世界を豊かにする。

「音楽は自分の健康を保ってくれるものだ。必ずしも世の中に発表しなくてもいい」エミネムはそう言っている。「何もしないと僕はすぐに自分が嫌になるからね――自己嫌悪が強いんだよ」(7)

画家のパブロ・ピカソは生涯、子どものころの自分というひとりの芸術家に忠実であろうとした。「子どもは誰もが芸術家だ」ピカソはそう記している。「難しいのは、大人にな

って も芸術家であり続けることだ」

ピカソはお金のために絵を描いていたのではなかった。自分の芸術に没頭しているうちにお金が入るようになっただけだ。

ピカソと比べるつもりはないが、私は子どものころから水彩画を描くのが好きだ。目の前の絵に集中していると本当に時が止まる。紙の上で絵の具の水分、流動性が適切に保たれるのはほんの一瞬なので、集中せざるを得ないのだ。６～10時間くらいはすぐに経ってしまい、それだけの時間のすべてが１枚の画用紙に集約される。日ごろ、ビジネスの世界で忙しく仕事をしている私にとって、絵を描くのはその世界から離れる手段になっている。一種の休息になっていると言えるだろう。

新型コロナウイルス感染症が流行したとき、私は何カ月もの間、自宅にこもるしかなかった。世界各地で行われるはずだった講演会の仕事はすべてキャンセルとなり、ミーティングはすべてＺｏｏｍを使ってオンラインで行われるようになった。

収入も大幅に減ったが、そんな中でも私は成長のマインドセットを持ち続けようと思っていた。そしてこれまでとは違う新しい現実の中によいところを見つけようとした。私は自宅に引きこもっている時間を贈り物だと思うことにした。そして、その時間に水彩画を描き、ソーシャルメディアに毎日投稿すると告知した。それが誰かを元気づけることになればとも思った。１日１枚描くのは大変なペースだが、私は１００日連続、投稿した。毎日集中して描くので練習にもなり、技術も向上していったし、フォロワーからの日々のフィードバックも楽しかった。そのときの私は、自分を表現したくて音楽をつくるロックスターと同じようなものだったと言える。

だからその後の展開には驚いた。水彩画が世界中に拡散されたことで、私はギャラリーのオーナーや、画家のエージェントから連絡をもらうようになったのだ。コレクターからの制作依頼をもらうこともあったし、ニューヨークの有名なリチャード・テイティンジャー・ギャラリーでの個展の話が舞い込んだりもした。

子どものころ以来、眠らせていた能力を解放した結果、私は思いがけず新たな収入源を得ることになった。絵はずっと描いてきたが、もし新型コロナウイルスのことがなかったら、それを仕事にする勇気は出なかったと思う。

ビル・ゲイツの強みは、優れた問題解決能力である。その能力のおかげでマイクロソフトをつくり、信じがたいほどの富を築きあげることができた。

世界一の富豪になると、ゲイツは金銭のことを考える必要がなくなり、彼の能力は、より大きな問題の解決へと向けられるようになった。たとえば、ポリオや貧困の根絶だ。そのためにビル&メリンダ財団も設立した。もちろん、ほかの多くの慈善家たちと同じように、ゲイツも寄付だけをすることもできただろう。だが、それでは自分の持つ素晴らしい能力を、彼自身も世界も活用できない。世界有数の富豪が、水なしトイレを設置し、清潔なトイレを持たない何百万人という人々の衛生状況を改善することに長い時間を費やす最大の理由はそれだろう。

「あまり知られてはいないが、世界のポリオ根絶に向けた運動は大きく進展している。紛争地域の状況が安定すれば、人類は今年、ポリオの最後の症例を見ることになるだろう」ゲイツは２０１７年にそう書いている。その時点でゲイツはすでにポリオ根絶のために30億ドルを費やしていた(8)。

「惨めに過ごす長い人生よりも、好きなことだけをして過ごす短い人生のほうがいい。好きでもないことに時間を費やすのは、そして好きでもないことばかりするのはまったくばかげているし、同じことを自分の子どもにもするよう教え込むのもばかげている」アメリカの哲学者、アラン・ワッツはそう言う(9)。

自分ならではの能力を信じられれば、フューチャー・プルーフな人になるのは難しくないだろう。強い意志を持ち、苦難に直面しても負けることなく前に進めるはずだ。ただ楽観的なだけで根拠がなければ、まるでトランプでつくった家のようにちょっとした挫折で簡単に倒れてしまうだろう。しかし、自分にはほかの人にない能力があるという自信が持てれば、その自信に支えられ、障害が立ちはだかっても乗り越えられる。「高いビルをひとっ飛びする」ようなすごいこともできるだろう。

自分の弱点を知る

自分だけの素晴らしい能力を発見することも大事だが、同時に、自分にとっての「クリプトナイト」は何かを知ることも大事だ。スーパーマンはほぼ無敵だが、唯一、クリプトナイトに弱い、という弱点を持っている。クリプトナイトはスーパーマンの故郷クリプトン星の残骸の鉱石で、スーパーマンの力を吸い取ってしまう。**欠点のない人間、万能の人間はどこにもいない。**誰にでも盲点はあるし、強みもあれば弱みもあるのだ。

私自身は、自分の弱点を認めるまでに長い時間がかかった。私は大局的にものを考えるのが得意な人間で、その反対に細かいことにはあまり目が向かない。大組織には、それを円滑に機能させるための手続きや文書業務が必要になるのだが、私はそれがどうにもうまくできない。商取引について考えることなら得意で、どれほど複雑な取引にでも対応できるのだが、署名すべき契約書の管理がどうにもうまくできない。つい机の上に置きっぱなしにしてなくしてしまうこともある。私は、この弱点を克服するため、つねに整理整頓が得意なチームメイトにそばにいてもらうようにしている。

起業家はつい、自分と似たようなタイプの人を周りに集めがちだが、それはよくない。**自分の弱点をよく知り、それを補ってくれるような人も入れるべきだ。**バットマンとロビンがよい例だ。ヒーローでさえも自分の弱点を補うようなパートナーを必要とすることがある。それによってより強いヒーローになれるのだ。

己に克つほど素晴らしいことはない。己に克てると、世界を我が物にしたような気になることもある。**自分自身の弱さと正面から向き合い、それを克服できれば、自分の人生は自分の力で変えられる**のだ、と思える。また、新たな困難に出遭っても、それと闘える強さと自信が身につくだろう。不安があっても乗り越えられるし、限界も突破できる。とても不可能だと思っていたことにも恐れずに立ち向かえるのだ。

俳優のブルース・ウィリスは、子どものころ、吃音に悩んだ。「まともに話ができなかったんだ。一文を話し終えるのに3分くらいはかかっていた。何かを表現したいと望む人間にとって、人に話を聞いてもらいたいと望む人間にとって、それはとても困ったことだった。つらかったね」ウィリスはそう回想する。「だけど、劇中、違う人間になりきると、吃音がなくなるとわかったんだ。これはすごいことだった」[10]

ウィリスは、クラスメートの前で劇をすることで吃音という弱点を克服したのだ。大学に入ると、演劇の教授は、ウィリスに「言語療法士に診てもらうといいのではないか」と言った。そのおかげで、ウィリスはハリウッド映画のスターとなり、『ダイ・ハード』などのヒット作に出演して、総額32億ドルという途方もない興行収入をあげることになったのだ。

「先を読む力」と「順応性」

さて、ヴィン・クランシーの話の続きだが、私が彼のメンターになったばかりのころは、ほとんど何に関しても2人の意見は真っ向から対立していた。どういうビジネスをはじめるべきか、ブランディングをどうするか、収益源を複数持つべきか、絶えず新たな顧客を増やすための努力をするべきか、など何について話し合っても、私たちの意見は合わなかったのだ。ヴィンにはヴィンの人生経験があり、それをもとに進むべき道を判断していたのだが、それが私の提案とは食い違っていたということである。

だが、ヴィンには起業家にありがちな頑固さはなかった。それまでの経験に基づいて判断していてはもはや先に進めない。それを認めるのは誰にとっても難しい。とくに成功した人にとってそれは容易ではない。だが、ヴィンには、**先を読む力**があり、**順応性**もあった。それがほかにない彼の強みだったのだ。

「自分の意見に固執しなかったおかげで、早く前に進めたと思う」ヴィンはそう振り返る。「他人の助言を信頼することを学んだ。最初は納得がいかなくても、まずは信頼して従ってみることにした。ビジネスの内容についてもそうだし、髪を切るかどうか、という一見、些細なことに関しても助言を取り入れた（はじめて会ったころ、ヴィンの髪は肩まで伸びていた。それで私は、見た目は自分が顧客にしようとしている人たちに合わせたほうがいい、とアドバイスした。彼はそのとおりにし、結果、顧客を増やすことに成功した）」とヴィンは言っている。

この強みがなければ、私はいずれ言い争うことに疲れ、何か変えるべきことに気づいてもアドバイスするのをやめてしまったかもしれない。ヴィンが私のアドバイスを渋々ながらも受け入れたのは、生存のために必要な特性と、成功のために必要な特性は違うと理解していたからだろう。自分の運命を変えるには、慣れ親しんだ習慣から離れることも時に必要になる。

「なんでも自分ひとりで完璧にしようとするよりも、周囲にいる賢い人たちの助言に耳を傾け、それに従うようにしたほうが精神的な負担が少ない」とヴィンは言う。

助言されて反発を覚えても、ヴィンはすぐにそれを自分で感じ取り、いったん立ち止まってどこに反発を覚えているのかを考えることができる。そこが彼のすごいところだ。ヴィンは、自分の意見が正しいという確かな証拠がない限り、周囲の声に耳を傾けた。

彼のこの能力は日を追うごとに磨かれていった。ヴィンは顧客からも、外注業者からも学ぶ姿勢を見せた。生涯学び続けることが自分の成功にとって不可欠だとよく知っていたのだ。個人にしろ企業にしろ、たとえ成功したとしても、急速な環境の変化についていけずにつまずいてしまうことは多い。しかし、ヴィンは現状に安住せず、新しい情報を取り入れ、それに対応して変わることを厭わなかったので、動きの激しい暗号通貨の市場にも適応できた。

ただし、外に向かって心を開くことと、自分を持たないこととは違う。十分な専門知識を持っていることがらに関しては、自信を持って意見を通した。それは、自分の意見にたしかな裏づけがあるとわかっていたからであって、傲慢だったわけではない。この環境の変化に即座に対応できる能力によって、ヴィンは「フューチャー・プルーフ」な人になれた。

最も賢明な人、最も強い人が生き残るとは限らない。**環境が変化してもそれについていける人が生き残る場合が多い。**それは生物の進化の歴史を見てもわかることだ。

4カ月ほどの間、提案書を書く、顧客の要望に応えるといったことを繰り返して、事業が軌道に乗ってくると、ヴィンは次に利幅を拡大することに注力するようになった。彼はコスト削減のため、ほかの業者とサービスの交換をするようになった。あまり得意でないサービスを相手に任せ、代わりに相手が得意でないサービスを引き受ける、ということをしたのだ。また、経験の浅い人を2人引き入れて、教育をする代わりに、安い報酬で仕事をしてもらう、ということもした。

ヴィンはさらに新たな収益源も確保した。それは「アフィリエイト」である。よく知られるアマゾンのアフィリエイトと同じような仕組みをつくったのだ。アマゾンは自サイトに顧客を誘導した人に報酬を支払うのだが、ヴィンは自分の友人たちにビジネスチャンスをもたらし、その見返りに報酬を受け取れるようにしたのだ。

大口の顧客の仕事に自分の時間の大半を費やす必要があったので、小口のプロジェクトに関しては断るという選択もあったのだが、ヴィンはそうせずに仲間に任せて、紹介料を受け取るようになったのである。

アマゾンの場合もそうだが、この種の仕組みの価値はネットワークの価値で決まる。規模も必要だし、どういう人たちとつながっているかも重要だ。はじめのうちは、仕事を任せた人たちの進捗や品質をチェックするのに時間をとられなかなか思うようにいかなかったが、続けていればきっと利益につながるとヴィンは信じていた。

４カ月目の売上はそれまでの最高は更新できなかったが、それでも９万６９７８ドルには達した。予想よりも少しだけ速く成長できている。楽観的に考えれば、残りの８カ月で月平均８万２３６４ドル稼げば目標達成できるのだ。

第6章

5カ月目

忍耐と持続性

川が岩を切り裂くのは力があるからではなく、持続性のおかげである。
——ジェームズ・N・ワトキンス

稼いだ総額
34.1万ドル

真実6　情熱があれば止まらない

会社に勤めていて何か新しいことを思いついたことのある人は、上を変えるのがどれほど難しいかはよく知っているだろう。「とにかく話が通じない」という不満はよく聞く。

たとえば、ある会社の32歳の営業マーケティング部長だったハワードは、自分のアイデアを上司に提案したが受け入れてもらえず、退職して自分で起業することにした。残念ながら、最初の店舗を出すための資金さえなかったので、1年間かけてワシントン州シアトルの各地を駆け巡って大勢の人に会うことになった。新事業成功の可能性の高さを訴えることで起業に必要な40万ドルを集めようとしたのだ。

何カ月もの間、会う人すべてに断られ続けたが、彼はあきらめなかった。無職で、妻は第一子を妊娠中だったが、ハワードは決してあきらめようとはしなかったのだ。ブルックリンのカナーシー公営住宅で育ち、たったひとりで西海岸にやって来たハワードは、自分が途中でくじけるような人間でないことをよく知っていた。

ヨーロッパではすでに成功しているビジネスの提案だったにもかかわらず、ハワードは出資を頼んだ242人中217人に断られた。だがイタリアのコーヒーショップでのエスプレッソの人気ぶりを見て、彼はアメリカ人もきっと香り高いエスプレッソを楽しむようになるに違いないと信じていた。

結局、ハワードが正しかったことが証明された。現在、ハワード・シュルツのスターバックスは2万8000を超える店舗と29万人もの「パートナー」を抱える巨大チェーンへと成長した。だが、ハワード・シュルツが大富豪になれたのはエスプレッソの豊かな味と香りのおかげではない。彼の不屈の努力のおかげだ。

「自分は起業して成功できるだろうか」

17歳のころのシュルツはそう思っていた。熱心な読書家でもあった彼は学校には飽き飽きしていて、自分に起業家として成功する資質があるのかを知りたいと思っていた。移民の子である自分がアメリカで生きのびていくのは大変なことだとも感じた。

「私は生活水準をかなり下げても平気だ。パソコンくらいしかない薄汚いアパートに住んでも飢えることさえなければ大丈夫なんだ」とシュルツは言っている。

自分の忍耐強さを試すため、1カ月わずか30ドルで生活をした、という人物もいる。成功のためにどのくらいの苦労なら受け入れられるか確かめたのだ。いまでは起業家として大成功を収めた彼は「『1日1ドルで暮らせるのか。ならば食っていくためだけであれば、月に30ドルだけ稼げればいいし、多分それはできるな』というふうに考えたんだ」と回想する。将来の夢、目標だけに意識を集中し、その実現、達成のためであれば日々、何もなくても生きられるとわかったわけだ。

数年後、兄弟で最初の起業をしたときには、住宅費を節約するため、アパートは借りずにオフィスで寝泊まりする生活を送った。

「本当に金がなく、コンピュータは1台だけで、ウェブサイトは昼間だけの運用とした。夜はコーディングに使わなくてはならないからだ……毎日休みなどなくそういう日々が続いた」①

ピザばかり食べて過ごすような我慢の日々は報われた。彼、イーロン・マスクはいまではスペースX、テスラのCEOで、その時価総額は何千億ドルという単位になっている。もうなんでも好きなものが食べられるだろう。

情熱と忍耐はつながっている

ヴィン・クランシーもマスクと同様、移民であり、何者かになるのだという野心を抱えてやって来た。成功への情熱によって動かされていると言ってもいい。外にいた人間がアメリカに対して持つ夢は、アメリカで生まれた人間とは違っている。彼には大富豪になれる素質が元々あったと私は思っているが、ヴィンが起業してから1年目の途中で音をあげていても不思議はなかったし、そうなれば私と取り組んでいた実験もそこで終わりになったはずである。ヴィンが1年を無事に乗り切るには、忍耐と情熱の両方が必要だった。

「私は20代のとき、1日も休みを取らなかった、ただの1日も」マイクロソフトの創業者で20年近く世界一の大富豪だったビル・ゲイツは誇らしげにそう言い切る。(2) 世界中の起業家の中に彼ほど忍耐強かった人はほとんどいないだろうが、ビル・ゲイツが働き続けたのは金のためではない（もし金のためならば、30歳までに働くのをやめたはずである）。ゲイツにはもっと高い目標があったのだ。いつの日か、すべての家庭にコンピュータを普及させ、あらゆる人たちがコンピュータの恩恵を受けられる世界を実現する、という目標だ。その目標を達成したいという情熱に突き動かされていたのだ。

アトキンソンとバーチが1970年に著書『行動の力学（未邦訳）』を刊行して以降、常人より忍耐強く何かに取り組む人を動かしているものは何か、を知ろうとした研究者は多数いる。また、数多くの教育者、経営者、軍関係者たちが、ある人物を見てその成功確率を測れるような「予測モデル」を構築しようと試みてきた。生まれつき忍耐強い人が時々いるだけなのか。それとも忍耐強さは一種の技術で、努力によって高めることができるのか。

最近では、マッカーサー・フェロー賞を受賞した心理学者、アンジェラ・ダックワースの著書『やり抜く力 GRIT（グリット）――人生のあらゆる成功を決める「究極の能力」を身につける（神崎朗子訳、ダイヤモンド社、2016年）』が、ニューヨーク・タイムズ・ベストセラーに20週もランクインする大ヒットとなった。ダックワースが注目したのは「偉業を成し遂げた人たちはなぜ、それほど忍耐強く何かに取り組むことができたのか」ということである。

明確な目的があり、それに対する情熱が強ければ、その分、忍耐も長く続くだろう。また達する目的が素晴らしいものであれば、それが達せられるまで忍耐が続く可能性が高くなるはずだ。1週間、大変な思いをして働いて、休日に自宅で何か別の作業をしようと思っても、なかなかそのエネルギーが残っていない人は多いだろう。たとえば、自宅の庭にデッキをつくろうかなと思っても、あるいは客間の壁にペンキを塗ろうかなと思っても、週末は疲れてしまって、つい来週でいいかと思い、なかなかできないことになりがちだ。しかし、恵まれない人たちのために家を建てる、というボランティア活動に参加した場合には、困った人を助けるという崇高な目的があるので、日が沈んだあとも自ら進んで長くハンマーを振るい続けることができるかもしれない。

できれば目的を持って生きたいと思っている人は多いだろう。仕事も、そこに大きな意味を感じるほど、やりがいも感じられるはずである。目的を持って生きることは、自分の運命を自分で決めることにつながる。ただ漠然と「金持ちになりたい」と思っていても、なかなか富を築けるものではないが、**何か目的があってそれに向けて努力をしていれば、自然と富が築けることもあるし、それで世界が豊かになることもある。**「何をするにしろ、どういう努力をするにせよ、大事なのは何をするか、よりもなぜそれをするかである」とスターバックスの元会長のハワード・シュルツは言う。(3) 明確な素晴らしい目的があれば、それによって忍耐力は自然に生まれるだろう。

忍耐力は「技術」である

成功者がすべて生まれつき忍耐強いというわけではない。天賦の才能というわけではないのだ。**忍耐は訓練によって身につく、ひとつの「技術」**である。忍耐を身につけるにはまず、新奇な体験を受け入れる開かれた心を持つ必要がある。また、自分の行動に対する誠実さも必要だ。

ヴィンは懸命に働いてはいたが、それは単に裕福になりたいからではなかった。富はあくまで副産物でしかなかったのだ。彼はより奥深い欲求を満たすべく努力をしていた。自分の勇気を試したかったし、自分が成功するのに十分な能力があることを証明したかった。イギリスの階級制度の下で労働者階級の子どもとして生まれ、上の階層の人間は優れているのだから尊敬せよ、と言われて育ったヴィンだが、アメリカで自分も優れた人間であることを確認したいと思っていた。

人生の目的を早いうちに見つけられた人は幸運だろう。若いころに明確な目標を定め、あとはそれを達成するべく日々を過ごす。私の友人のマーサ・ミサーリアン博士は、子どものころにブランコが当たって歯が折れたことがある。折れた歯を治してもらい無事に笑顔を取り戻した彼女は、自分も将来、歯科医になると決めた。自分がそうしてもらったように、誰かの人生を変えられるようなヒーローになりたいと思ったのだ。もちろん、誰もがそういう体験をするわけではない。移民でもなく、歯が折れたこともない人はどうやって人生の目的を見つければいいのだろうか。

マーサもヴィンも人生経験を通じて目的を見つけた。世界と多く関わるほど、それだけ多く不正義に出遭うことが増える。長く生きるほど――よほど漫然と何も考えずに生きていない限り――情熱を注ぐ対象が見つかる可能性が高まるはずだ。**情熱を育むにはまず世界と関わることが大事**になる。心地よい自分の殻を破って外に出て、周囲の世界と直接、触れ合う必要があるのだ。まず自分が何に心を動かされるのか、またそれはなぜなのかを意識することからはじめよう。

目的を見つけるのは若いうちでなくてもいい。遅すぎるということはないのだ。ウォルマート、インテル、フォード、ルルレモンは、いずれも創業者が40代のころにつくられた企業だ。ホーム・デポ、マクドナルドにいたっては50代の人たちが創業している。チャールズ・ランレット・フリントがＩＢＭの前身となる会社を立ちあげたのは60歳を過ぎてからだ。みなそれぞれに使命感に突き動かされて会社をつくった。お金はあとからついてきた。

世の中には決してあきらめない人がいる。65歳で年金暮らしという人を見れば、引退してもう夢など持ってはいないのだろうと思ってしまうが、彼は違った。自分のフライドチキンのレシピが家族や友人たちにあまりに評判がよかったため、彼は車に乗り、アメリカ中を旅してレシピを広めて回った。最初の１００９店はレシピの採用を断り、あきらめて帰るよう彼に言った。しかし、１０１０店目が「イエス」と言ってくれたおかげで、彼、〝カーネル〟・ハーランド・サンダースの「ケンタッキー・フライド・チキン」はいまでは

2万2000を超える店舗を抱え年間230億ドルもの収益を誇る世界第2位のレストラン・チェーンとなっている。

もちろん、20代で明確な目的を見つけ、達成に向けて努力をはじめる人も多い。ヴィンと出会って私はひとりの若者のことを思い出した。ヴィンはカリフォルニア州ロサンゼルスのヴェニスという地区のフラットに住んでいたが、その若者もそこからほんの数ブロックしか離れていない30平方メートルあまりの小さなアパートの部屋で暮らしていた。もう何十年も前のことだ。その若者、トニーはヴィンとそう変わらない状況に置かれていたのだ。トニーは失業していて、当然、貧しく、毎日とくに何もせずテレビを見て過ごしていた。どん底にいた彼は貧乏で太ってしまっている自分に嫌気が差し、あるときから猛然と努力をはじめた。眠っているとき以外のすべての時間を自分を変えることに費やすようになったのだ。トニー・ロビンスは20代半ばで、正規の教育や訓練は受けていなかったにもかかわらず、人間開発トレーナーとして年に何十万ドルと稼ぐようになった。トレーナーの仕事とともに、本も多数出すようになった彼は、やがてオプラ・ウィンフリー、アンドレ・アガシ、ビル・クリントン大統領などの有名人とも関わるようになっていく。開始されてから数十年経ったいまでも、彼のトレーニング・プログラムには毎年何千人もの人たちが参加しており、そのおかげもあって総資産は5億ドルに達している。「成功へといたるまでには、いくつもの決然たる行動が必要になる」トニーはそう書いている。「本当に決断を下すというのは、何か新しい行動を起こすということだ。何も行動を起こさなければ、真に決断したことにはならない[4]」

中には親から財産を相続できる恵まれた人もいるだろうが、そうでなければ**成功する人物というのは必ず何か人生の目的を見つけるにいたる物語を持っている。**その物語が支えとなって忍耐強く努力を続けられるのだ。

私が個人的に影響を受けているのがベサニー・ハミルトンの物語だ。13歳のときのハミルトンはハワイに住むごく普通の幸せなティーンエージャーでサーフィンが大好きだった。２００３年10月13日の朝、彼女はサーファーにとって最も恐ろしい体験をすることになる。体調が5メートルほどもあるイタチザメに襲われたのだ。サメは彼女の左腕を肩のすぐ下から食いちぎった。病院に運ばれたとき、彼女は全身の血液の60%を失い、乏血性ショックの状態にあった。しかし、ベサニーはくじけなかった。なんと、数週間後には海に戻り、再びサーフィンをはじめたのだ。片腕でサーフィンするため、彼女は特殊なボードを使うようになった。普通のボードより少し長く分厚く、右腕だけで操作しやすいようにつくられたボードだ。事故から1カ月少しあとにはもう大会に出場している。2年もしないうちにＮＳＳＡ（全米学生サーフィン連盟）の大会で優勝もした。いまでもサーフィンを続けており、オーストラリア、フィジー、インドネシア、ブラジルなどのイベントに出場している。「勇気とは何も恐れないことではない」ベサニーは２００４年に刊行された自伝でそう書いている。「勇気とは恐怖に負けずに立ち向かうことだ」[5] 老若男女問わずみなを勇気づける彼女の物語は「ソウル・サーファー」という映画にもなった。

人生の目的を見つける4つの質問

その達成のために情熱を傾けることのできる人生の目的を見つけるには、自分に４つの質問をしてみるといい。ここではその４つの質問を紹介する。

①いまの自分は10歳のときの自分が見て誇りに思える自分なのか

子どものころのことを思い出してみよう。**どういうことに感動していただろうか。**そのころは楽しんでいたのに、いまはまったくしなくなった、ということはあるだろうか。それはいつ、そしてなぜやめたのか。

私は5歳の誕生日パーティーで、はじめてマジシャンがマジックをするのを見た。マジシャンは、見るのが大人だろうと子どもだろうと、しばしの間、現実世界についての知識をすべて忘れさせ、どんなことでも可能なのではないかと思わせてくれるところが好きだった。私もそういう人になりたいと思い、マジックに夢中になった。ちょっとしたカードさばき、手の動きなどを何時間もかけて練習した。大学生になるころまでずっとマジックは続けてきたが、結局それを職業にはしなかった。それで生計を立て、家族を養える自信がなかったからだ。最初に立ちあげたソフトウェア企業は経済的には成功したが、私はソフトウェアに対してはマジックほどの情熱は持っていなかった。そこで自分の人生にマジックを再び取り戻すことにした。幸い、これまでの人生でいくつか成功を体験することはできたが、「フーディーニを騙した男」として世界中で有名だった故ダイ・バーノンを前にオーディションを受け合格し、アカデミー・オブ・マジカル・アーツ（ハリウッドの「マジック・キャッスル」という奇術専門のクラブを運営する団体）のパフォーミング・メンバーになれた、という成功体験に比べられるものは何ひとつない。私にとってはマジックこそが何よりも情熱を傾けられることだったのである。

②時が止まって感じられるのはどういうときか

アルベルト・アインシュタインは相対性理論を説明するのに「熱いストーブに手を置けば、1分が1時間にも感じられる。でも、綺麗な女の子と座っていれば1時間が1分くらいに感じられる。それが相対性だ」と話したという。古代ギリシアの偉大な数学者、アルキメデスは、歴史上はじめて円周率の近似値を求めた人物とされるが、あまりに何かに没頭しすぎて何日も何も食べないことさえあったという。ローリング・ストーンズのギタリスト、キース・リチャーズのスタジオでの集中力は伝説になっている。アルバム「女たち

(Some Girls)」に収録された「ビフォー・ゼイ・メイク・ミー・ラン(Before They Make Me Run)」をレコーディングした際には、5日間、一睡もせず作業を続けたと言われる。

自分の世界に入り込んで時を忘れ、気づくと長時間が経っているという体験は誰でも時々はするだろう。そういう時間を体験するのは情熱がよほど強くなっているときだろう。元々、その行動への意欲が強いのはもちろんだが、熱心に取り組んでいくうちに感情が高ぶり、より熱中することもあるはずだ。たとえば、アーティストであれば、創作することや、演じることによって興奮し、さらに熱心に取り組むことがあるかもしれない。科学者であれば、何かを発見することの喜び、宇宙を動かす原理を少し知り得た瞬間に得られる感動に突き動かされてさらに研究を進めるかもしれない。コーチをしている人なら、他人の人生になんらかの影響を与えられたと感じた瞬間に、指導に取り組む熱意がより高まることはあるだろう。心に迷いが生じ、取り組むべきことに集中できないときには、自分がどういうときに喜びを感じ、熱意が高まるかをよく考えてみるといいだろう。

③億万長者のブルース・ウェイン(バットマン)はなぜ世界を救うために戦うのか

DCコミックスのスーパーヒーローの中で、本人が自分の意志でヒーローを「仕事」として選んだのはバットマンだけだ。ブルース・ウェインは生まれながらの超人ではなく、もとはあなたや私と同じ普通の人間である。しかし、子どものころに目の前で両親を殺され、犯人に報復をするという強い思いを抱くようになったのだ。彼ほど極端でなくても、多かれ少なかれこの世の不正を正したいという思いは大半の人が抱いているはずだ。

気候変動、栄養不良、貧困、人権、教育、クリーンエネルギー、暴力……この世界には、無数の課題、問題があり、それに正面から取り組み解決に向けて行動してくれる人たちを必要としている。ひとりで問題を解決できる人間はどこにもいない。だが、文化人類学者のマーガレット・ミードは「その中の全員が思慮深く熱意ある人たちであれば、たとえ少数の集団であっても世界を変えることができる。むしろ、これまではそういう集団だけが世界を変えてきたのだ」と言っている(6)。

まずは大義を見つける。見つかったらそのために行動する。ミロ・クレスがいまや世界的なものになったプラスチック・ストローの禁止運動をはじめたのは9歳のときだった。グレタ・トゥーンベリが国連気候変動会議で演説したときはまだ15歳だった。あなたに同じことができない理由はない。**世界によい方向への変化をもたらすために自分に何ができるか**を考える。流されるのではなく、自分の運命を自分の意志で決めるべく努力するのだ。途中、どのような障害が立ちはだかろうと、自分の決めた方向へと進む。

私たちがこの地上にいられる時間はとても限られている。だからその限られた時間の中で何をするかが大きな問題である。それを決めるのに、自分が何をすれば世界に最も大きな影響を与えられるか、というのはよい基準になるだろう。人生の大きな目的が定まっていれば、一日一日何をするかも、その目的に応じて決まってくるだろう。何をするにしても、すべて最終的な目的につながる。お金を稼ぐのも単にお金がほしいからではない。**目的の達成に役立つから稼ぐのだ。**

④あと1年しか生きられないとしたらどう過ごすか

新型コロナウイルスのパンデミックがあったこともあり、人の命のはかなさを痛感している人は多いだろう。自分があとどのくらい生きられるのか。それを知っている人はいない。ジョン・レノンは〝Borrowed Time〟をレコーディングしているとき、もちろん自分が間もなく殺害されるとは思っていなかったし、この曲が死後のリリースになるなど予想もできなかったはずだ。人が短い一生のうちに成し遂げられることは少ない。だが、自分の人生だけではとても達成できそうもない大きな目的を持ったとき、人は真に忍耐強くその達成のために努力することができる。

もう何年もの間、私の生きる目的となっていたのは我が子を育てることだった。そのためならば私は懸命に努力することができたし、自分にはできないだろうと思っていたこともできた。子どもたちをがっかりさせたくない、子どもたちによりよい人生を歩んでほしいと思う気持ちが私の前進のためのエネルギーを生んだ。そのエネルギーで障害に突き当たっても乗り越えて前に進むことができたし、そうするうちに徐々にビジネスの世界の仕組みもわかるようになってきた。ただ、子どもたちが成長して家を出ると、私は目的を失い、途方に暮れてしまった。何か見捨てられたような気持ちだった。新たな目的が見つかったのは最初の著書を書いたときだ。まず、どうすれば人生を変えることができるか、その方法を人に伝える能力が自分にはあると気づいた。

そして、世界中の何千、何万という読者たちと交流する中で、私の目的は「民主主義を維持すること」になった。そのためには全世界の中間層を分厚くする必要があると思った。どうすれば起業家になれるかを人に教えることに私は情熱を傾けるようになった。安定した中間層は自由な社会の支柱となる。また起業家は雇用を創出し、世界に活力を与えることができる。自分には他人に何かを伝える能力があると気づいていたこともあり、企業に勤務していたときにはなかったエネルギーを得ることができた。自分には使命があると思えたのだ。講義をし、文章を書いて人に教育をすることで世界を変えるという使命だ。私も仕事をするようになって半世紀ほどになり、その間、もちろん利益の追求もしてきたのだが、いまではそれを超越した満足感も得られている。

情熱を持続させる6つのテクニック

だが、単に目的を持っただけですぐに忍耐強くなれるわけではない。生きる理由が見つかったら次は情熱を長く持続するためのテクニックを覚えよう。

①忍耐強い人たちのネットワークをつくる

失敗することや後退することは誰にでもあるが、**励ましてくれる仲間がいればひとりよりも乗り越えるのが楽になる。**また、みんなをがっかりさせたくないと思えば、辛いときも乗り切れることはある。また仲間を気遣える人を選んでネットワークに引き入れることも重要だ。誰かに励まされれば、自分も周囲の誰かを励まそうとするものである。そうして励まし合っていれば、ネットワーク全体のエネルギーレベルは高いまま維持されるだろう。

「自分のしたいことをしている人の周りには人が集まって来る。熱意は人から人へ伝染し、熱意ある人はまた熱意ある人を引きつける」とヴェンチャーニアーの創業者、ジェリー・ステンゲルは言う。「また興味深いのは、そうして集まって来た人たちはうまくいっているときに褒めてくれるだけではないということだ。うまくいかないときも離れることなく近くにいて支えになってくれる。そういう支えはぜひとも必要だ。仲間たちがいるからこそ熱意ある人は奇跡を起こすことができる[7]」

②つねに直近の具体的な目標を決めておき、達成までの手順もおおまかには決める

ヴィン・クランシーは起業したばかりのころ、日々すべきことがあまりに多く、圧倒されてしまっていた。それは誰もが通る道である。メール、留守電の音声メッセージ、テキストメッセージへの返信、ウィーチャット、ワッツアップ、スカイプ、スナップ、インスタグラムなどへの対応だけで1日がほぼ終わってしまうこともあった。ヴィンは最初にホワイトボードに「1年以内に100万ドル稼ぐ」と大きく書いた。「とにかく、こうして書いておけば、その文字を頻繁に目にすることになるので、目標を忘れないという意味ではいいと思う」と本人は言っていた。

ヴィンは夜に細かく翌日の予定を立てるようになった。**翌日にしなくてはならないことをリストにし、デスクのそばの壁に貼っておく。**そうしておけば、いま、何を優先してしなくてはならないかがすぐに確認できるからだ。大きいことから先に手をつけ、終わったら線を引いてリストから消す。10項目あるリストの8項目くらいまで消せると本当にやる気が出るので驚く。目標を明確に書いておき、いま、何をすべきか目に見えるようにすれば熱意を高めるのに間違いなく役立つ。

ハーバード大学のMBAプログラムを受けられるのは特別に優秀な人だけだ。出願しても実際に受講できるのは出願者の15％以下である。ハーバード大学MBAの取得者は企業から引く手あまたで、取得10年後の年収の中央値は、20万4800ドルにもなる（しかも、奨学金返済の肩代わりをしてくれる企業も多い）。ハーバード大学に関する10年を費やした調査によると、MBA取得者のうちの3％は、残りの97％の合計の10倍もの収入を得ているという[8]。その3%はほかと何が違うのだろうか。それは目標を明確に言語化していることである。調査によれば、MBAの学生の84%には仕事に関する明確な目標がないという。13%にはともかくなんらかの目標があるが明確な言語にして紙に書いたりはしていない。明確な目標を持ち、それを言語化して紙に書けるのはたった3%で、その人たちが多くの収入を得ることになる。

1969年、ある若き武道家がナポレオン・ヒルの自己啓発書『思考は現実化する（田中孝顕訳、きこ書房、1999年）』を読んだ。当時29歳だった彼は本に書かれていたとおり、自分に宛てた手紙を書いた。

私の人生の最大の目的

私、ブルース・リーは、アメリカで最もギャラの高い東洋のスーパースターになる。そのために、私は誰よりもエキサイティングなパフォーマンスをし、俳優として最高の能力を発揮する。一九七〇年から世界的名声を勝ち得、一九八〇年には一〇〇〇万ドルの資産を持っている。生きたいように生き、心の平和と幸福を手に入れる。

ブルース・リー[9]

リーはその後間もない1971年、ロー・ウェイ監督の映画「ドラゴン危機一髪」に出演したことで本当に大スターになる。リーは1973年に32歳で亡くなるまでに、わずか5本の映画をつくっただけだが、武道家として映画スターとしてその名前は現在も残っている。武道、大衆文化に与えた影響の大きさから、『タイム』誌はブルース・リーを「20世紀で最も重要な100人」のひとりに選出した。

③目標を紙に書くだけでなく、日々必ず、その達成のために動く時間を設ける

この決まり事をしばらく続けていれば、完全に習慣化し、自然に熱意が持続するようになる。ベストセラー作家、スティーヴン・キングは50冊を超える小説を出版し、3億5000万部超が売れているが、1日に6ページ書くことを自分に課しているという。キングはそのルーティンを40年以上、ほぼ毎日続けてきた。「私は朝、水かお茶を1杯飲むキングは話す。「しばらくして椅子に座る。だいたい8時から8時半までの30分間、そのまま座っている。ビタミン剤を飲んだり、音楽を聴いたりして過ごす。小説を書く紙はすべていつも同じ場所に置いてある……こうして毎日同じことを繰り返すのは、自分の心に『さあお前はこれから夢の世界に入っていくんだぞ』と告げるためだ」

④時折「ご褒美」がもらえるような仕組みをつくる

楽しい努力を続けるには「ご褒美」が効果的である。努力をゲーム化すると言ってもい

いだろう。ゲーム化が効果的なことは教育の現場などでも確かめられている。自分ひとりで努力をする場合でも、それをゲームにするとやる気が続きやすい。人間が生来持っている、成果をあげたいと願う気持ち、報酬を得たい、地位を高めたいと思う気持ちなどを結びつけるのに、ゲーム化が役立つのだ。

ご褒美は大きなものでなくていい。**ご褒美があるということが大事**なのだ。何年もの間、私は何か目標を達成すると、そのたびにひとつ、マジックの仕掛けを買う、ということを続けてきた。さほど高いものでもないので、買おうと思えばどれもいつでも買えるのだが、あえてご褒美にし、目標を達成しない限り手に入らないことにしたのだ。遺伝学者のポール・ナースは、細胞周期の主要調節因子を発見した業績によりノーベル生理学・医学賞を受賞したが、そのとき、自身への目に見える「ご褒美」として新しいバイクを買ったという。みな、自分なりのルールを決めて、努力をご褒美の出るゲームにするとよいだろう。

⑤自分の目標はあくまで自分自身のものであることを忘れない

持続するのは本物の熱意だけである。両親が、配偶者がそれを望んでいるから、という理由では本物の熱意は持ち得ない。誰かをがっかりさせたくないという気持ちである程度がんばることはたしかに可能だが、いずれ忍耐が続かなくなる。まず自分自身にも周囲の人にも正直であることが大事だ。

⑥お金が動機になるとは限らないと知っておく

お金を稼ぐという目標を立てるのはいいが、それはあくまで**途中段階での目標であるべきで、最終目的にすべきではない**。車が買える、家が買えるというのは嬉しいことではあるが、それだとただ物が増えるだけだ。富を増やすのはよいことに決まっているが、それだけで心が満足するわけではない。ヘンリー・デヴィッド・ソローが書いているとおり、「富は人生を存分に体験するのに役立つもの」ではあるが、結局、熱意がなければ、その体験はできないのだ。[10]

限界を乗り越える

ヴィン・クランシーは「どういうお仕事をされているのですか、と尋ねられたら、いまは毎月、ゼロからはじめて月末までに10万ドルを稼ぐ、ということに取り組んでいます。とても大変です、と答えます」と話していた。毎週1日休みがあるかないか、というふうに働くのは大変だったのだろう。ヴィンの顔には次第に疲れの色が見えはじめた。実務経験も社会経験もないヴィンには苦労が多かったはずだ。やがて限界が近づいてきた。

ヴィンは必ずしも「金がほしい」ということを動機にしていたわけではないが、大富豪になるということをひとつの達成目標にしていた。がんばりすぎると燃え尽きてしまうから、うまくバランスをとるように、と私が事前に言っておけばよかったのかもしれない。だが、私はとりあえずヴィンに自分がどこまでやれるのか、自分の限界を知ってほしいと思っていたのだ。燃え尽きる寸前という様子のヴィンに会うたびに私はただ「がんばって乗り越えよう」と同じことを繰り返し言っていた。

結果として、ヴィンは燃え尽きることも挫折することもなかった。毎日長時間を費やして新規顧客を獲得するための提案書を作成した努力が報われたのだ。彼は昼夜問わず忙しく動き回り、昼間は既存の顧客への対応に追われ、夜は新規開拓のために努力していた。懸命にがんばったが、月末が近づいても収益目標の達成は厳しい状況だった。だが、その月の帳簿を締める直前に、新規の顧客が前金を支払ってくれた。おかげで月10万ドルの目標を達成し、収益は11万5558ドルに達した。起業からの合計の収益は45万1647ドルになった。5カ月の経験を積んだことで、少しは自信もついた。目標を大きく上回る月が続いたので、残りの月は平均7万8336ドルの収益をあげれば年間の目標は達成できる。

しかし、間もなくふたつの巨大テック起業、グーグルとフェイスブックが彼への支援を打ち切ると言い出し、ヴィンは苦境に陥るのだが、そんなことはその時点では知る由もなかった。

第7章

6カ月目

自分を導いてくれる人を見つける

★★★★☆
☆☆☆☆☆
稼いだ総額
45.1万ドル

あなたがいなければ、いまの私はいませんでした。

——オプラ・ウィンフリー（自身のメンター、バーバラ・ウォルターズに向けた言葉）

コーチとは、あなたが聞きたくないことを言い、見たくないものを見せる人のことである。その人がいればこそ、あなたは自分がなれるはずと思う自分になれるのだ。

——ダラス・カウボーイズ（アメリカン・フットボールのプロチーム）のコーチ、トム・ランドリー

真実7　ひとりでは何もできない

14歳のとき、彼はシングルマザーだった母親とともにアパートから立ち退かされた。16歳のころ、高校生になった彼は何の目標もなく生き、何度も逮捕された。友人も恋

人もおらずひとりぼっちだった。体重約１００キログラムで、肩に傷を負っていた彼は、将来のない辛い10代を過ごしていた。身体の大きい自分を誰も止められないのをわかっていた彼は、完全にトラブルメーカーと化していた。あるときは勝手に教師用のトイレを使った。「手を洗っていると、そこにひとりの男が入って来て『おい、ここに入っちゃだめだろう』と厳しい口調で言った。生意気だった私は彼のほうを見て『いやあ、ちょっとぐらいいいだろう』と返事をした。すると、彼は怒鳴った。『なんだと、いますぐ出ていけ！』顔を真っ赤にして怒っていた。血管が浮き出ている。私は彼に歩み寄り、軽く肩を当てるようにして通り過ぎた」

「その夜、私は帰宅して気分が悪いままだった。自分が生意気な態度を取ったことはわかっていた。翌日、私は彼の姿を見つけると『昨日のことを謝りたい。本当にひどい態度だったと思う』と言った。私は謝り、片手を差し出した。彼も手を伸ばしてきたので握手をした。手を握ったまま彼は『謝罪してくれて嬉しいよ。ところで提案なんだが、フットボールをやってみないか？』と言った。私は『わかった。やるよ』と答えた」

フリーダム・ハイスクールのフットボール・コーチだったジョディ・スウィックは、この若者のメンターとなり、学校の歴史でも最高の選手、数々のチームから必要とされる選手へと育てあげた。この若者、ドウェイン・〝ザ・ロック〟・ジョンソンは、スウィックの教えを受けたことで、全額給付の奨学金を得てマイアミ大学へと進学した。そのあとはＮＦＬを目指すがプロレスラーに転向し、後に映画俳優となる。ハリウッドの歴史でもとくにギャラの高い俳優となって3億ドル以上を稼いだ。最悪の時期にメンターを得たジョンソンは、未来を大きく変えることができた。おかげで本人がまったく想像もしなかったような高みへとのぼることができたのである。

「人生を変える出会いだった」ジョンソンは後にそう回想している。「私がいまあるのはかなりの部分、その人のおかげだ。その人の名はジョディ・スウィック。もう亡くなってしまったが、私は本当に感謝している」[1]

メンターはあなたに「推進力」を与える

石のような、取るに足りないものでも、うまく利用すれば世界を制覇できることもある。世界ではじめて人間が大規模なコミュニティをつくって暮らしはじめたのは紀元前4500年ころ、メソポタミアのウルクという都市でのことだったとされる。そこに人々は城郭都市を築いた。壁の中にいる支配者の権力を維持するための難攻不落の要塞として築かれたのだ。体制を変えようとする者たちを、壁によって排除しようとしたのだ。この防衛装置は、投石機が現れるまでは有効に機能した。投石機は精巧でしかも強力な装置である。物質の持つ3つの性質を活かすことで、通常であればまったく動くことがない石を、城壁をも壊す無敵の武器に変える。それまでの最強の王国ですら打倒できるようになったのだ。性質のひとつは張力である。投げる石を取りつけた投石機の腕を下げると、張力によって動物の腱や人の髪の毛、ロープなどにねじりが加えられていく。限界までねじりが加わると、もう腕は下がらなくなる。そこで腕を解放すると、ねじりがもとに戻ろうとする力が生じる。これが2つ目の性質だ。その力によって回転が生じ、それがさらに物体を素早く前に押し出す力となる。3つ目の性質は重力である。これは、物体を地球の中心に引っ張る力だ。この重力によって、放たれた石が通る軌跡が決まる。軌跡が適切であれば石は標的に当たる。

ビジネスの世界に入って行くのは、古代都市の城壁を壊して中に入るほど難しいことに思えるかもしれない。だが、メンターがいれば話は別だ。メンターは、あなたが自分で勝手に決めてしまった自分の限界を超える手助けをしてくれる。自分の内、外の城壁を壊す投石機のような役割を果たすと言ってもいいだろう。

キャリアのはじめのころは、誰でもまだたいした市場価値を持っていないし、能力も限られている。経験が不足しているからだ。頭の中にはたくさんのアイデアが渦巻いているかもしれないが、前に進むための力が不足している。そういうあなたに、**エネルギーをどこに振り向けるべきかを教え、推進力を与えるのがメンターの役割**だ。

よいメンターはあなたの現状に異議を申し立てる。そしてあなたを、より高い目標を立てられる人間に変えてくれる。あなたは自分の真の可能性を知ることができる。メンターは、目標の達成を妨げるものが何かも教えてくれる。絶え間なく対話をし、つねにあなたを見守り、進歩を評価し、過ちを指摘する。メンターはあなたの成長軌道を持ちあげ、前へと進ませて、本人が想像もしなかった地点までキャリアを発展させる。メンターがいれば、気を散らすことなく、集中して目標に向かって進むことができる。壁にぶつかっても壊して先に進めるのだ。ドウェイン・ジョンソンのように大きな成功を収めることも不可能ではない。

成功はチームプレイ

成功する起業家は孤高の存在であり、ひとりで動き何もかもを自分ひとりで成し遂げる、というのはハリウッドやシリコンバレーから広まった現代の神話である。ランボーのような孤独な戦士は現実世界には存在しない。アクション・スターにさえメンターは必要だ。

「重要なのは、私はこれまで生きてきて、あらゆる局面で誰かに助けられたということです。それは認めなくてはいけないでしょう」アーノルド・シュワルツェネッガーはヒューストン大学の2017年の卒業式でスピーチをし、「多くの人の助けがあって自分がここにいると理解すれば、自分も人を助けなくてはならないと思うはずです」と語っている。

周囲からバカにされながらひとりで創意工夫をし、誰の力も借りずに独力で巨大企業を倒してとてつもない富豪になる、そんな夢を見る人も多いだろう。だが、そんなふうに成功できる人はいないと私は断言できる。マハトマ・ガンディーは「はじめはみんながあなたを無視する。次にあなたを笑う。次にあなたと戦うことになるが、そこできっとあなたは勝つ」と言ったとされている。だが、インターネットで流布している名言の多くがそうであるように、実際にはガンディーはそんなことを言っていない。孤高の起業家という神話と同じく、「人の上に立つものは自分ひとりの力で上り詰めるものだ」という考えが私たちの文化に浸透しているのだろう。

立身出世を遂げるのは誰の助けも借りない孤高の存在であるという神話が強すぎるために、人に助けを求めるのは弱い証拠、能力が足りない証拠だとみなされやすい。だがそれはまったく真実とは言えない。**成功はチームプレイである。**10億ドル規模の企業をひとりで築きあげられる人間はいない。必ず社員、投資家、ビジネスパートナー、顧客など他人の存在が必要になる。

考えてみてほしい。スマートフォンを生み出すのにいったい何人の人が関わったのか。

いまや私たちは毎日、スマートフォンに依存して生活している。だが、iPhoneを自分ひとりでゼロからつくれる人は地球上にいない。必要な材料を集めるところからはじめて、完成品に仕上げるところまでひとりだけでできる人は誰もいないのだ。イットリウム、テルビウム、リチウム、ガドリニウムなどの物質を土から取り出すこと、半導体チップを製造すること、Swift、Objective-Cなどの言語でプログラムを書くことには、それぞれにまったく違う分野の知識が必要になる。iPhone本体をつくるだけでも、何千という種類のまったく異なった知識が必要なのに、それを活かすためのネットワークインフラを構築するのにもさらにまた何千という種類の異なった知識が必要になる。ひとりでそれだけの膨大な知識とスキルを備えている人はどこにもいない。仮にすべてを独学するにしても、すでに同じことを学んだ人がいてくれれば、きっと学ぶのに要する時間を大幅に短縮できるはずである。アイザック・ニュートンは歴史上でも偉大な科学者のひとりだが「私が遠くまで見渡すことができたのだとすれば、それは私が巨人の肩に立っていたからだ」と言っている。

助けを求めることを恐れない

問題を解決するにはまず、その問題の存在を認識しなくてはならない。本当は人の助けが必要なのに、助けを求めることを恐れてはいないだろうか。だとすればそれはなぜか。その理由を考えてみよう。おそらく**あなたが恐れているのは、誰かに助けられることではなく、助けを求めて断られることだ**ろう。誰かに何かを求めて断られるのは誰でも嫌なものだ。しかし、断られる恐怖をどうにか乗り越えた人が成功するのだ。何かを売り込んでも必ず買ってもらえるとは限らないが、それと同じように、誰かに助言や指導を求めても、それに応えてもらえるとは限らないのだ。「私は、誰かに何かを断られたとしても、その言葉を『前へ進め』と自分を鼓舞するラッパの音だと思うようにしている。だからひるむことなく前進を続けるよ」とシルベスター・スタローンは言っている。(2)

人に助けを求められないのは恐怖のせいとは限らない。**自尊心が原因になっていることもある**。これほどすごい新ビジネスのアイデアを思いつけるのは地球上に自分ひとりしかいない、などと思っていれば、自分ほど賢くはないはずの他人に助けてもらうことはできないだろう。

「しかたのないことかもしれないが、ひとり、あるいは2人で創業したスタートアップ企業では、経営者の自尊心の強さが問題になることが多い。経営者の気持ちの高ぶり、プライドの高さが邪魔になるのだ。つい外部からの介入を排除する態度を露わにしてしまう。『自分（たち）以外にこの仕事の助けになる人間などいない』と考えてしまいがちになるのだ。だが信じてほしい。絶対に助けになる人間はいるし、実際、助けてもくれるはずだ」有名な起業家で大富豪のリチャード・ブランソンはそう言っている。また「ひとりだけで突き進むのは立派なようだが、無謀だし、あまり賢いとは言えないね。世界を相手に戦うわけだから」とも言う。

私自身は幸運にも、まさにこのブランソンの最初のパートナーのひとりだったケン・ベリーをメンターにできた。ベリーは、私の自分でも気づかなかった側面を見つけてくれた。自分では不可能だと思っていたことまで成し遂げられたのは、ベリーの励ましがあったからだ。

LinkedInを利用してメンターを見つける3つのコツ

不確実な世界で自分の運命を思いどおりに操るには、道案内をしてくれる人が必要だろう。よりチャンスの多いほうへ、より危険の少ないほうへと導いてくれる人が必要なのだ。そういう人がメンターということになる。

よきメンターを得るにはまず、「この人のまねをしたい」と思える人を探すといい。見ていて刺激になる仕事をしている人かもしれない。同じ分野で尊敬できる仕事をしている人かもしれない。もちろん、有名な大富豪にメンターになってもらえれば一番いいが（それもそのうち実現するかもしれない）、まずは自分よりもはしごの1段か2段上にいる人を探すのがいいだろう。

LinkedInは、メンター候補を見つけるのには適した場所である。自分と同じ分野でよい仕事をしている人を見つけることができるだけでなく、その人がこれまでにどのような道を歩んで来たかもわかるし、自分との共通点を探すこともできる。どちらも地方の小さな町の出身かもしれない。親の職業が似ているかもしれない。同じ大学の出身ということもあり得る。その人の最初の仕事があなたの現職に近いという可能性もある。その人の成功へといたる道筋がよくわかれば、あなたの将来にとって有用な助言をしてくれる人かどうか判断する大きな材料になるだろう。

まだ大学に在籍し、UCLAの大学新聞、『デイリー・ブルーイン』紙の記事を書いていたころ、私はキャンパスに有名人が来ると必ずインタビューし、成功までの軌跡を尋ねることにしていた。私がインタビューしたスターたち（ボブ・ホープ、ダグ・ヘニング、ジーン・ワイルダーなど）もみな、かつては私と同じような学生だったのだ。そこから成功を収めたわけだから、必ずどこかに成功へと続く秘密のはしごがあるはずだと思っていた。わかったのは、スターたちが使った成功へのはしごは誰にでも使えるということである。ただし、大きな成功を収めた人たちが普通と違うのは、はしごをつかんだら決して手を放さず、ゆっくりでも着実に上り続けたということである。LinkedInでは、あなたが上りたいはしごを先に、そして着実にあがっている人を探すといいだろう。

LinkedInを見ていれば、その人が誰かのメンターになることに前向きかどうかもわかる。まず、プロフィールをよく見る。そしてどのような投稿をしているか、その人が他人にどう評価されているかを見てみよう。ボランティアの経験があるかどうかなども見ておく。

①投稿している人の人物像をよく見る

特定の分野に関する投稿を頻繁にしている人は、その分野で指導的な立場にいる人である可能性が高い。そして同じ分野でのつながりを増やすことに熱心である可能性も高い。本人が人間関係を広げたいと思っている人であれば、同じように思っている人の気持ちをわかってくれるはずである。

私は、『フォーチュン』誌に記事を書いたあとや、LinkedInに投稿したあとに、同じことに関心を持つ人から連絡がきたという経験を何度もしている。その人がこれまでにどのような投稿をしているか知っておけば、話しかけるきっかけもつかみやすいだろう。前触れもなしにいきなりメールを送って「メンターになってもらえませんか」と頼むわけにもいかない。その人の過去の投稿について意見を述べるというかたちなら自然に話しかけることができるだろう。

最もよいのはまず自分が十分に考えたうえで内容のある投稿をすることだ。そのうえで、見ている人たちの反応を待つ。意見交換がはじまれば、それが人間関係のはじまりになる。よさそうな人がいたとしても、すぐに自分のキャリアについての助言を求めるよりは、何かの話題についての意見を求めるほうがよい。人間関係はすべてにおいてそうだが、メンターとの関係も時間をかけて築いていくものだ。急いではいけない。最初のデートでプロポーズする人はあまりいない。それと同じで知り合ってすぐにキャリアについて指導してほしいなどと求めるのは早すぎる。**有意義な会話を続けている間に、「メンター」という言葉を一切口にせずいつの間にかその人がメンターになっていたというのが理想**だ。

②他人からの推薦を参考にする

推薦を見ていれば、その人がすでに誰かのメンターになった実績、誰かのキャリアに大きな影響を与えた実績があると知れるかもしれない。**素晴らしいメンターであると誰かが心から推薦している人は、あなたにとっても素晴らしいメンターになる可能性が高い**。とくに、その人が、何かをはじめたばかりの人間を助けてくれる人物かどうかを注意して見極めるとよい。他人を助けるのを楽しいと感じていそうな人、何度も繰り返し他人を助けていそうな人を選ぶ。ロールモデルになる人かどうかも大事だ。尊敬でき、あなたのキャリアに興味を持ってくれる人を探そう。

ただ、ここでひとつ重要な見解も紹介しておこう。「メンターは必ずしもあなたと同じ属性を持つ人でなくてもいい」とアメリカの元国務長官、コンドリーザ・ライスは言っている。「もし私が、黒人、女性、ソ連の専門家という条件を満たすメンターの出現を待っていたとしたら、いまもまだ待ち続けていただろう。実際に私のメンターとなった人は、年配の白人男性ばかりだった。私が仕事をする分野に強い影響力を持つ人がたまたまみなそういう属性だったのだ[3]」

③ボランティア経験を手がかりにする

ボランティア経験がある人は、奉仕精神の持ち主である可能性が高い。その人が多くの成功者と関わっているほど、あなたにとってよいメンターになるのは間違いない。ボランティア経験が豊富だというのは、そういう人柄であることを示すと同時に、職場の外にも広い人的ネットワークを持っていることを示唆する。

ただ、慈善活動に熱心な成功者は必ずしもLinkedInで見つけなくてもかまわない。自分からボランティア活動、コミュニティ組織の活動に積極的に関わるという方法もある。前向きな姿勢で熱心に活動していれば、きっと年長のボランティア組織の幹部の目に留まるだろう。

メンターとのネットワークを築く

LinkedInは便利だが、その外に出ることも大事だ。投資家、ロバート・ハージャヴェックは「**メンターを見つける最良の方法は、日々自分のアドバイスをする人たちに注意を向けること**」だと言っている。キャリアのはじめのころ、ハージャヴェックは、エイビス・レンタカーで働き、毎日、同社の創業者、ウォーレン・エイビスと会話を交わしていた。エイビスは、オフィスの窓から見える駐車場の端のホットドッグ売りを指してロバートにこう言った。「せっせと商品をつくり、売る――それがホットドッグ売りだ――どれだけ懸命に働いても、自分が食べるだけで精一杯だ。もっと大きく稼ぎたいと思うのなら、ホットドッグ売りにソーセージを売る人間になるべきだな」ハージャヴェックはLinkedInへの投稿で「その日が私のキャリアのターニング・ポイントになった。その言葉どおりのことをするのならひとりでは無理だと私は悟った」と書いている。

「メンターはひとりではない。特定の分野に関する能力と知識を増強してくれるのは、メンターの集団、メンターのネットワークだろう」LinkedInの共同創業者、リード・ホフマンはそう言っている。「あなたを自分の望む方向に変える最速の方法は、すでにあなたの望む姿になっている人々と親しくつき合うことだ(4)」

ハーバード大学で行われた研究によって、ホフマンの主張の正しさは証明されている。社会心理学者のデヴィッド・マクレランド博士は人が人生で成功するか失敗するかは、普段つき合っている人たち（これをホフマンは「レファレンス・グループ（準拠集団）」と呼んだ）で95％決まると主張している。日ごろからギャングとつき合っていれば、おそらくいずれ刑務所に入ることになるだろうが、出世する人たちとつき合っていればあなたも出世する可能性が高い。実業家のジム・ローンの「あなたは、最も多くの時間をともに過ごす5人の人たちの平均のような人物になっているはずだ」というのもほぼ同じ意味の言葉だろう。(5)

ゼネラルモーターズのCEO、メアリー・バーラは、大手自動車メーカーの経営トップになったはじめての女性だ。「あなたにとって最も重要なメンターは誰か」と問われたバーラは、キャリアは一人二人のメンターによって形作られたものではなく、いわば「メンターのネットワーク」の影響によって成り立っていると答えた。「私たちはキャリアを積み、その途中で出会う機会や直面する課題に対処する中でさまざまな人々と関わるが、同じ私でも人によって見る角度が違うので、人によって違う私を見ることになる」バーラはそう言っている。(6)彼女はあるメンターからキャリアのはじめに、会議では声を出すこと、自分の意見をはっきりと主張することが重要だと学んだ。別のメンターは彼女に、揺るがないこと、責任を果たすことの大切さを教えた。こうした何人もの教えがあって、バーラは「ガラスの天井」を突き破り、巨大企業のトップへと上り詰めることができたのだ。

あなたの周囲にいる友人たち、仕事仲間はどういう人たちだろうか。何かで成果をあげてきた人たちだろうか。YPO（若手経営者の親睦を目的とする団体）などの団体が成功しているのは、メンバーが成功に慣れた人たちだからだろう。成功したければ、周囲を成功している人ばかりにするとよい。YPOには130を超える国から2万4000人を超えるメンバーが集まっている。それだけの数の若手経営者が互いにメンターになることで大きな成果をあげているのだ。フェイスブックのCOOだったシェリル・サンドバーグや、モトローラのCEOだったロバート・ガルビンのような人たちにつねに囲まれていれば、そうでない場合よりもはるかに成功しやすいはずだ。

絶対に避けられない問題

はじめて起業をした人は、必ずと言っていいほど、会社がある程度以上、成長したときに大きな困難に直面する。**会社が大きくなると、大きくしてきた人たちの持つスキルでは手に負えなくなってしまう**のだ。一握りの人たちではじめた小さな起業が大きく成長し、成熟して、全世界に何千人という社員を抱えるようになると、それを維持管理するのに、最初のメンバーが持っていなかったようなスキルが必要になるのである。起業したばかりの段階では、社内にいる人材のスキルに偏りがあってもさほど問題にはならない。しかし、会社が成長するとそうはいかなくなる。最初は必要なかった全体を管理する能力を持った人材も必要になるのだ。どうすれば、そのような人材を集め、会社をアップグレードできるのだろうか。

まず、すべきなのは、**あなたの会社が何を「していないのか」を知る**ことだ。問題の所在が明らかになったら、次はその問題にいまいる人たちで対処できるのか、それともいまのままではとても対処できないのかを判断する。

たとえば、リアルの小売業では世界最大のスーパーマーケットチェーン、ウォルマートがオンライン事業の強化を図ろうとしたとき、経営陣は自分たちが現在抱えている社員にはｅコマースの専門知識を持った者がおらず、そのままではアマゾンに対抗できないと判断した。次に経営陣がしたのは、アマゾンで販売管理システムや物流システムを担当する執行役員だったスレシュ・クマールを引き入れることだった。ウォルマートはクマールを、グローバルＣＴＯ（最高技術責任者）兼ＣＤＯ（最高開発責任者）に据えた。

世界でもトップクラスの能力の持ち主を引き入れるには大変なコストがかかる。また、どれほどの高給を提示したつもりでも、それを上回れる大手企業は存在するものだ。会社員のじつに53％がいまの仕事に不満を持っているというデータもあることを考えれば、高給を払うよりも重要なことは、入りたいと思わせる企業文化を築くことだと言える。

優秀な人材を獲得するコツは、その人材が必要になるまで待っていないことだ。起業家は、いつでも人材を確保できるようつねにネットワークを張り巡らしておく必要がある。いまは十分な人員が揃っているというときでも、積極的に人を求め、月に2、3人は面接するくらいでなくてはならない。そうして多くの人とつながりをつくっておけば、急いで人が必要だとなったときにもすぐに雇うことができる。いつでも手を伸ばせば届くところに優秀な人材がいることが重要だ。

もう数十年前のことだが、WhoWhereというスタートアップ企業が売り込みのために私のところにチームを派遣してきたことがあった。そのとき、企業開発担当のエレン・レヴィという人が素晴らしいと感じたので、チームが帰るときにひとり残ってもらい「いまの仕事をやめて私のところに来てもらえないか」と頼んでみた。結局、彼女に来てもらうことはできなかったのだが、数年後、今度は彼女のほうから私に「いま、あるスタートアップ企業の顧問になっているのだけれど、あなたにも参加してほしい」と頼んできた。その企業がLinkedInだった。

「大企業にいるとあまりキャッシュフローのことは考えない。年間の収益が何十億ドルもある企業であれば、あれこれ失敗しても、それで即、つぶれてしまうことはまずない」エレヴェストの共同創業者、CEOのサリー・クラウチェクはそう言う。「でもスタートアップはそうはいかない。ほんの数人、間違って雇ってしまっただけでも、すぐに深刻な危機に陥る恐れがあるのだ」

よいアイデアがあっても、実行力がなければなんの意味もない。そしてアイデアを実行に移し目標を達成するには、そのための人員がいる。メンターやパートナーに励まされ、支えられてきたあなたは、いずれ同じことを自分が雇う社員に対してしなくてはならない。「恩送り」をしなくてはならないのである。

指導を受ける側から指導もする側へ

私はヴィン・クランシーのメンターとなったが、やがてはヴィン自身が誰かのメンターになってほしいと願っていた。ヴィンは数人の社員を雇い、すぐにさらに数人雇うことになった。かつては人に雇われる側だったヴィンは短期間のうちに経営者になったのだが、半年もしないうちに指導を受ける側から指導する側への移行も必要になった。

仕事量が増えると、ヴィンは外部のフリーランスに一部を委託するようになった。ただそこで、多くの起業家と同じ問題に直面することになった。何を任せるべきで、何を任せるべきでないかの判断が難しいのだ。ヴィンは委託した仕事のできに失望し、自分でやり直すはめになって時間を浪費することも度々だった。もう自分のところで社員として雇うほうがいいのではないかと考えはじめた。つねに近くにいれば指導をして、よりよい仕事をしてもらうことができるだろう。

社員が仕事を負担してくれたおかげで、ヴィンには時間的なゆとりが生まれ、新たな顧客を獲得するための提案書を10社分もつくることができた。雑務は社員が代わりにやってくれたので、ヴィンは提案書を見せるだけでなく、そのあとのフォローアップにも十分な時間と労力を割くことができ、その結果、新規顧客を4社、獲得できた。

インフルエンザにかかり、十分な睡眠が取れないこともあったが、ヴィンの苦労と努力は報われた。月の売上はまた6桁に達したのだ。はじめて半年、6カ月目の売上は10万9439ドルだった。これで、年間100万ドルという目標の56%まで来たことになる。

第8章

7カ月目①

企業はすべてハイテク企業でなくてはならない

新たなテクノロジーは、新たなニーズ、仕事を生み、それが新たなチャンスを生む。
——ティム・オライリー

★★★★★★

稼いだ総額

56.1万ドル

真実8　テクノロジーはチャンスの金脈

映画「バック・トゥ・ザ・フューチャー」のマーティ・マクフライのように、デロリアンに乗って2010年にタイム・トラベルできたとしよう。いままでの経験で得た知識はすべて持ったまま2010年に行けるのだ。だとしたら、あなたは若い自分に何を伝えるだろう。たとえば、購入すべきハイテク株としてはどれを勧めるだろうか。その時点でフェイスブック、アマゾン、ネットフリックス、グーグルなどの株を買っていたとしたら、いま、あなたにはどのくらいの資産があるだろうか。

しかし、じつはどれも2010年代の最高の優良株とは言えない。では、テスラやアップルといったハードウェア企業を選んだとしたらどうか。どちらもやはり最高ではない。では百度、アリババ、テンセント、シャオミなど、大成功を収めたアジアのユニコーン企業はどうか。これも最高の投資先とは言えない。

ここにあげたのはいずれも10億ドル単位以上の大成功を収めた企業ではあるが、そのどれに投資したとしても、ドミノ・ピザの株を買うのに匹敵するような利益は決して得られなかっただろう。じつを言えば、ドミノ・ピザもハイテク企業なのである。同社の収益の半分以上は、デジタルプラットフォームから得られている。いまの消費者が長い時間、スマートフォンを使っていることに目をつけたのが賢明だった。経営陣は、自社をアプリ中心の企業とすべく多額の投資をしたのだ。いまでは、ほかのどの部門よりもIT部門で働いている社員が多い。ドミノ・ピザはハイテク企業となり、2010年時点に比べ、株式の評価額が2000%にもあがった。2010年の自分に会えたら、ぜひともドミノ・ピザの株を買うよう勧めるべきということだ。

ビジネスとは、どういう商品を売るか、どういうサービスを提供するか、だけではない。顧客とどう関わるかも重要だし、顧客から決して見えないところで何をするかも重要になる。ドミノ・ピザはたしかにおいしいピザをつくっている。だがそれだけではない。顧客にピザを買ってもらうためのマーケティングも必要だ。そのためにソーシャルメディアのコンテンツをつくることもある。注文を簡単にできるようアプリも用意するし、顧客の好みや時代のトレンドを知るべく市場調査も行う。新しいフランチャイズオーナーや社員を募集するのも大事な仕事だ。世界90カ国、１万7000もの店舗のサービスに関わるコストを削減するため、巨大なデジタルサプライチェーンの管理も必要になる。ピザをつくることは、じつはビジネスの中で最も簡単で最も小さい部分と言えるだろう。

「自らのあり方を根本的に変えてでも新たなテクノロジーを取り入れる努力をしなければ、少なくとも40％の企業は10年以内に姿を消すことになるだろう」とシスコシステムズの元ＣＥＯ兼会長、ジョン・チェンバーズは予言した[1]。実際、シスコは、ほぼ他社に事務管理部門向けのネットワークハードウェア、ソフトウェアを提供するだけで500億ドル規模の収益をあげている。他社のビジネスが円滑に進むよう支援するのが仕事ということだ。

最も簡単に億万長者になる方法

この章で書きたいのは、**いまの時代の企業はすべて、ある意味ではハイテク企業でなくてはならない**ということだ。ある程度以上の収益をあげるには、企業の規模を大きくする必要があるが、そのためにはテクノロジーの力を借りなくてはならない。

あなたの普段の生活のことを考えてみてほしい。朝、起きて最初にすることはなんだろうか。足を床に着けるよりも先にスマートフォンに手を伸ばすのではないだろうか。また、夜にはスマートフォンを触ってから眠るという人も多いはずだ。平均的なアメリカ人は、1日に5時間、スマートフォンを触って過ごすとも言われる。1年を365日とすると、76日間はスマートフォンを触っている計算になる。毎日、人々は1分あたり470万ものYouTube動画を見て、1900万ものテキストを送付し、70万ものインスタグラムの写真を閲覧し、スナップチャットで250万もの写真を共有し、グーグルで410万回検索をし、5900万ものメッセージを送り、1億9000万ものメールを送っている。(2) 人々がこれだけ時間とエネルギーをスマートフォンに費やしているのだから、ビジネスも多くがスマートフォンで行われることになるのは当然のことである。

次にお金の使い方について考えてみてほしい。お金を稼ぐ手段は人それぞれだが、収入のだいたい何％をデジタル商品に使っているだろうか。カンファレンスや大学で講演をするときに私はよく聴衆にそう問いかけている。最初は「２、３％だと思う」と答える人が多い。ネットフリックスやスマートフォンの通信料などもあるのでは、と言うと「10％くらいかな」と答える人が増える。いま、これを読んでいるあなた自身はどうか。あなたはきっと収入の半分以上をデジタル商品に費やしていると思う。１００ドル賭けてもいい。どうだろうか。

あなたから１００ドル受け取るためには、まず「デジタル商品」とはなんなのか、それをはっきりと定義する必要があるだろう。現代の経済において、デジタル商品とは、物理的な実体を持たない商品すべてということになる。家賃や住宅ローンもデジタル商品だし、学生ローン、クレジットカードの負債、給与から源泉徴収される所得税や社会保険料などもデジタル商品だ。これですべてではない。スマートフォンの通信料、ケーブルテレビの料金、インターネットサービスの料金などもデジタル商品である。電気ガス水道などの公共料金、自動車にかかる税金や保険などの諸費用、健康保険料、生命保険料なども含まれる。ディズニープラス、フールー、ネットフリックス、スポティファイなどのストリーミングサービスもデジタル商品だ（映画館で映画を見てもデジタル商品を購入したことになる）。Ｋｉｎｄｌｅなどの電子書籍も忘れてはいけない。組合やクラブの会費を払っている人もいるだろう。これだけデジタル商品を購入しているにもかかわらず、食事ができ、衣類も買えていることのほうが驚きかもしれない（ただし、衣類をアマゾンなどオンラインショップで買っている人もいるはずだ。アマゾンはいまや、ウォルマートをも上回る全米最大の衣料小売店だ）。

新型コロナウイルス感染症が大流行していたときにわかったのは、生活の中にはオンライン化、デジタル化できる部分が思った以上に多いということだった。教室にわざわざ行かなくても、遠隔地からオンライン授業を受けることができる。ビジネスカンファレンスも、Ｚｏｏｍやハングアウトを使用すれば、オンライン化できる。そうすれば、ホテルのパーティー会場を貸し切ることも必要ないし、みんなが飛行機に乗って遠いところまで行く必要もないのだ。オンラインデリバリーサービスや、Ｓｌａｃｋ、Ｔｅａｍｓなどのツールを駆使すれば、仕事がリモートで完結できるので、企業はオフィスを設ける必要がない。パンデミックの間は、何週間も何カ月も自宅を離れられなかった人も多いだろう。そして、仕事も遊びも人付き合いもすべてがデジタル化した。すっかり自宅での仕事、生活に馴染んでしまった人も多い。魔神はランプの中に帰らなくなってしまったのである。５Ｇの普及もあり、デジタル化、オンライン化の流れは今後も止まることはないだろう。

時間もお金もデジタルの世界で使っている時代なのであれば、キャリアを構築するのも、ビジネスをするのもデジタルの世界ということでいいのではないか。実際、ダヴの石鹸、リプトンの紅茶、アックスのボディスプレー、ベストフーズのマヨネーズなどを製造、販売している巨大多国籍企業、ユニリーバでさえ、かたちがあって手で触れる商品を扱っているにもかかわらず、デジタルの世界への対応に注力している。「私たちはもう『デジタルマーケティング』という言葉を使うべきではない」ユニリーバのＣＭＣＯ（最高マーケティング&コミュニケーション責任者）、キース・ウィードはそう言う。「デジタルの世界のマーケティングが当たり前の時代だからだ」

ベンチャーキャピタリストでウェブのパイオニアでもあるマーク・アンドリーセンの「ソフトウェアが世界を食べている」という言葉が、おそらく現状を最も簡潔に言い表している。オンラインならば、全世界の60億人を超える人たちがわずか1クリックでいつでも顧客になり得る状態になるのだ。**「まずは１００万ドルを稼ぎたい」と思ったら、オンラインでビジネスをするのが最も簡単なのは間違いない**だろう。従来型の小売企業であっても、すでに実店舗よりもグーグルやフェイスブック、イエルプなどのデジタルプラットフォームのほうがはるかに重要な時代になっている。グーグルに見つけられない企業を顧客が見つけられる道理がない。

テクノロジーを恐れるな

テクノロジーを恐れ、20世紀のままのメンタリティでビジネスを続けている人がよく使う言い訳が**「自分はエンジニアではない」**だ。スティーブ・ジョブズはエンジニアではなかったが、プログラムの書き方を学ぶことなく、超巨大ハイテク企業をつくりあげた。アリババの創業者、ジャック・マーにも同様のことが言える。30代になるまでコンピュータを持ってすらいなかったにもかかわらず、オンラインで440億ドルもの資産を築きあげた。トランスミッションを組み立てられなくても車を使うことはできる。自動車は、あくまで自分の行きたいところへ行くための道具である。ソーシャルメディアやデジタルマーケティングも同じだ。

リック・スティールは、エンジニアではなく、テクノロジーに特別詳しいわけではないが、インターネットを活用することで大きな資産を築くことができたひとりだ。1999年、誰も彼もがウェブサイトを立ちあげていた時代に、スティールはパートナーとともに全米の不動産業者が住宅ローンの借り手を探すためのサイト「ローエスト・モーゲージ」を創始した。不動産業に関しては経験も積みコツもつかんでいたスティールだが、サブプライムローンの問題が表面化しはじめたことで危機感を覚え、ウェブサイトを使うにしても別の商売をしたほうがいいのではないかと考えはじめた。ちょうど新しい家を買ったばかりで、窓に取りつけるブラインドが高すぎることに不満を持った彼は、サイトでブラインドを販売することを思いついた。このまま住宅ローンの借り手を探す検索エンジンを続けているよりはまだそのほうがよいだろうと考えたのだ。そして2003年に、新たなサイト「セレクトブラインド・ドットコム」を立ちあげた。これは、中古品のオンライン販売のサイトだが、売上は初年度から85万5000ドルに達し、その後も急成長を続け、2013年には年間売上6500万ドルにまでなった。10年で76倍になったということだ。

サービス業を営む人はどうすればいいだろうか。あなたは口コミの紹介だけに頼ってビジネスを拡大しようとしていないか。もしそうだとしたら、自分にこう問いかけてみよう。窓ガラスを交換したいとき、知らない街でおいしいレストランを探したいとき、自分はどうするかと。人に尋ねて回るか、それともスマートフォンで検索するか。CNBCとサーベイモンキーの小企業を対象にした2017年の調査では、小企業のうちウェブサイトを持っているのはわずか36%で、ソーシャルメディアを利用しているのは40%にとどまるという衝撃の結果が得られている。小企業の多くが成功しない理由はこういうところにもあるのだろう。昔ながらのアナログの世界に取り残され、21世紀のデジタルの世界に適応できずにいるのだ。

何より素晴らしいのは、**デジタルの世界では、たとえ規模の小さい企業であっても、同じ業界の巨大な多国籍企業と同等に戦える可能性がある**ということだ。たとえば、ティンダーはマッチングアプリを提供し、5000万人ものメンバーを集め、年間12億ドル超の収益をあげる巨大企業だが、それでもローリー・デイヴィスがデーティング・ウェブサイト〝eFlirt.com〟を立ちあげるのを止めることはできなかった。デイヴィスはわずか50ドルを費やし、ツイッターのアカウントをつくるだけでサイトを開設できた。

世界最大の一般消費財メーカーであるプロクター・アンド・ギャンブル（P&G）は、ジレットブランドの剃刀製品だけで年間72億ドル超の売上を得ているが、ミレニアル世代のマイケル・デュビン、マーク・レヴィンが２０１１年に「ダラーシェイヴクラブ」を創設するのを阻止することはできなかった。５年後、デュビン、レヴィンの２人は、ダラーシェイヴクラブを、P&Gの最大のライバルであるユニリーバに10億ドルで売却した。

彼らが巨大企業とまともに競争できたのは、インターネット、スマートフォンによって、消費者はどちらの商品、サービスも同じように利用できたからである。オンラインでは、商品やサービスの提供と直接は関係しない間接費を大幅に削減できるということも重要である。多国籍企業にいまも強みがあるとしたら、１日に使える時間が長いということくらいかもしれない。

タイムマネージメントが競争力を生む

週に40時間働く数百人の社員がいないのであれば、自分の持っている時間をすべて最大限に活かすしかない。**チャンスを富に変えるには、タイムマネージメントが重要**になる。日々の生産性を向上させるには、たとえば、あとで紹介するようなソフトウェアを導入することなども役には立つ。しかし、道具があっても使いこなさなければ意味はないだろう。時間を有効に使うのに最も重要なのは集中力を保つことだが、それには事前に自分のすべきことを計画しておかねばならない。

本書でもすでに書いたが、１日はすでに前日の夜からはじまっているのである。いまの自分にとって何が問題で、解決のために何をすべきかを前日の夜に書き出しておけば、１日がはじまってからあれこれと迷うことはなくなる。終わっていないこと、解決していないことが多くあればあるほど、不安な気持ちが大きくなり、ストレスもたまる。**翌日、絶対に達成すべき5つのことをリストにし、達成したものに線を引いて消していく**といいだろう。達成すべきことはできるだけ絞り込むようにする。優先度がさほど高くないものが紛れ込まないよう注意しよう。リストができたら、各項目の優先度を示す点数をつけておこう。すべきことのリストをつくる人は、つくらない人に比べて、すべきことを成し遂げる可能性が90％向上するという調査結果もある。**あなたがもし何かのチームのリーダーであれば、チームのためにも同様のリストをつくるといい**だろう。

人に任せることを覚える

タイムマネージメントが下手な人の最大の特徴は人に任せないことだ。ひとりでやろうとする時間が長く続くほど、仕事というのはなかなか手を離れなくなる。

私はヴィン・クランシーに、会社が成長するときには「Cランクの人材」を積極的に採用すべきと言い、その理由も説明した。創業者は、自分のビジネスに関してはいわばAランクの存在のはずである。創業者には、自分の仕事を完璧にこなそうという強い動機がある。それができなければ、企業がつぶれる恐れがあるからだ。創業者が自分のビジネスに関して100点の仕事をするとしても、採用されたばかりの社員にできるのはせいぜい70点の仕事である。それで当たり前だし、それでよしとすべきなのだ。ここで言う「Cランク」とはそういう意味だ。

人に任せれば、当然、コミュニケーションが必要になり、それは負担になる。取り組むべき仕事について明確に具体的に説明しなくてはならず、途中で可能な限り多く、フィードバックもしなくてはならない。しかし、仕事の進め方まで細かく指示するべきではない。進め方に関してはかなりの程度、各人の自由に任せたほうがいいだろう。できる限り、任せた人のやる気が高まり、能力も最大限に発揮されるような工夫をする。つねに感謝の気持ちを伝え、必要以上のことをしてくれたときには必ずその分の報酬があるようにする。

ただし、絶対に他人に任せないほうがいい仕事もある。それは**あなたが本当に楽しいと感じる仕事**だ。たとえば、あなたがクリエイティブディレクターで、自身の広告代理店を創業したとしよう。その会社をつくったのは、人事や経理の仕事をするためではないだろう。きっとつくる仕事が好きなはずだ。まずはあなた自身が楽しく仕事をしなくては、やる気も続かないし、あなたに仕事を任された人も楽しくない。マイケル・ヴォルタッジオ、スーザン・フェニガー、メアリー・スー・ミリケンなどの有名シェフがいまも自身のレストランの厨房に立ち続けているのはそのためだろう。

自分がどうしても好きでやりたい仕事以外を他人に任せれば、自分がなんのために起業したのか、その目的を改めて思い出すことができる。目的達成のために自分の力の多くを使うことができるだろう。目的の達成は幸福につながる。目標に向かってまっすぐに進んでいれば、あなたはよいリーダーになれるはずだ。あなたの姿にみんなが勇気を得て、よい仕事をするだろう。

急成長を後押しする22のハッキングツール

ヴィン・クランシーが立ちあげたワールズ・ベスト・エージェンシーという会社もやはり、最初からハイテク企業だった。誰でもそうしようと思えばできるはずだ。ヴィンは、デジタルツールをはじめから活用していた。

そのおかげで会社が成長しても、規模の変化に柔軟に対応できた。新規獲得に必要なコストも削減できたし、市場からのフィードバックも短時間のうちに得ることができた。必要に応じてフリーランサー、専門家の力を借りることも容易だった。たとえその人が遠隔地にいても、距離は障害にならなかった。資本がほとんど、あるいはまったくなくてもデジタルツールを活用するのは、ヴィンにとっては何よりも得意なことだった。ヴィンは資本の乏しい起業家でもすぐに使えるデジタルツールを何百と知っていた。時とともに次々と便利なツールは現れるが、ここでは中でもとくに価値があるものを22個紹介しておこう。

①スラック（Slack）

仕事のためにチームを編成したら、そのチームを管理しなくてはならない。少し前なら ば、どこかにオフィスを借りて、そこに毎日、みんなに出社してもらうということになっただろう。しかし、オフィスを借りるには高額な費用がかかる。それに、よい人材が必ずしも地理的に近い場所にいるとは限らない。スラックは仮想オフィスとして使うことができる。チームのメンバー間のコミュニケーションはそこでできるし、必要な書類、データも自由にやりとりできる。複数のチーム、プロジェクトがあるときはチャネルを分けることもできる。スラックを利用すれば、時間と費用、両方の節約ができるだろう。

②ワードプレス（WordPress）

10年前は、質の高い企業ウェブサイトをつくるのは大変だった。複雑な作業が必要で、長い時間がかかり、費用も高くついた。ウェブデザイナーに制作を頼むと、ｅコマースやコンテンツパブリッシングのためのごく基本的なサイトでも支払う代金は何万ドルという単位になった。しかも、顧客の側があとで自分に合うよう調整をしなくてはならなかった。ウェブに詳しい人を社員として雇い、いつも近くに置いておかねばならないのも困りものだった。サイトを運用していると技術上の問題が数多く発生するため、それに対応しなくてはならないからだ。ブラウザやＯＳ、ハードウェアなどは時とともに新しくなっていくし、ウイルスも次々に新しいものがつくられる。

ありがたいことに、いまはワードプレスが使える。ワードプレスなら、あらかじめ用意されたテンプレート（ひな型）をもとに容易にウェブサイトを作成、管理することができる。現在のインターネット上にあるウェブサイトの約31％はワードプレスを使ってつくられているとされる。ワードプレスは月々わずか４ドルで、技術的に難しいバックエンド関連の作業を代わりにやってくれる。また、ライブチャットのカスタマーサポートも用意されている。

③ペクセルズ（Pexels）

ウェブサイトをつくるのにも、マーケティング用資料をつくるのにも質の高い写真はぜひとも必要だろう。よい写真があればサイトや資料がより魅力的になるはずだ。ペクセルズは、プロレベルの写真素材を無料で提供しているサイトである。デザイナー、ライター、アーティスト、プログラマ、起業家、などさまざまな種類の人が無料で利用できる美しい写真が大量に用意されている。ペクセルズで提供されている写真は、好きなように加工して、あらゆるメディアで利用できる。

④キャンバ（Canva）

無料の写真素材は便利だが、それをそのまま使うだけでは、ある程度以上のことはできない。写真の加工やグラフィックの作成には技術が必要で、フォトショップの使い方を学ぶのもそう簡単ではない。ソーシャルメディアで人目を引く写真、グラフィックをつくれるようになるまでには通常はかなりの時間と努力がいるだろう。だが、キャンバを使えば、ドラッグ&ドロップの簡単な操作で、驚くほど美しいグラフィックがつくれる。キャンバには、巨大なストック画像ライブラリや、フォト・フィルター、アイコン、図形、フリー・フォントなども用意されており、1000万人を超えるユーザーがすでに1億を超えるデザインをしている。「自分は絵心もないし、不器用だから」という人でも、キャンバを使えば美しいイベントの招待状を簡単につくることができる。

⑤ポーテント・コンテンツ・アイデア・ジェネレータ（Portent's Content Idea Generator）

ビジネスをはじめると、宣伝のため、ウェブサイトやｅメールに写真を載せる人は多いと思うが、それだけでは十分とは言えない。顧客を引きつけるキャッチコピーを考える必要もある。ウェブサイトに書く文章にも目を引くような見出しをつけるべきだし、ｅメールの件名も適当につけるのではなく、受け取り手の注意を引くようなものにすべきだ。そのように言葉を考えるのも一種のアートだし、確かな根拠に基づいて決めるべきという点ではサイエンスと言っていいかもしれない。

コンテンツ・アイデア・ジェネレータは、ポーテント・エージェンシーのSEOアルゴリズムを基礎としたツールで、多くの人が関心を持ちそうな言葉を教えてくれる。使い方は簡単。コンテンツ・アイデア・ジェネレータのページ（https://www.portent.com/tools/title-maker/）にアクセスし、キャッチコピーのテーマを打ち込むだけだ。そうすれば、きっとよい言葉を提案してくれるはずだ。

⑥レディット（Reddit）

どれだけ素晴らしいコンテンツでも、適切な人に適切なタイミングで届かなければ意味はない。大事なのは、自分のビジネスのターゲットとなるのはどういう人たちなのか、ということだ。また、その人たちが何に興味を持っているのかもよく知っておく必要がある。

それに役立つのがレディットだ。レディットは、ウェブコンテンツとソーシャルニュースのアグリゲーションサイトで、月間のユニークビジターは2億3400万人に達する。これだけの数のビジターたちがコンテンツの良し悪しを評価するのだ。多くの人の目に触れ、ユーザーエンゲージメントも非常に強いのが特徴である。情報収集の場として便利なのは間違いない。みんなが何に関心を持っているかを知っておけば、ウェブサイトやソーシャルメディアの投稿をどういうものにすればいいか、判断する材料になるだろう。

⑦リバンプ（Rebump）

どれだけ気になる件名のeメールが送られて来ても、あまりにも忙しくてメールを開くことすらできないという人もいるだろう。リバンプは、自動的にリマインドメールを送ってくれる無料ツールだ。まるで本人が書いたかのようなメールを送ってくれる。リバンプのユーザーのメールへの返信率は、平均で30%ほどだという。

便利なツールだが、安易に使いすぎないほうがいいかもしれない。リバンプを使って同じ人に同じメールを10回も送るようなことは逆効果になり得る。顧客になってくれるはずの人をみすみす逃すことになる恐れもある。リマインドメールを送りすぎるよりは、ユーモアのあるメールを送るなど、読んでもらえるような工夫をしたほうが得策だろう。

⑧ニンジャ・アウトリーチ（Ninja Outreach）

ソーシャルメディアはたしかにマーケティングに有効ではあるが、ただソーシャルメディアを使うだけでは十分とは言えない――多くの人の力を借りる必要があるのだ。ニンジャ・アウトリーチを使えば、２５００万人ものブロガー、ソーシャルメディアのインフルエンサーと簡単につながることができる。シンプルなアプリではあるが、インフルエンサーマーケティング、アウトリーチキャンペーンが簡単にできるのだ。リンクビルディング、ゲスト、ゲストポスティング、コンテンツプロモーション、デジタルＰＲに利用すれば、多くの見込み客を集めることができるだろう。

ニンジャ・アウトリーチにはバックエンド機能もある。オンラインでのキャンペーンや会話の内容を自動的に記録してくれるので、面倒なスプレッドシート作成作業などもいらないし、ＳＥＯのためのチームを雇う必要もない。ニンジャ・アウトリーチには、ドメインさえ指定すればあらゆるｅメール・アドレスを見つけ出せる機能も用意されている。

⑨ストライプ（Stripe）

インフルエンサーたちの協力も得てマーケティングが成功し、お金を使ってくれそうな数多くの見込み客を確保できたとしよう。だが、実際に取引ができなければ意味がない。

ストライプは取引に役立つ決済プロセッサである。個人でも企業でも利用でき、非常に使いやすく、セットアップにもほとんど時間がかからない。基本料金などは発生せず、支払うのはごく少額の取引手数料だけだ。それだけでeコマースの決済に必要な業務をすべて代わりにやってくれる。インフラを整えるだけでなく、不正防止などにも対応しており、利用する側には専門的な知識はとくに必要ない。すでに100万を超える企業が利用しているので、サンフランシスコを拠点とするスタートアップ企業であるストライプ社の価値が90億ドルを超えているのも納得できる。

⑩インディード（Indeed.com）

おそらく読者のほとんどはたったひとりで世界を制覇しよう、100万ドル企業をつくりあげようなどと大それたことは思っていないだろう。インディードは、ユニークビジター数が2億を超える、世界一の求人サイトだ。つねに1億を超える数の履歴書が集まっている。いまの給与水準がどのくらいかを知るのにもよいサイトだろう。何より素晴らしいのは、無料で求人を出せるということだ。

⑪ファントム・バスター（Phantom Buster）

ファントム・バスターはスイスのアーミーナイフに似ている。複数のマーケティングツールの集合だからだ。いずれもビジネスの成長に役立つ数多くのツールが用意されている。

⑫デュクス・スープ（Dux Soup）

ファントム・バスターのLinkedIn関連ツールに似ている。デュクス・スープを使うと、LinkedInの見込み客に数日おきにダイレクトメッセージを自動送信するといったキャンペーンが簡単に実施できる。

⑬クリスタル・ノウズ（Crystal Knows）

これは誰かの人となりを知りたいときに役立つツールだ。ソーシャルメディアのプロフィールや行動をもとに、その人がどういう人で、どうつき合うのがよいかを教えてくれる。たとえば、感情で動く人なのか、それとも数字で動くのか。メールの文面はかしこまっているのかくだけているのか、といったことがわかる。驚くほど多くの情報が得られる上、ほぼ無料で利用できるのもありがたい。

⑭ホットジャー（HotJar）

これは、バックグラウンドで機能し、ウェブサイトがどう利用されているかを分析するツールである。その分析データを利用すれば、サイトのトラフィックを増やすことも、サイトの使い勝手を向上させることもできるだろう。ホットジャーは、サイトの「ヒートマップ」を作成する。それによって、ユーザーがページのどこまでスクロールしたか、どこでクリックしたか、無視したものは何か、といったことがわかる。どれも貴重な情報だろう。

⑮プッシュクルー（PushCrew）

ウェブサイトへの訪問者に通知を送るツール。訪問者にアプリなどをダウンロードさせる必要はない。プッシュクルーを使えば、ウェブサイトへの訪問者に、新商品の情報、ブログの更新通知、注文に関する最新情報などを送ることができる。通知は、訪問者がブラウザを使っていなくても届く。通知は目に留まることもあり、メールよりもクリックスルー率が高くなる。ワンクリックサブスクリプションに最適（eメールを使う必要がないため）。

⑯FOMO

消費者に商品を「早く購入しなくては」と思わせる情報を提供するツール。「このホテルの空き部屋はあと3つです」、「いま、このホテルへの宿泊を検討中の人がほかに85人います」、「ロンドンのユーザーがいま、このホテルの部屋を予約しました」といった情報が伝えられると、「早く予約しなくては」と思う人は多いだろう。FOMOとは〝Fear of

Missing Out（自分がうっかりしていたばかりに利益を失うことへの恐怖）〟の略だ。その恐怖心をうまく利用するツールになっている。ウェブサイトを閲覧している人が「急がなくては」と思うようなメッセージを自動生成して表示する。

⑰オプティマイズリー（Optimizely）

いわゆる「スプリット・テスト」、「Ａ／Ｂテスト」を実施するためのツール。ウェブサイトへの訪問者をランダムにふたつのグループに分け、それぞれに違った内容のサイトを見せてどちらのほうが反応がよいかを試すテストができる。ほかにグーグル・オプティマイズ、ヴィジュアル・ウェブサイト・オプティマイザー、コンバートなど同様のツールは多数ある。

⑱リードフィーダー（Leadfeeder）

ウェブサイトの訪問者がどの企業の人なのかを特定するツール。どのようにしてサイトにたどり着いたのか、何に関心があるのかも教えてくれる。訪問者のｅメール・アドレスなどもわかるので、再訪問を促すのに利用できる。

⑲バッファー（Buffer）

ソーシャルメディアで素晴らしいコンテンツを投稿してはいても、あまりに忙しくて投稿頻度は高くない、ということだとあまり意味がない。バッファーを使えば、投稿のスケジューリングができ、パフォーマンスの分析やソーシャルメディアのアカウントの管理などがパソコンでもスマートフォンでも簡単にできる。アカウントが複数あっても一括管理が可能だ。バッファーはテキスト、画像（ＧＩＦ画像も含む）、動画に対応している。コメントへの返信を自動化する機能でフォロワー・エンゲージメントを高めることもできる。

⑳スモ（Sumo）

ウェブサイトにバナーなど、ｅメールサブスクライバを獲得するためのオブジェクトを設置するためのツール。簡単なセットアップだけで、ｅメールサブスクライバを増やすことができる。

㉑バイラル・ループ（Viral Loops）

紹介制度を設けるのはマーケティング戦略として非常に有効である。既存の顧客に新たな顧客の紹介を促す制度だ。ペイパルやドロップボックスはこの制度によってビジネスを成長させた。バイラル・ループは、紹介制度を設けるのに役立つ機能を数多く備えたツールだ。とくにフェイスブックメッセンジャーとの相性がよい。

㉒ミックスマックス（MixMax）

Gmailのエクステンション。包括的なツールで、メールを送った相手がメールを開いたか、何度開いたか、添付ファイルを開いたか、リンクをクリックしたか、メールが転送されたか、などを知らせてくれる。こうした情報があればメールをよりよいものにするのに役立つし、あとで再送すべきかの判断や、メールのテンプレート作成の助けにもなる。

時間がなければチャンスはつかめない

ごく初期の段階から、ヴィンと私は言いたいことを遠慮なく言い合う、非常に直接的なコミュニケーションをしていた。２人とも忙しく、時間がないため、不満があれば角が立たない言い方を工夫したりはせず、そのまま伝えていたのだ。メンターとしての指導を有効なものにするためにも、双方が正直になり本心を隠さないほうがいいのは間違いない。

また**大事なのは、双方が互いから学ぶことができ、双方が利益を得られる関係でいることだ**。私はヴィンから新しいツールやハックを学ぶことができて楽しかったし、ためになった。また、ヴィンは私から時間を使う方法を学ぶことができたと感謝してくれていた。

いまは、数多くのデジタルチャネルが存在していて、互いにユーザーの注目を集めるべく競い合っている。ヴィンにとってまず大きな課題となったのは、タイムマネージメントだった。**チャンスは多くあってもそれを活かしきれないのだとしたら、時間を有効に使う行動を取れていない可能性がある。**

私は常々**「日中の時間は買ってでも手に入れなくてはならない」**と考えている。それを伝えると、前向きな姿勢は保ちながらも燃え尽きそうになっていたヴィンの心に響いたようだった。多すぎるメールや電話への対応に追われるだけで日中の時間が過ぎてしまうという人は珍しくない。まるでもぐら叩きのような日々にいらだっている人は多いのだ。

第9章

7カ月目②

空白を埋める

空白を長く見つめていると、やがて空白のほうがあなたを見返してくるようになる。

——フリードリヒ・ニーチェ

★★★★★★

稼いだ総額

56.1万ドル

真実9　空白は埋めなくてはならない

新型iPhoneの発売は毎回、一大イベントになる。だが、iPhone Xの発売はその中でも特別だった。10周年を記念するiPhoneをいち早く手に入れるべく、熱心なアップルファンたちが通りに泊まりがけで行列をつくる事態となった。列が進み、先頭が近づくと期待が高まってくる。

そのとき、旗艦店であるアップルストアの中からひとりの男が現れる。彼は1000ドルも出してようやく手に入れた大事なiPhoneをケースに入れ、あなたに「これを力いっぱい地面に叩きつけてほしい」と頼む。頭がおかしいのかと思ったあなたは断ろうとするが、彼はあきらめない。アップルファンたちとテレビカメラが見つめている。あなたはついに折れ、新品のｉＰｈｏｎｅを手に取る。これを手に入れるために一晩中ここにいたのだ。

あなたはｉＰｈｏｎｅをコンクリートの歩道に力いっぱい投げつける。しかし、何も起きない。ｉＰｈｏｎｅには小さな傷ひとつない。驚くべきことだが、すべてマウスリミットレスケースに入れていたおかげだ。このケースを開発したチームのメンバーたちは、なんとケースがひとつも出荷されないうちに大富豪になった。

新しい製品やテクノロジーが大きな成功を収めると、必ずその隣接市場が生まれる。ヘンリー・フォードがT型の量産をはじめるまでは、洗車場もガソリンスタンドも存在しなかった。ジョージ・ビーチャムがエレキギターを発明するまでは、アンプもミキシングコンソールも、トレモロアームもなかったし、ヘヴィメタルも存在しなかった。マーク・ザッカーバーグがフェイスブックをはじめるまではソーシャルメディアのエキスパートもインフルエンサーも存在しなかったのだ。

アップルが2007年に最初のｉＰｈｏｎｅを発売すると、何もなかったところに突然、年間680億ドルという規模のスマートフォンアクセサリーの市場が生まれた。ｉＰｈｏｎｅやアンドロイドのスマートフォンが売られるようになって10年が経過しても、この市場はまだ飽和していない。スマートフォンは高価なのにもかかわらず、落とすと簡単に壊れてしまう。そのことに不満を持つ人は多かった。iPhoneを落下させても大きな損傷から確実に守ることができて、なおかつ大きくない、という魅力的なケースは長らく誰もつくらなかった。薄いケースだと入れても画面を守ることはできない。だが、頑丈で分厚いミリタリースタイルのケースだと大きく重くなり、持ち運びが大変で実用的とは言えない。

破産寸前だったイギリス、イプスウィッチ出身のミレニアル世代の5人は、ここに市場の空白があると見てリミットレスケースを開発した。そして、クレーンで吊るして13メートルの高さから落としても衝撃が吸収されてiPhoneが壊れないことを証明する動画をつくってYouTubeで公開した。インディーゴーゴーを利用した彼らのクラウドファンディングでは5万人超の新顧客からなんと246万9907ドルという資金が集まった。市場の空白は見事に埋まり、大きな利益が生まれる見込みが立ったということだ。

イノベーションと一緒に生まれるもの

「偉大なイノベーター、偉大な企業というのは、誰も気づかないところに空白を見つけるものである」グーグルの元CEO、エリック・シュミットはそう言う。「他人の言葉は聴かない。ただ、どこにもなかった新しいものを生み出す。それが必要であることを誰も気づいていなかったものを生み出すのだ。必要だと気づいていなかったにもかかわらず、見た瞬間、誰もが『これが必要だ』と思うようなものだ[1]」

新たな産業をつくり出そうとして失敗に終わった起業家は無数にいる。世界をまったく変えてしまうｉＰｈｏｎｅのような製品をつくるのは容易ではなく、何年もの時間がかかる。しかし、ｉＰｈｏｎｅのような画期的製品によって生まれる空白を埋めるのはさほど難しくなく、それで大きな利益を得ることも不可能ではない。**早く成功したいのなら、空白を見つけ、それを埋めるのがコツ**だ。

インスタグラムには犬の写真を投稿する人が大勢いる。660億ドル規模と言われるペット産業だが、そこに空白を見つけたのがパウ・チャンプスという企業である。インスタグラムに投稿するには当然、犬の写真を撮らねばならないが、まず難しいのが、スマートフォンのほうに顔を向けてもらうことである。その問題を解決するために、パウ・チャンプスは「フレキシー・パウ」という商品をつくった。これは、スマートフォンに取りつけるプラスチック製の簡単なアタッチメントだ。犬のおやつをスマートフォンのすぐそばに固定できるため、犬の視線はほぼ間違いなくそちらに向く。おかげで正面から見た完璧な写真が撮れるというわけだ。インスタグラムに犬の写真を載せる当のユーザーたちも気づいていなかった空白が見事に埋まったことになる。

現代は絶え間なくイノベーションが起きる時代である。世界的な超大企業が巨額な投資をして、次々にみんなが「これが必要だ」と思うような製品をつくり出す。アップルもサムスンも、いくら人気があっても同じ製品だけをいつまでも売り続けていては生き残れない。カセットテープのウォークマンを最近になって買った人は少ないだろう。

毎年1月、ラスベガス・コンベンション・センターで開催されるコンシューマー・エレクトロニクス・ショーには、次に来る「すごいもの」を求めて17万5000人を超える人たちが詰めかける。毎年、何十億ドルもの収益をあげ、確実に世界を変えるようなまったく新しい種類の製品が現れる。少し前には存在しなかったのに、いまではないことが想像できない製品はいくらでも思いつく。たとえば、3Dプリンタ、スマート・スピーカー、スマート・インターフォン、IoT関連製品、メッシュWi-Fiルータ、ドローン、VR、AR関連製品などがそうだ。そして、**こうした製品のすべてが市場の空白を生み出している。**抜け目のない起業家たちはそこを狙う。

市場の空白を埋めるのにまずつくるべき製品を私は**「モルタル製品」**と呼んでいる。世界的大企業が生み出す画期的な製品がブリック（レンガ）だとすると、その隙間を埋めるのがモルタル（漆喰）というわけだ。レンガの隙間を埋める漆喰にあたる製品を供給できれば、それで何百万ドルという収益が得られる可能性がある。

レンガをつくった超大企業は、その製品に巨額の投資をしているので、レンガそのものに注力せざるを得ない。最も大きな利益を生むのもレンガそのものなので隙間にまで目を向ける余裕も必要もない。海の中の巨大な捕食者であるサメのようなもので、専ら大きな身体に見合う大型の獲物だけを追いかけるのだ。

小規模な企業は、コバンザメのように考え、行動する必要がある。コバンザメはよく知られているとおり、背面に小判型の吸盤を持っており、サメなど大きな捕食者の下部に吸いつくことができる。そして、捕食者のおこぼれや寄生虫などを食べることができるのだ。これは、サメとコバンザメ、両方にとって利益になる共生関係である。

アップルは何千億ドル単位の収益を生むｉＰｈｏｎｅを売るのに忙しくてケースの市場にまでは対応できない。同様に、自動車メーカーも１０００億ドル規模のアフターサービス、カスタマイズの市場をほかの企業に任せている。ただ、空白を埋めるビジネスの規模がある程度以上大きくなれば、レンガをつくる超大企業に高値で買収される可能性もある。一度に大きなおこぼれをもらえることもあり得るというわけだ。

サーファーのニック・ウッドマンは、ゴープロという革命的な商品によってアクションビデオカメラという新たな市場を開拓した。ただ、当然のことながら間もなくほかのビデオカメラメーカーとの厳しい競争がはじまった。急成長を遂げていた同社だが、その厳しい競争に勝ち抜くためには、持てるリソースのすべてを集中して、次々に新型を出していかねばならなかった。

サーフボードやバイクのヘルメットに取りつけられるビデオカメラの登場により、市場に新たな空白が生まれることになった。たとえば、ゴープロで撮影した映像を素早く簡単に魅力的なソーシャルメディアのコンテンツに仕上げることができるアプリへの強いニーズが生まれたのだ。その空白を即座に埋めたのがリプレイとスプライスというふたつのアプリで、ゴープロのユーザーにとっては必携のソフトウェアになった。

やがてゴープロ社は、ほかのメーカーの先を行くため、ビデオ編集アプリも自社に取り込んで垂直統合すべきと判断した。２０１６年、ゴープロ社は、リプレイ、スプライスを提供していたストゥープフリックス社、ヴェモリー社を１億５００万ドルで買収した。モルタル企業を買収するのは、市場の空白を生み出したブリック企業自身であることが多い。それは歴史が証明している。自らがつくり出したエコシステムの一部を中に取り込んでしまえば、自分たちに取って代わるような競合者の参入を難しくすることができるのだ。

２００１年、アップルは、革新的なｉＰｏｄとｉＴｕｎｅｓのエコシステムによってデジタルミュージックという新たな市場を生み出した。ソフトウェアとハードウェアが一体となってシームレスに機能するため、市場全体をアップルが支配できるという想定だった。

ふたつの製品が垂直統合されていたとはいえ、それでもアップルは市場に大きな空白を残していた。それはヘッドフォンだった。iPodを使う人が増えるほど、アップルの提供していたチープな純正イヤホンのクオリティを気にする人も増えた。Beats by Dr. Dreブランドのヘッドフォンを提供してその市場の空白を見事に埋めたのが、ビーツ・エレクトロニクス社だ。そしてアップルはビーツ・エレクトロニクス社を市場最高の30億ドルで買収した。**新市場が巨大であれば、空白もやはり巨大になる**ということだ。

「何に使うかわからない」という空白

画期的な製品が世に出たときには、それが**そもそも何にどう使えるかを多くの人が知らない、という空白**が生まれることもある。つまり、いわゆる**「ユースケース」**を提示することが大きなビジネスになる可能性があるということだ。

大企業のマーケターには、自社の製品の具体的な利用例を必要に応じて即座に提示できる能力が求められる。アップルがiPadをつくったとき、必要になったのは、新たな概念だった画面の「スワイプ」の使い方をわかりやすくユーザーに提示することだった。いまとなっては信じがたいことではあるが、２０１２年3月以前には、「左右のスワイプ」というものは存在しなかったのだ。

アップルは、スワイプを多用するゲームを開発してくれるデベロッパを世界中探し回り、その結果、フィンランドで倒産寸前になっていたロビオ・エンターテインメントという企業を見つけた。アップルはｉＰａｄ発売時に流したテレビCMに、ヤッコ・イーサロの制作した新しいゲームの映像を入れた。１億ドルを超える価値を持つであろう宣伝を無料でしてもらえたおかげで、ロビオ・エンターテインメントのゲーム「アングリーバード」はすぐに歴史的な大ヒットとなった。ゲーム自体のダウンロード数が30億を超えた（全プラットフォームの総計）だけでなく、アングリーバードは映画、テレビアニメ、書籍、漫画、玩具、衣類、音楽など、何十億ドルもの規模のライセンス・ビジネスも生み出した。アングリーバードのソフトドリンクまでつくられたほどだ。

画期的な製品をつくり、その市場を新たに生み出すには通常、巨額の資金を投じる必要がある。ビデオゲームのプラットフォームもその典型例だろう。新たなプラットフォームをつくれば、その市場を生むのに大きな資金がいる。プレイステーションにしろ、エックスボックスにしろ、それを使って遊ぶゲームがなければ、誰も買うことはない。新たな製品は単独では生き残れず、共生する製品とエコシステムを形成しなくてはならない。市場の空白を埋めるとは、つまりこの共生する製品を生むことである。

新たなプラットフォームが確固たる人気を獲得してしまえば、デベロッパがこぞってそのプラットフォーム向けのゲームをつくりはじめる。確実にプレイをする人がいるからだ。ゲームが売れるたびにプラットフォームのメーカーにロイヤルティを支払うという条件も喜んで呑むようになる。そのプラットフォームを使えるという特権を得るためならば安いものだと考えるのだ。

しかし、プラットフォームがまだ新しいうちは、地位の確保のため、逆にメーカー側がソフトウェアのデベロッパに資金を提供してでも、プラットフォームの競争力を高めるようなゲームをつくってくれるよう頼むことになるだろう。1990年代、私はPC向けのCD-ROMゲームの設計をしていたのだが、アタリから新たなプラットフォーム「ジャガーCD」向けのゲームを開発できないか打診を受けたことがあった。CDの技術を統合したビデオゲームシステムはそれまで存在しなかった。アタリはそのプラットフォームのエコシステムを形成して市場を支配したいと考えていたのだ。ただ、ジャガーCDの事業は完全な失敗に終わり、アタリはゲーム機の市場から永久に撤退する結果となった。しかし、アタリは私が開発したゲーム「ヴィド・グリッド」を何万セットという単位で買い取ってくれ、代金も支払ってくれた。私のキャリアの中でも利益の多かったゲームのひとつだ（実際にプレーしたゲーマーはごくわずかだったが）。

VR、ARの市場は、2022年までには関連ハードウェアの売上が2000億ドル超に達するほど成長すると見込まれていた。そのため主要なテクノロジー企業は、デモ用のソフトウェアの開発に何百万ドルという単位の資金を注ぎ込んだ。アップルや、グーグル、フェイスブックは、かつてないほどの大きな賭けに出たわけだ。消費者がいま、スマートフォンに費やしている時間をＶＲやＡＲに費やすようになれば、それによって広告やｅコマースなどの１兆ドルを超える規模の市場が生まれることになる（当然、市場の空白も巨大になるはずだ。次の第10章ではそのことに詳しく触れる）。

市場とその空白は「かけ合わせ」で生じる

市場の空白は、「他家受粉」によって生まれることも多い。他家受粉とは本来、ミツバチや風の力によって、ある花の雄しべの花粉を、別の花の雌しべの柱頭につけることを言う。花はその場から動く必要がなく、ミツバチは花の蜜を手に入れる。ビジネスの世界でもこのミツバチのようになるべきだと私は考える。ジョン・フォン・ノイマンは、数学と戦略理論の他家受粉により、ゲーム理論を生んだ。さらにノイマンは、物理学と工学の他家受粉によって、マンハッタン計画そして原子爆弾を生み、また同時にコンピュータサイエンスも生んだ。アメリカの建築家、バックミンスター・フラーは、工学と生物学の他家受粉により、輸送、建築、都市計画などの分野でいくつもの発明をした。

バイオテクノロジーは分野自体が、「生物もコンピュータも同じく『コード』によって成り立っている」ということを前提としている。さらにそれを出発点として、生物学とデジタルコンピュータサイエンスの組み合わせにより、バイオインフォマティクス、コンピュータゲノミクス、合成生物学などの分野が生まれている。「生物システムを操作するテクノロジーはいま、かつてのコンピュータ、自動車、航空機と同様の急速な進歩を体験している」バイオデシック社の創業者、ロブ・カールソンはそう言う(2)。

他家受粉により新たな市場が生まれれば、そこに必然的に空白も生じるのだ。ミツバチが蜜を手に入れるチャンスが生まれるということだ。イーロン・マスク率いるテスラが自動車とスマートフォンを他家受粉させることで、自動車で作動するアプリの市場が生まれた。どちらの業界も「移動」が重要という点では共通している。組み合わせないほうが不思議というべきだろう。

ただ最近は他家受粉があまりに多いため、そこに本当に有望な市場の空白があるのか、それとも単なる見かけ倒しなのか、区別することは難しい。世界的な調査企業であるガートナーが毎年発行する**「ガートナー・ハイプ・サイクル」というグラフは、今後のトレンドと、ビジネスチャンスの在り処を知るのに役立つ。**ガートナーでは20年にわたり、新たなテクノロジーについてのマスコミの報道を追跡してきた。それをもとに、数多くのイノベーションのうちどれが定着し、どれが消えていくのかをかなりの正確度で予測できるのだ。

ガートナー・ハイプ・サイクルは、**あらゆるイノベーションは５つの段階を経る**ということを前提としている。最初は「黎明期（技術の引き金とも呼ばれる）」である。これは大学などの研究施設で何かブレークスルーがあり、世の中の注目を集めるという段階だ。商業的に成功するか否かはほとんどわかっていない。マスコミがイノベーションについて大きく取りあげるにつれ、第２段階の「流行期（過剰期待の頂き）」へと移行する。ただその後、イノベーションが人々の日常生活になんの影響も与えない状況が続くと、失望が広がり、第３段階の「幻滅期（幻滅のくぼ地）」へと移行する。スタートアップの多くは、この段階で倒産してしまう。投資家たちもある程度は業績があがるのを待つが、傷口があまりに広がってしまうと待ってはいられなくなる。しかし、幻滅期を乗り越えて、実用性のある製品が市場に投入されはじめると、第４段階の「回復期（啓蒙の坂）」へと移行する。製品が多くの人に認知され市場で広く受け入れられると、第５段階の「安定期（生産性の台地）」に到達する。

私自身、これまでにIoT、暗号通貨、量子コンピュータ、ARなど、さまざまなイノベーションの動向を見続けてきたが、どれもたしかにそのとおりの動きをしていた。いまから10年前には、AI（人工知能）はまだ遠い夢だと考えられていた。しかし現在では、AIチャットボットを普通の人が当たり前のように利用するようになっている。空飛ぶ自動車が長年、黎明期から移行しないのはSFファンにとって残念なことだが、カーゴ・ドローンは、軽量の荷物の配送には使われるようになってきており、流行期には入っていると言えるだろう。アリババ、アマゾン以外に、ドミノ・ピザまでもがドローン配送に乗り出しているのだ。

ガートナー・ハイプ・サイクルで、イノベーションの動向に注目しておけば、他家受粉によって生まれる市場の空白、ビジネスチャンスを見つけられる可能性が高いだろう。これを書いている時点で私が注目しているのは、5G、クラウドコンピューティング、ウェアラブル、AI、空間再現といったテクノロジーの組み合わせによって実現される、常時接続の恒常的な拡張現実の世界である。

「30日間」で空白を見つけ出す

ビジネスチャンスになる市場の空白は、具体的にどのようにして見つければいいのだろうか。それには第2章で紹介した「30日間」の取り組みと同様の方法が使える。**30日間、「1日に最低3つの問題を見つける」という課題に取り組む。そして、見つけた問題を解決することがビジネスチャンスとなるか、そこに市場の空白があるかを考える。**どのようなテクノロジーがあれば、その空白が埋められるかを考えるのだ。ARやVRは問題解決に役立つか。３Ｄプリンタならどうか。ドローンは使えるか。そうして毎日考えていれば、有効な解決策、必要なテクノロジー、ビジネスチャンスとなり得る市場の空白が見つかる可能性が高い。

ドローンを使って市場の空白を埋めようとした実例はすでに存在する。ドローンはたとえば農作物の出来をおおまかに把握するのに有効だ。オレンジ畑の上空にドローンを飛ばして出来を調べ、そのデータを商品相場の動向の予測に使うこともできる。不動産販売に利用した例もある。捜索や救助にも利用される。ショッピングモールの安全確保にドローンが利用されている例もある。

スタートアップはドローンそのものには投資しない。ドローンの応用を考えるだけだ。ドローンに関連した市場の空白を見つけ出し、その空白を埋めようとするのだ。ドローンがなければ実現不可能、あるいは費用対効果の点でビジネスとして成立しないが、ニーズは存在しているというサービスを見つけ出そうとする。

ドローンに限らず、最新テクノロジーをうまく利用して市場の空白を埋めれば、大金を稼ぎ出せる可能性がある。問題解決の手段は物理的な製品とは限らない。ドローンがないころにも、石油のパイプラインや送電線などのインフラを空から点検するニーズは存在した。しかし、点検のためには飛行機やヘリコプターをチャーターし、パイロットを雇わねばならず、それには莫大な費用が必要になる。屋根や橋の点検作業は命綱をつけての非常に危険なものだった。しかも悪天候での作業も避けられない。電力などのエネルギー関連産業、鉄道などに関連する点検作業には、年間270億ドルを超える費用（これには、点検で得られたデータを分析するのにかかる費用200億ドルは含まれていない）がかかるとも言われる。ドローンを使うと、費用が飛行機に比べると4分の1程度で済む。ドローンのおかげで、飛行機を使っていた顧客は費用を大幅に削減できたが、それだけでなく飛行機は高くて使いたくても使えなかった人たちが新たに顧客となった。市場の空白を埋めただけでなく市場の拡張もできたことになる。

なぜその問題は未解決なのか？

30日間、「1日に最低3つの問題を見つける」という課題に取り組んだら、個々の問題について**「なぜ誰もまだその問題を解決していないのか」**と自分に問いかけてみよう。その答えが**「必要なテクノロジーが利用できない」**あるいは**「利用できるが費用が高すぎる」であれば、そこに市場の空白がある**と考えられる。

1990年代にはスマートウォッチは存在していなかった。当時の技術で同じものをつくろうとすれば重さ50キログラムもある巨大な機械になってしまっただろう。さすがに50キログラムの荷物を持ってウォーキングをする気にはなれない。技術が進歩するにつれ、機械は小さく、安くなり、動作も速くなる。進歩すると、それまでになかった使い方が生まれる。ＬｉＤＡＲ（Light Detection and Ranging）はレーザーを利用した計測技術である。もとは非常に高価で、人工衛星で正確な地形図を作成する際などに使われていた。２０１７年には、ウェイモ社のエンジニアたちがＬｉＤＡＲシステムのコストを７万５０００ドルから一気に７５００ドルにまで引き下げることに成功した。それによって、新たに幅広いビジネスに応用できるようになった。ムーアの法則が正しければ、いまから10年以内にＬｉＤＡＲセンサーのサイズとコストはいまのコンピュータチップくらいになるだろう。

市場の空白は現実の世界だけに存在するとは限らない。**市場の空白はデジタル世界にも存在する。**たとえば、LinkedIn の登場は世界の労働市場を根本から変えてしまった。企業の採用担当者の興味を引くのに、もはや従来の履歴書は有効なツールではなくなった。それよりも LinkedIn のプロフィールを充実させるほうが効果的になっている。プロフィールが雇用の機会を増やし、その人の生涯のキャリアを左右するようになったことから、LinkedIn のプロフィールを作成するプロが現れた。

みんなが日常的に使うアプリがあれば、必ずそれに関連して、数百万ドルの価値を持つ市場の空白が存在している。たとえば、ツイッター、インスタグラム、フェイスブックなどのＳＮＳには、有名人や有名企業のアカウントが多数あるが、そのアカウントを運営するプロもいる。ＳＥＯのエキスパートもいる。小規模企業がグーグルアドセンスで高収益をあげられるよう支援する人たちだ。出会い系サイトのエキスパートもいる。報酬をもらってプロフィールをより魅力的にし、恋愛の相手を見つける手助けをするのだ。大半の人がほかの何よりもスマートフォンを使うことに時間を費やしている時代なので、価値ある市場の空白の多くもスマートフォンの中にあると考えていいだろう。

アップワークはまさにこの市場の空白に対応するサービスだと言える。フリーランサーと、フリーランサーに仕事を頼みたい人をつなぐプラットフォームである。１２００万人のフリーランサーと５００万の企業とをつなぎ、年間10億ドルを超える収益をあげている。フリーランサーの職種は、ウェブサイトの作成、ソーシャルメディアでのマーケティング、グラフィック・デザイン、プロジェクト管理などさまざまだ。アップワークには、年間３００万件を超える求人が投稿される。小規模の企業でフリーランサーの協力を必要としているところは多いが、以前は適切な人を見つけるのが難しかった。アップワークはその市場の空白を埋めているわけだ。「はじめのうちは、顧客の予算に合わせて報酬の額を決めていた」。いまではアップワークを利用して年間10万ドル単位の収入を得ているダニー・マーグリーズはそう話す。「でも、何カ月か経つうちに強気になった。１時間あたりの報酬は安くても75ドル、多ければ１００ドル、１２５ドルくらいまで増やせるようになった[3]」

ほかの人が忙しくて埋められない空白を見つける

時には単なるアイデアから市場の大きな空白が生じることもある。大富豪でビジョナリーとしても知られるイーロン・マスクが新たなテクノロジーについて話をすると、具体的にはまだ何もできていなくてもビジネス界全体がそれに注目する。２０１２年、マスクは超高速の真空チューブ列車について発言をした。乗客は、加圧されたカプセルに乗り込むだけで、空気ベアリングの上を超高速で移動できる。マスクによれば、真空チューブ列車なら、ワシントンＤＣ―ニューヨーク間を29分（アムトラックの高速鉄道、アセラ・エクスプレスでは現在のところ2時間45分かかる）、ロサンゼルス―サンフランシスコ間を35分（民間の旅客機の半分）で結ぶという。マスクが「ハイパーループ」と名づけたこの未来の大量輸送機関は、科学者、ジャーナリスト、エンジニア、投資家、一般の消費者、政府関係者の想像力を大いにかき立てた。マスコミは盛んに関連の報道をし、ＹｏｕＴｕｂｅにも関連の動画が多数、投稿された。マスク自身は、ハイパーループの実用化に取り組む予定はないと発言したが、そのおかげでこのテクノロジーは誰もが実現に関われるものになった。

そして巨大な市場の空白も同時に生まれた。

マスクの発言のあと間もなく、全世界の起業家たちがチームを組み、ハイパーループ実現に向けて資金調達を開始する。新事業「ハイパーループ・ワン」は1億6000万ドル超の資金を集め、フィンランド、スウェーデン、ロシア、ドバイ、オランダなどで、政府と共同で実現可能性調査を開始した。ビバップ・グレスタとディルク・アルボーンの設立したハイパーループ・トランスポーテーション・テクノロジーズ（HTT）は即座に、ジャンプスターター・ファンドにより、クラウドファンディングを開始した。HTTでは開発をクラウドソースで進めることとし、フランス、オーストリア、スロバキア、ハンガリー、インド、中国で政府との討議をはじめた。スタートアップのトランスポッド社は、カナダでの研究のために1500万ドルの資金を調達し、スペインでは、同じくスタートアップのゼレロス社は研究を進めることになった。オランダのスタートアップ、ハード・グローバル・モビリティ社は、船の出入りの多いロッテルダム港への対応に力を注いだ。また、アールループ社というスタートアップがハイパーループのテクノロジーを暗号通貨化したことで、さらにハイパーループへの注目度が高まることになった。

2018年には多数の暗号通貨が生まれたが、ハイパーループ・コインもそのうちのひとつである。暗号通貨が多数生まれたことで、そこにまた巨大な市場の空白が生じることになった。新規の暗号通貨の公開、つまりいわゆるICOによって大きな資金を調達することが可能になったのだ。ビットコインの価値がわずかな間に急上昇したことがその大きなきっかけとなった。暗号通貨で大富豪になろうと目論む人たちが一気に増えた。

2018年2月、フォーブスは「ビットコインへの熱狂から巨万の富を得た変人、ギーク、ビジョナリーたちの紹介」という見出しで、最初の暗号通貨長者ランキングを発表した。フォーブスは「暗号通貨の世界では、一夜にして10億ドルの資産を稼ぎ出すこともできる。スピードがすべてだ」としている。(4)

直面した大きな困難

まさにそのスピードこそ、ヴィン・クランシーの会社、ワールズ・ベスト・エージェンシーの強みだった。また、ワールズ・ベスト・エージェンシーほど、暗号通貨に注力するソーシャルメディア代理店は数少なかった。

独自の暗号通貨をつくり大儲けをしようと目論む人たちは急激に増えていたが、最初の顧客が暗号通貨でわずか数日間に6800万ドルもの資金を集める成功を収めたことで、ワールズ・ベスト・エージェンシーの評価は高まった。独自の暗号通貨で儲けたいと考える人たちの注目を集めたのだ。多数の暗号通貨が乱立し、競争で消費者の関心を引こうとする状況になったので、ワールズ・ベスト・エージェンシーは顧客からの報酬を大きく引きあげることができた。それだけ市場が過熱していたのだ。

ほんの数カ月ほどの間に、暗号通貨のICOは、35億ドルを超えるような巨額の資金を生み出すことになった。ブロックチェーンへの期待も高まった。セキュアなメッセージングや、ブロックチェーンをベースにしたスマートフォンなど、世界に革命的な変化が起きると思われたのだ。何千もの暗号通貨がＩＣＯに向けて一斉に動き出したが、いっぽうで起業家たちは、これほど簡単に大金が稼げるおいしい状況がいつまでも続かないこともよく知っていた。つまり急がなくてはならなかった。スピードがあれば大金が稼げるが、遅ければ何もかもなくなってしまう恐れがある。

そのような「一か八か」の状況でヴィンの専門知識、サービスへの需要は高まった。もとは月に数百ドルを稼ぐだけだったスキルやツールに、顧客は月に５０００ドル、１万ドル、時には5万ドルもの大金を支払うようになったのだ。ヴィンは自分の将来についてよく考えた。この先ずっとＩＣＯのエキスパートとして過ごすこともできるかもしれないとも思った。それで相当な稼ぎになるかもしれなかった。ただし、それはいまのような状況がずっと続けばの話だ。ヴィンはもちろん、続いてほしいと願っていた。

だが、２０１８年1月末に大きな変化が起きた。フェイスブックが、ビットコインやＩＣＯなど、暗号通貨に関わるあらゆるものについての広告を禁止したのだ。暗号通貨市場に詐欺をはたらく人間が多数集まってきたことが原因である。資産を騙し取られる人が増え、各国政府がそれに対する懸念を表明した。グーグルは3月には、ＩＣＯ、ウォレットに関する情報、取引についてのアドバイスなど、暗号通貨関連のコンテンツを含む広告の掲載をプラットフォームを問わず一切認めないと発表した。

デジタル広告の市場は集中度の高い市場である。わずかな数の巨大企業が市場を支配していて、小規模な企業はその気になればいつでもつぶすことができる。ひとつかふたつの巨大企業に依存してビジネスをするのは非常に危険だ。その巨大企業のわずかな方針転換で危機に陥る恐れがあるからだ。２０１７年にデジタル広告に費やされた資金は８８０億ドルを超えていたが、その資金の90％超はグーグルかフェイスブックに入った。

広告を見せることができなければ、ヴィンは顧客を失うことになる。方向転換をしなければ、できたばかりの会社はすぐにつぶれてしまうだろう。実際、ヴィンの競合だった企業のほとんどはつぶれた。

ヴィンは別の空白を見つけていた

しかし、ヴィンは、広告が禁止されてもどうにか生きのびた。彼にとってこの一件は、歩く道にできた「こぶ」のようなものだった。邪魔には違いないが、それで進めなくなるわけではない。ヴィンはすでに自分には事業をゼロから興す力があり、障害があっても乗り越えることができるという自信を得ていた。実績でそれが証明されたからだ。成長のマインドセットを持つ彼は、すでに「プランＢ」を用意していた。

はじめて会ったときから、私も収益源はつねに複数持っておくべき、ということをヴィンに言っていた。収益源が多ければ、どれかが不振に陥ったとしても、ほかで補うことができるだろう。暗号通貨への注目が高まっていたころは、その関連の顧客への対応に忙しく、なかなかそのほかのビジネスのために動く時間は取れなかった。しかし、それでも彼はせっかくの機会を完全に無駄にはしない。自分で対応できない仕事は外注して、マージンを受け取ることにしていたのだ。

ヴィンはさらに、デジタルマーケティング商品である「エース・ザ・ゲーム」を販売するという新たな収益源もつくり出した。「エース・ザ・ゲーム」は、オンラインマーケティング、グロースハックのためのマニュアルで、電子書籍のかたちで顧客に販売する予定だった。忙しい最中ではあったが、ヴィンは少しの暇を見つけてはその新たなビジネスの立ちあげに力を注いだ。成功を確信していただけに、絶対に発売を遅らせたくはなかったのだ。そして発売のわずか数日後に、グーグルとフェイスブックが暗号通貨関連の広告禁止を発表したのだった。たしかに大きな打撃ではあったが、運良く新商品も発売し、収益源を別に確保していたために致命傷にはならなかった。「幸運は、準備と機会が出会ったときに生まれる」と1世紀の古代ローマの哲学者、セネカは記している。まさにこの言葉どおりだった。

数カ月間、エース・ザ・ゲームのために、彼は寸暇を惜しんでフリーのオンラインマーケティングツールについて調査をした。調査の対象にしたのはどれも最新の優れたツールばかりだった。フェイスブックやインスタグラム、グーグルアドセンス、ＹｏｕＴｕｂｅなどのチャネルは広告に使えなくなったが、そうしたツールを利用すれば、暗号通貨関連の顧客のニーズに対応できると彼は考えたのだ。もちろん、大変な仕事にはなるだろうが、その覚悟はできていた。

何よりよかったのは、このマニュアルが売れれば、即、その内容が正しく価値があるという証明になることだった。つまり、売れ行きに加速度がつくわけだ。広告が禁止されることはヴィンも私も予想はしていなかったが、複数の収益源があったおかげで前進を続けることができた。

７カ月目、ヴィンは6桁の売上を達成できなかったが、思いがけないピンチがあったことを考えれば、９万５５０４ドルという売上は上出来だと言えるだろう。

面白いのは、月のはじめには疲れが出ていたヴィンが、グーグル、フェイスブックによる広告禁止の苦境を必死で切り抜けたあと、かえって元気を取り戻したことだ。イギリスの貧困家庭に育った若者が、巨人のような世界的超大企業に翻弄されることなく、うまく泳ぎきったのだ。起業してからはじめて、ヴィンは自分が無敵だと感じていた。

７カ月目の売上が９万５５０４ドルだったことで、合計の売上は65万６５９０ドルに達した。これまでの月平均は９万３７９８ドルになる。ここからあとは、残りの５カ月、平均で6万8682ドルの売上があれば、1年間で100万ドルという目標は達成できる。212日前にホワイトボードに書いた目標が十分手の届くところまで来たわけだ。彼の気力はこれまでにないほど高まっていた。プレッシャーがあるからこそ大きな成果が得られるのだということもすでに学んだ。

第10章

8カ月目

1兆ドルのビジネスチャンス

モバイルは長らく優勢だったが、いまや完全に勝利を収めた。

——エリック・シュミット、グーグルの元CEO

稼いだ総額

65.6万ドル

真実10　世界の流れは「モバイル」から「バーチャル」に変わる

アメリカ人の足は痛んでいる。アメリカ足病学医学協会の調査によると、アメリカ人の10人中、8人近くが足の痛みを経験しているという。慢性的な足の痛みの原因のほとんどは靴のサイズが合っていないことだ。靴が大きすぎれば、まめができることが多い。逆に小さすぎれば、外反母趾や内反小趾になりやすい。うおのめ、たこ、槌《つち》趾《ゆび》などはすべて、履物が適切でないことによって起きる。

ただしいまでは、足の痛みへの対策もモバイルでできるようになっている。60%の人が誤ったサイズの靴を履いているが、足の大きさを測るよい方法は必ずあるはずだ。まさかいまも、1925年ごろに靴屋が客の足の大きさを測るのに使っていた素朴な計測器を使うしか方法がないなどということはないだろう。

じつはスマートフォン向けの計測用アプリがある。2019年に、ナイキは足のサイズを短時間で計測するアプリを提供しはじめた。そのアプリでは、足のサイズに関する13の数値を極めて正確に計測できる。コンピュータビジョン（コンピュータに視覚情報処理機能をもたせること）、機械学習、推奨アルゴリズムなどを組み合わせて開発したアプリである。そのアプリを利用することで顧客は、ナイキの靴の着用体験を向上できる。それによって顧客のブランド忠実度をあげることがナイキの狙いだ。靴が合えばそれだけ幸福になる。いまではその幸福がスマートフォンで得られるのだ。

返品は小売業者にとって大敵である。返品が多すぎれば、あっという間に利益など消し飛んでしまう。イケアでは調査の結果、返品の14%が、購入した家具が部屋に対して大きすぎたことが原因であると突き止めた。そこで、その対策ができるスマートフォン用アプリを提供することにした。空間把握能力に問題を抱えている消費者が多いのはイケアの責任ではないが、収益に悪影響があるとなれば放置はできない。そこでつくられたのが、「イケア・プレース」というアプリである。消費者はこのアプリを使えば、購入を検討している家具を自分の部屋にバーチャルで配置してみることができる。実際に部屋に設置したときにどうなるかを98％の正確さで試すことができるのだ。これもやはりスマートフォンを利用した対策の例だ。

この10年ほどは、誰もが持っているスマートフォンというデバイスを活かし、あらゆる業界の企業がさまざまなアプリを開発して、ユーザーの抱える問題を解決してきた。しかし、スマートフォンアプリの時代はそろそろ終わりに近づいている。

営業、マーケティング、配送、事務管理、サプライチェーン管理など、ビジネスのあらゆる部分がいまではモバイル化されている。経済はモバイル化されているし、あなたの人生もモバイル化されている。あなたがどのような仕事をしていようと、その仕事はモバイル化されているという事実を認めざるを得ない。5G回線が普及し、エッジコンピューティング、IoTセンサーなどを利用したスマートシティの実現が進められるなど、モバイルへの依存は強まる一方である。それによりいわゆる「空間コンピューティング」が実現し、私たちはみな、データリッチな仮想化世界に住むことになる。

これまでは、私たちが能動的に情報を探して人や物にはたらきかける世界だったが、これからは、周囲の環境のほうが私たちのニーズを予測し、私たちのすべての行動に反応する世界に住むことになる。モバイル化は、いずれ、私たちの住む都市や住宅のあらゆる要素をデータやグラフィクスで表現するところまで進むだろう。

今後は、仮想現実（VR）や拡張現実（AR）のテクノロジーがビジネスの鍵になる。1人、2人の小規模企業から、多国籍の超大企業まで、すべての企業がそのテクノロジーとは無縁でいられないはずだ。私自身、もしいま、起業するとしたら最大のチャンスはそこにあると考える。VRやARのテクノロジーを活かせば、富を築ける可能性が最も高いということだ。そのテクノロジーから全体で何兆ドルという規模のビジネスチャンスが生まれる。そのチャンスをつかむのが成功の早道だろう。人々の抱える問題を解決すべく多数の画期的な製品が提供される。すると必ず大きな市場の空白が生まれることになる。

激動の時代、成功に必要なのは「洞察力」と「忍耐力」

コンピュータはいま、VR、ARの普及という4度目の大きな変革の時を迎えている。今後は現実の世界とコンピュータの世界の境界線が曖昧になり、誰もが自分の居場所、状況に合わせた最適なデータを利用できるようになるだろう。いまから3年もすると、スマートフォンはポケットに入れたまま取り出さず、スマートグラスやスマートコンタクトレンズをディスプレイとして使うようになる可能性がある。現実世界にスマートフォンの操作画面が重なって見えるのだ。

今世紀のはじめにインターネットはほぼすべてのビジネスに大きな影響を与えた。それと同じく「空間コンピューティング」も、公共部門、民間部門を問わず、間違いなく世界を大きく変えると考えられる。

アップル、フェイスブック、グーグル、ネットフリックス、アマゾンなどのビジネスモデルも従来と同じというわけにはいかなくなる。誰もが必要な情報を必要に応じて瞬時に得られるようになれば、これまでのような「検索」などまったく必要なくなるだろう。その人のいる場所、現在時刻に応じて、必要と思われる商品やサービスが瞬時に提案されるようになれば、これまでのようなｅコマースや広告は必要なくなる可能性がある。スマートグラスを誰もが使うようになれば、エンターテインメントや、ｅスポーツのあり方も大きく変わるだろうし、ＳＮＳでの人と人との交流にも大きな変化があるだろう。個人情報、プライバシーは保護されるだろうか。それとも政府や企業に自由に利用されるようになってしまうのか。

多くのビジネスが時代遅れとなり、入れ替わりにまったく新しいビジネスが誕生することになるだろう。変化によっていままでよりも状況がよくなる人もいれば、反対に悪くなる人もいるに違いない。

私は常々言っているが、**成功に必要なのは、洞察力と忍耐力、**このふたつだけだ。世界が大きく変わるときには必ず、短期間に大きな富を築くチャンスが多く存在する。チャンスを見つけ、ものにするには、次に紹介する「M．O．V．E．メソッド」が有効である。

M．O．V．E．メソッド

起業を成功させ、大きな利益をあげるには、4つの要素が大切になる。それは**「マインドセット（Mindset）」**、**「障害（Obstacle）」**、**「空白（Void）」**、**「実行（Execution）」**の4つだ。頭文字を取って、私はこれをM．O．V．E．メソッドと呼んでいる。

①マインドセット（Mindset）

マインドセットがすべてだ。ともかく前向きな「成長のマインドセット」をつねに維持しなくてはならない。そして、VR、ARで世界をよりよくするにはどうすればいいかを考えてみよう。まずはヘッドアップディスプレイを装着して街を歩き回っている自分を想像する。ディスプレイにはどのようなデータ、映像が表示されているだろうか。想像力をはたらかせ、自分の身を少し未来に置いてみるのだ。それを長く続けるほど、ビジネスチャンスが見つかる可能性が高まるだろう。

②障害（Obstacle）

ビジネスチャンスは障害の裏に隠れている。ここでもやはり、30日間、「1日に最低ふたつの問題を見つける」という課題に取り組んでみよう。VRやARで解決できる問題はあるだろうか。また、どのようにすれば解決できるのか。以前なら解決不可能だった問題が、いまなら瞬きひとつで解決できる可能性がある、ということはないだろうか。現実世界の映像にVRやARを重ねることができる点は重要だろう。解決策を考えることはエンジニアでなくても可能なはずだ。

③空白（Void）

新しいテクノロジーが現れれば、市場の空白は必ず生じる。インターネットやスマートフォンもそうだった。どちらも巨大な市場の空白を生み出した。スマートグラス、5G回線、エッジコンピューティングなどが生み出すのはどのような市場の空白だろうか。スマートフォンの画面は小さいが、もはや画面の制約を受けることはない。だとすれば、広大なスペースに何を表示すればいいだろうか。何もない部屋を店舗に変えて、そこにあらゆる商品を展示することができる。車のショールームにすることも不可能ではない。周囲の景色を、見ている人のニーズに合わせて自由につくり変えることもできる。変化があまりに大きいので、思考は広げすぎないほうがいいだろう。狭い範囲に絞って考えたほうがよいアイデアを思いつく可能性が高い。最終的に超大企業が高値で買い取ってくれそうなアイデアが何かないか考えてみよう。

④実行（Execution）

よいアイデアは思いつくだけでは意味がない。実行に移さない限り、富を生むことはないのだ。メンターやパートナー、そして社員たちと力を合わせて、ビジョンに命を吹き込む。次の11章、12章では、資金調達について、そして仮想オフィスについて触れる。成功の秘訣は、まだ誰もつくっていない、新時代の「キラーアプリ」をつくることだ。誰がそれをつくっても不思議はない。あなたにつくれない理由はないのだ。不安はあるだろうが、それはいったん脇に置いて、持てる力を最大限に発揮してみよう。決して立ち止まってはいけない。あなたがやらなければ、必ずほかの誰かがやることになるだろう。それは間違いない。

すべてのキャリアはテクノロジーの影響を受けることになる

手を出しやすいのはエンターテインメントの分野だろう。たとえば、ビデオゲームにはVR、ARがいち早く取り入れられるに違いない。コンサートなどは自宅にいながらにして生で見ているような体験ができるようになるだろう。まずはそういうかたちでVR、ARのつくり出す新世界に触れるユーザーが多いに違いない。

ナイアンティック社の「ポケモンGO」は、世界ではじめて商業的に成功したARアプリだと言える。プレーヤーは1億5000万人を超え、ピーク時には月に1億ドルを超える収益をあげていた。

マウスはコンピュータのユーザーインターフェイスのデザインを大きく変えた。そして、SiriやAlexaの登場より、多数のユーザーがマウスやキーボードとはまた違ったインターフェイスを体験することになった。その一方でチャットボットが大きく進化し、企業による顧客対応の約85%までは人間の関与を必要としない、という時代も間もなくやってくると考えられる。

ARは、教育、企業研修、医療などに革命をもたらす可能性が高い。建設業、製造業でも大きな変化が起きるだろう。サプライチェーン、オートメーションにもＡＲ、ＶＲが取り入れられるのは必然だ。たとえば、ＡＲを使って、建物を見るだけで、それに設計図が重なって表示されるようにすれば安全管理などに非常に有効だ。どこにパイプが通っているか、といったことを瞬時に把握することもできる。消防士が火事になった建物の中に入ったとき、安全な出口がどこにあるかを画面に表示することも可能だ。たとえその出口が煙や壁の向こうにあったとしても問題はない。建設用のクレーンはもう、高さ60メートルのところにあってぐらぐらと揺れる運転台までわざわざ行かなくても操作できるようになる。オフィスにいながらにして世界中のあらゆるクレーンが操作できるのだ。

「買い物の仮想化」も今後、起きる可能性が高い大きな変化のひとつだ。年間１兆ドルを超える消費者支出を狙い、すでに買い物の仮想化に関わるさまざまなテクノロジーに巨額の投資がなされている。

アップル、フェイスブック、グーグルなどの超大企業の間では熾烈な「領土争い」が繰り広げられることになるだろう。何十億ドルという規模の市場をめぐる存亡を賭けた戦いが起きるのだ。年間30億ドルを超えるベンチャー資金が、既存のテック巨人と競合し得る新興企業の設立のために投じられている。テック巨人の側も今後も確実に覇権を維持するために何十億ドルもの資金を費やしている。多数のテクノロジーの組み合わせが必要な状況では、競争し合う企業の規模は必然的に大きくなっていく。合併や買収が盛んに行われるからだ。合併、買収の規模、金額も次第に大きくなる。空間コンピューティングの業界は、2018年は全体で110億ドルの規模だったが、2023年には600億ドルを超えると予測されていた――つまり年平均の成長率が40%超ということだ。成功したいのならぜひともそこに加わるべきだろう。

空間コンピューティングの世界には、スマートグラス以外にも、ハプティックグローブ、インテリジェントリストバンド、ウェアラブルカメラ、イヤホン、スマートクロージングなどの機器が使われ、視覚以外の感覚も大きく拡張されることになる。皮膚、骨、心臓組織、角膜などを忠実に再現できる3Dプリンティングの技術も大きく進歩している。ウェアラブル機器はさまざまな生体情報をリアルタイムで提供できるため、健康管理に大いに役立つ。個人の生体情報とゲノム情報を組み合わせてうまく利用すれば、みんながより健康で長く生きられるようになるだろう。ロボット義肢や神経インプラントも人間の能力を改善、拡張するはずだ。外骨格、拡張視覚などの技術も、企業の役員室から戦場にいたるまで、世界のあらゆる場所を大きく変えるだろう。**あなたの未来、あなたのキャリアは、間違いなくこうした革新的なテクノロジーの影響を受けることになる。**

目前に迫る史上最大のビジネスチャンス

「まずは先進国、そしてやがてはすべての国の多くの人たちが、毎日、3度の食事と同じく当たり前のようにAR体験をするようになるだろうと私は信じている」アップルのCEO、ティム・クックはそう予測する。「それが人々の生活のかなりの部分を占めるようになるのだ[1]」

コンピューティングの革命によって生じるビジネスチャンスの数、規模は、インターネットやスマートフォンのときとは比べ物にならないだろう。きっと無数の新たな製品、サービス、ビジネスが生まれることになる。なぜ私が自信を持ってそう断言できるのか。ふたつの理由がある。ひとつは、私がテクノロジーを開発している当事者と直接、関わっていることだ。私は、マイクロソフト、グーグル、フェイスブックなど、この業界をリードするいくつもの企業のコンサルタントをしてきた。もうひとつの理由は、私がさまざまな分野の主要企業から依頼を受け、時代の変化に備え、変化から利益を得られるよう支援してきたことだ。ナイキの「ナイキ・フィット」や、イケアの「イケア・プレース」などにより、スマートグラスが普及する前にARは一般の人にも利用されるようになった。この世界は不確実だが、空間コンピューティングが世界を一変させることは確実だ。そして、この変化によって大金が動くことも確実である。

２０１７年には、ベンチャーキャピタルの投資先のじつに40％が、空間コンピューティング関連だった。シリコンバレーの投資家たちは、そこに大きな市場の空白があると確信しているわけだ。なぜだろうか。関係者、当事者たちの置かれている状況を熟知しているからだ。

仮に、スマートフォンはいずれポケットに入れたまま取り出さなくなる、という私の予測が当たるとしよう。その時代に、みんながスマートグラスをアップルから買うとは限らない。もし多くの人がスマートグラスを買わなければ、アップルは倒産する危険がある。

グーグルも、ヘッドアップディスプレイで広告が売れなければ、検索を収益化できなければ、やはり倒産の危険があるだろう。ソーシャルメディアのインターフェイスの主流がＡＲグラスになれば、フェイスブックもそれに対応せざるを得ない。そうしないと危機に陥るだろう。いわゆるテック巨人がみな、空間コンピューティングに脅威を感じている。

そして、その新しい分野を支配するために何百億ドルもの投資をしているのだ。それだけ大きな賭けをしていれば、テック巨人たちは当然、空間コンピューティング関連のスタートアップには強い関心を示す。有望なものがあれば高値で買収しようとするだろう。ライバルに買われるくらいなら先に買ってしまおうと思うはずである。現在のテック巨人たちは、今後も巨人でい続けるために多数の小規模企業を買収することになるだろう。新たに生じる市場の空白を埋めるためだ。

ベンチャーキャピタルが強気でこの分野のスタートアップに多額の投資をしている理由はそこにある。何よりよいのは、スタートアップの中には、利益をあげる前に買収されるところも多いということだ。空間コンピューティングへの移行により、史上最大規模の富の移転が起きる可能性がある。**生まれるビジネスチャンスも史上最大規模になるかもしれない。**

想像力が富に変わる時代

「第三次革命」――スマートフォンが誕生し、スマートフォン向けアプリの広大なエコシステムが生まれたときのことだ――を思い出してみよう。ワッツアップ、インスタグラム、スナップチャット、ツイッター、ティックトックなどがすべて、何十億ドルという富を生んだ。いまの知識をすべて持ったまま、アップルが最初のiPhoneを発売した2007年に戻れたとしたら、あなたはどのようなアプリをつくるだろうか。先のことが正確にわかっていたら、おそらく大変な資産が築けただろう。タイムマシンで過去に戻るわけにはいかないが、十分に注意していれば、今回の大変革には乗り遅れずに済むだろう。

想像力さえあれば可能性は無限だ。OS、インフラ、主要なデバイスなどをつくるのは、テック巨人や通信会社に任せておく。あなたは、そのOSやインフラ、デバイスによって生じる問題を解決することだけに注力すればいい。

たとえば、森に入ったとき、採取したキノコが食べられるのか、それとも毒があるのかをスマートグラスに表示するアプリをつくることもできる。そのアプリがあれば、キノコを全種、記憶していなくてもいい。あるいは、スマートウォッチでユーザーのバイタルサインを常時監視し、近くにいる人のバイタルサインと比較するアプリをつくることもできる。データに少しでも疾患が疑われるところがあれば、自律走行車に指示を出して即座に病院に向かうようにしてもいいだろう。本人に何か自覚症状が出てから自分で病院に行くよりもはるかに助かる可能性が高くなるはずだ。新たな患者が向かっているという通知は、病院の医師にも同時に伝えられるようにするといい。その患者の過去の医療記録も送られていれば、緊急治療室のスタッフに対して患者に合わせた指示を事前にしておくこともできる。道路を車で移動する際、急いでいるときに少しでも速く進めるよう、同じ道路にいる中に急いでいない人がいれば、デジタル決済で報酬を支払ってほかの道に移動してもらう、ということも可能だ。反対に自分が急いでいないときは道を譲ることで報酬を受け取ることもできる。病院で何か医療処置を受けた場合には、そのことがすべて即座にブロックチェーンベースの医療履歴に追加されるようにする。また、空間ウェブの技術をうまく応用すれば、従来よりも医療の成果を改善させることができ、国の医療費抑制にもつながると考えられる（アメリカの場合、現在の医療費の約85％が、心臓疾患か糖尿病から発生している。どちらもＡＩやウェアラブル機器による予防対策が有効に作用しそうな病気である）。診察の回数、医療検査、医療処置の数を減らし、必要な処方薬も減らすことができると期待されている。医療はほんの一例であり、空間コンピューティングはそのほかにもさまざまな分野に応用が可能である。ぜひとも先に紹介したＭ．Ｏ．Ｖ．Ｅ．メソッドであなた独自のビジネスチャンスを見つけてほしい。

デジタルサプライチェーンは、倉庫や小売店の棚のセンサーとシームレスにデータをやりとりするようになるだろう。ジャスト・イン・タイム・マニュファクチャリングが実現し、オーダーメードの商品が短時間で自宅まで届けられるようにもなるだろう。現在でも、たとえばテスラの自動車はオンラインでカスタマイズのうえで注文することができる。ＩｏＴセンサーのおかげで、注文した車の組み立てや配送の状況をリアルタイムで知ることもできる。車もアマゾンで注文した商品と同じように扱われるのだ。ビルのメンテナンスも大幅に効率化されるだろう。メンテナンスのスタッフは、スマートグラスに表示される矢印に従ってビル内を歩けばいい。何か修理が必要な設備があれば、その都度、スマートグラスに通知される。デパートのマネキンはすべて、身体の各部のサイズがすべてあなたと同じになる。そして、過去に購入した服やアクセサリーに似合いそうな商品を提案してくれる。家を買うときには、購入予定の家の中を建つ前に歩き回ることができるし、手持ちの家具が合うかどうかを確かめることもできる。カーペットやカーテン、ブラインドなどを購入するときは、業者の側が仮想空間で寸法を正確に計測できるので、自分で計測しなくても安心して注文できる。特定の場所だけで利用できるデジタル商品を販売することも可能になるだろう。次々に新しいデジタルの商品やサービスをつくっても問題ない。AIスマートコントラクトの技術を応用すれば、少額決済を簡単に自動化できるからだ。今後は合計で1兆ドル単位の価値を持つ新しい企業や商品が生まれ、私たちの日々の生活はよりよいものになるだろう。私がコンピュータの「第四次革命」に大きな期待をしている理由はそろそろわかってもらえたと思う。読者の中にひとりでも多く、私の生活を改善する商品やサービスを生み出す人が現れればとても嬉しい。

空間コンピューティングには大きな可能性がある。今後おそらく私たちの生活を大きく変えていくはずだ。変化への対応を怠り、この分野への投資をしない企業は、コダックやラジオシャック、ブロックバスターと同じような道を歩むことになるだろう。

空間コンピューティングの最大の価値は、必要な情報を必要なときに必要な場所で入手できることだ。日々大量の情報が生み出されるため、いかにして最新の適切な情報を手に入れるかが重要になる。逆に言えば、従来のように自分の頭で多くのことを記憶しておく必要はなくなる。社会の速い動きに対応していくには、新たな情報を得ることのほうが大切になるのだ。

従来はどうしても知識の創造、知識の入手、伝播には不均衡があった。多くの知識を創造し、入手し、伝播する人がいる一方で、それがあまりできない人もいたのだ。空間コンピューティングはその不均衡を解消する可能性がある。「簡単に言えば、ARはテクノロジーの利用の仕方を永遠に変えてしまう可能性があるということだ。すでに、仕事、遊び、人間関係、学習などのあり方を大きく変えるものが生まれている」アップルのCEO、ティム・クックはそう話す。「しばらく時間はかかるかもしれない。ARにはまだ難しい技術的課題があるからだ。だが、変革は必ず起きる。大変革だ。いつ起きるかはまだわからないが、いったん変革が起きれば、それ以前にどうやって生活していたのかを忘れてしまうだろう。いまの私たちがスマートフォン以前の生活を忘れているのと同じだ[2]」

走り続ける身体

「失敗できないときには失敗しないものですね」ヴィンは私にそう言った。彼の誕生日を祝うために会ったときのことだ。8カ月目の売上について話し合うことも目的のひとつだったが、その月の売上は9万8644ドルで、10万ドルにわずかに届かず、彼はがっかりしていた。少し前は1年に10万ドルを稼ぐことすら想像もできないくらいだったのに、目標をたったの1・3%下回っただけでがっかりするようになったのだ。驚くべきことである。

1年の3分の2が過ぎ、ヴィンは初マラソンで30キロ地点を過ぎたランナーのような気分になっていたようだ。身体は疲れ、あちこちに痛みがあり、休息を求めていたが、心はゴールに向かっていた。売上の合計は75万5234ドルに達しており、レースには勝てそうだ。ヴィンは早く自分の勝利を祝いたかったし、目標を達したうえで休みも取りたかった。それはもう間もなくだとも思えたが、果たしていまのペースをこのまま維持できるかという不安もあった。

外注のマージンがあり、エース・ザ・ゲームが着実に売れるなど、安定した収入は得られていた。ただ売上のほとんどは、来月はどうなるかわからないという性質のものだった。残りの4カ月は平均で6万1191ドルを稼げれば100万ドルに到達できるので、これまでよりもプレッシャーは小さいが、その数字をあげるのがとても簡単というわけではない。マラソンはまだ続いている。ヴィンの願いは、このあとにはどうか急な登り坂がありませんように、ということだった。

第11章

9カ月目

懸命に働いても裕福になれるわけではない

稼いだ総額

75.5万ドル

資本とは、現在の富のうち、将来の富を得るために使われる部分のことである。

——アルフレッド・マーシャル、イギリスの経済学者

真実11　裕福になるには賢く働く必要がある

ニューヨークに住む少年がテキサスに移り住むことになった。引っ越しの前に少年は農夫からロバを1頭、100ドルで買うことにした。次の月曜日、少年がラレドに着いたらロバを引き渡すと農夫は言う。

月曜の朝、農夫は少年の家に来て言った。

「申し訳ないが、悪い報せがある。ロバが死んでしまった」

「じゃあ金を返してくれよ」少年は言った。

「それはできない。もう使ってしまったんだ」農夫はすまなそうに答えた。

「それじゃあロバをくれ」

「おい、わかっているのか。ロバは死んだんだ」農夫は言った。「死んだロバなんて受け取ってどうするつもりだよ」

「くじの賞品にするんだ」

「死んだロバじゃ賞品にならないだろう！」農夫は叫んだ。

「なるさ」少年は言った。「死んだってことを黙っていればいいんだ」

あきれた農夫は持ってきたロバの死体を置いて、帰って行った。

1カ月後、街でばったり少年に遭った農夫は、あのロバはどうしたのかと尋ねた。

「くじの賞品にしたよ」少年は自慢げにそう言った。「1枚2ドルのくじを500枚売って、898ドルの利益になった」

「誰も文句は言わなかったのかい」

「文句を言ったのは当選した人だけだね」少年は笑いながらそう言った。「だから2ドル返したんだ」

莫大な富を生み出せる「商売のかたち」

大学で映画を学んだ27歳のある監督のデビュー作は興行的に失敗に終わった。1971年のことだ。次作は高校を卒業したばかりの若者たちを描いた青春映画だったが、この作品が失敗した場合に備え、2作目の公開前に3作目の企画を売り込みはじめた。3作目は多額の予算が必要なSF映画で、シリーズものにしたいと考えていた。「プラン9・フロム・アウタースペース」をはじめ、SF映画は製作費がかさむばかりで儲からないジャンルとされており、ハリウッドのスタジオは、若くひとつを除いて実績のない映画監督の企画には興味を示さなかった。唯一興味を示した20世紀フォックスも、監督へのギャラとして提示したのはわずか5万ドルだった（それに加え脚本に5万ドル、そしてプロデュース料として5万ドルが提示された）。続編に関する権利を持つことを条件に、その監督はやむなくこの提示を受け入れた。スタジオの側は若き監督、ジョージ・ルーカスに続編に関する権利を渡すことを簡単に了承した。そもそも続編がつくれるとは思っていなかったからだ。

SF映画「スター・ウォーズ」は結局、大ヒットし、当時の興行収入記録を更新した。20世紀フォックスは続編の製作を熱望した。ルーカスは、映画関連ビジネスに関する権利をすべて自分に渡すことを条件に、20世紀フォックスに映画を提供すると告げた。スタジオは、玩具などの映画関連の商品が多く売れるなどとは思っておらず、ルーカスにすべての権利を無償で渡すことに合意した。しかし、アクション・フィギュア、ゲーム、衣類、ベッド用シーツ、コスチューム、ライトセーバー、イウォーク・ビレッジのミニチュアなどの「スター・ウォーズ」関連のグッズは320億ドルもの収益をもたらした。関連商品の利益でルーカスは億万長者になったのだ。ジョージ・ルーカスは映画史でも最高の人気作をつくった監督だが、彼が大富豪になれたのは映画をつくったからというよりも、莫大な利益が得られる仕組みを自分（と弁護士のトム・ポラック）でつくりあげたからだ。「経験上、まぐれで成功することなどあり得ない」とオビ＝ワン・ケノービが言っているとおりである。

ブランドン・スタイナーが数百万ドルを稼ぎ出すビジネスをはじめたとき、彼は28歳で、単なるスポーツファンでしかなかった。ほぼゼロからはじめたのに等しかった。1989年当時、スタイナーの手元にあったのは8000ドルと1台のパソコンだけで、あとはバイトをひとり雇っていただけだった。

最初にはじめたのは、サインボールの販売だった。スタイナーは、ニューヨーク・ヤンキースの選手をはじめ、各スポーツのトップ・アスリートたちのサインボールを独占的に入手できたが、それには理由があった。スタイナーは、ボールの売上の100％を選手に渡す、という契約を交わしていたのだ。選手からすればこれ以上の好条件は望みようがない。スタイナーは愚か者だったのだろうか。いや違う。彼はビジネスの天才だった。じつは、コレクターが買ったサインボールを飾るのに使うプラスチックのケースを40ドルで販売したのだった。このケースをつくるのにコストは19セントしかかからない。

サインボール販売が大成功すると、スタイナーは今度は野球場の内野の土を集めた。それをサインボール用ケースのオプションとして販売しはじめたのだ。サインボールを買った顧客は、100ドルを追加すると、本物のグラウンドの土の入ったケースを買うことができる。サインボールをグラウンドの土の上に置いて飾れるわけだ。スタイナー・スポーツは、サインボールを年間に100万個以上も販売するようになり、現在では年間4000万個も販売するようになっている。

テキサスの姉妹、バーバラ・ラッセル・ピッツとメアリー・ラッセル・サラオはどちらも仕事を持つ母親で、仕事と子育ての両立に苦労していた。ある夜、宿題をしていたメアリーの中学3年の娘が書き損じをして、必要な厚紙が足らなくなってしまった。メアリーは厚紙を求め、夜10時に外に出ることになった。次は娘が書き損じをしないよう、メアリーは厚紙に定規を使って薄い罫線を引いた。罫線があれば字も絵も傾かないようにすることができる。メアリーは翌日、バーバラに電話をかけ、この薄い罫線を引いた厚紙を商品化しないかと持ちかけた。これが後の「ゴーストライン・ポスター・ボード」のはじまりである。

ただし、2人は秘書と教師で、新会社を設立して新商品を製造、販売したくても、そのためのノウハウもなければ資金もなかった。そこで大手の学用品メーカーにアイデアを持ち込んだ。メーカーの幹部からは、彼女たちがゴーストラインの特許を取得すれば、会社は2人に使用料を払って販売すると言われた。その後、何カ月も連絡がなかったが、会社が2人に黙って商品を販売していることにメアリーが気づいた。姉妹の夢は終わったかに思えた。発明を盗んだ会社を訴えようにもその資金がなかったからだ。

だが2人はくじけることなく、自分たちの発明を盗んだメーカーの競合会社と交渉した。その会社、カロライナ・パッドは、姉妹が同社にゴーストラインの独占ライセンスを与えるのなら訴訟費用を負担すると言ってくれた。これは姉妹と会社にとって「ウィン・ウィン」の結果になり得る提案だった。

結局、姉妹はカロライナ・パッドから特許の使用料を受け取れるようになった。メアリーが娘の宿題のために厚紙に薄い罫線を引いたことが1500万ドルを超える大金を生んだのだ。ほんの思いつきが大きな成功につながった。

ジョージ・ルーカス、ブランドン・スタイナー、そしてラッセル姉妹に共通するのは、**いずれも商売の仕方のおかげで富を築けた**ということだ。スティーヴン・スピルバーグが億万長者になったのは、映画の監督をしたからではなく、ユニバーサルのテーマ・パークのチケットの売上から一定の割合を受け取れる、という契約をしたおかげである。マクドナルドの実質的な創業者であるレイ・クロックは、ハンバーガーの販売ではなく、不動産から巨万の富を得た。マーク・ベニオフが大富豪になれたのは、自ら創業した企業、セールスフォースのソフトウェアを製品ではなくサービスであると考えていたからだ。

起業の際には、目先の利益にはとらわれず、自分のビジネスの収益構造をどうすべきかを考える必要がある。うまく収益をあげる方法を見つけることができれば、短い時間で大きな資産を築くことも不可能ではないだろう。

時間をお金に変えてはいけない

時間をお金に変えるような仕事をしていると決して裕福にはなれない。1年で100万ドルを稼ぐだけでも、フルタイムで働くとしても1時間に500ドルは稼ぐ必要がある（10億ドルを稼ぐのはさらに大変だ。仮に1秒に1ドル稼げたとしても、100万ドル稼ぐのには12日間、10億ドル稼ぐのには32年もかかってしまう）。私には弁護士の友人が多数いるが、その大半がキャリアの後半になってこの事実に気づき、愚痴を言いはじめる。しかし、変わりたいと思ってもその時にはもう遅いのだ。医師、弁護士、会計士などのいわゆる専門職に就けば、キャリアの最初には一般的な大卒者に比べてはるかに多く稼ぐことができる。

だが、1時間あたりの稼ぎはすぐに頭打ちになってしまう。賃金労働者でいる限り、どのような職種でもこれは同じだ。賃金労働者のまま大金を稼ぐには、自分の代わりに持っているお金に働いてもらうしかないだろう（これについては、この章の中で詳しく触れる）。

オンラインマーケティング、プログラミング、商品開発、仕事の内容はなんでも同じだ。結局、懸命に働いたところで、それだけでは裕福にはならない。賢く働く必要があるのだ。

多く稼げるような賢い仕組みをつくらなくてはならない。

1980年、最初のPCを開発中だったIBMは、そのマシンを動かすためのOSを必要としていた。よく知られているのは、このとき、ビル・ゲイツが、シアトル・コンピュータ・プロダクツ（SCP）から、QDOS（Quick and Dirty Operating System）を買い取り、それをIBMに提供したものがPC用のOSであるPC−DOSとなったということだ。しかし、マイクロソフトを飛躍させたのは、またビル・ゲイツを億万長者にしたのは、IBMからのOS使用料ではなかった。ゲイツは抜け目なく、（弁護士の父親の助けを借りて）IBMとの契約書にある条項を盛り込んでいた。それは、同じOSをMS−DOSという名でほかのハードウェアメーカーに提供することを許可する条項である。

その後、数多くのハードウェアメーカーがIBM PC互換のパソコンをつくるようになると、MS−DOSは業界標準となり、世界を支配するコンピュータ・プラットフォームとなる。テクノロジー歴史家のマーセル・ブラウンは「当時さほど重要でないように見えた条項がもしその契約書になかったとしたら、PC時代の歴史はまったく違うものになっていただろう」と言う。

ここで**注意すべきなのは、どのようなビジネスをするにしろ、成功のためには必ず元手、資本がいるということ**である。ある程度の資本がなければ大きな資産を築くことは難しい。富を築くまでには、まず資本を用意しなくてはならない。資本が用意できれば、利益をあげる仕組みをつくりあげる。そのあとは、得られた利益を資本にしていけば（利益の再投資）、利益は莫大なものになっていく。**資本の用意、仕組みの構築、利益の再投資**という3つの段階が成功には必要ということだ。この章では、この3つの段階のそれぞれについて詳しく解説する。

資本を用意する

起業をする際、まず難しいのは、そのための資本を用意することだろう。起業にはどうしてもある程度の資金が必要になる。それがないことにはそもそも会社がつくれない。つくらないことには成長のさせようがない。

資本を用意する際にも重要なのは、人との交渉、取り決めである。とくにはじめて起業する人は、ベンチャーキャピタルやエンジェル投資家の言いなりになって、よくわからず契約書にサインをしてしまうことが多い。その契約内容が長期的にどのような意味を持ち得るか深い理解をしていないことが多いのだ。**気をつけないと、じつは起業の初日の段階で知らない間に会社を乗っ取られていることもある。**

あなたが最初に立ちあげる会社は、もしかするとあなたの人生で最も成功し、最も大きな利益をあげる会社かもしれない。起業してから成功のために必死で働いたとしよう。そして実際に成功してみたら、関係者はみな、大富豪になったのに自分だけはそうならなかったとしたら悲劇ではないだろうか。私自身はベンチャーキャピタルから莫大な資金を調達してきたし、起業後もベンチャーキャピタルの協力のおかげで大きな利益をあげた経験がある。ただ起業家の中には、いわゆる「ヴァルチャー（ハゲタカ）キャピタル」のおかげでひどい目に遭う人も多い。

レーン・ベッカーは2011年、自身のスタートアップ、ゲット・サティスファクション社を立ちあげる際、ベンチャーキャピタルから1000万ドルの資金を調達した。そのときのベッカーは当然、大喜びだった。だが4年後、同社が買収された際、ベンチャーキャピタルをはじめとする投資家たちは大金を得たにもかかわらず、ベッカー本人は1セントも受け取ることができなかった。投資家たちと交わした複雑な内容の契約のせいで、ベッカーは会社に対する支配権を失っていたのである。「ベンチャーキャピタルとの関わりは一種のゲームであり、私はそのゲームに負けたということだ」ベッカーはのちのインタビューでそう話している。「私はそれをチェスのようなゲームだと思っていたのだが、実際には『ゲーム・オブ・スローンズ（テレビ・ドラマ・シリーズ。ドラゴンや魔法が存在する架空の世界で多くの登場人物が入り乱れる群像劇）』のようなものだったらしい」

「ベンチャーキャピタルから資金を得るのは、世界最悪の上司の下につくようなものだ。やたらに口を出してきて、大きな影響力は持つのだが、決して出社はして来ない」ベッカーはツイッター（現X）にそう書き込んだ。ベッカーが具体的にどういう契約書にサインしたのかを確認したわけではない。

ベンチャーキャピタルが契約に盛り込む起業家に厳しい条項の典型例があるのでそれを紹介しておこう。それは、**残余財産優先分配権の条項**だ。残余財産優先分配権とは、清算時に優先株主が創業者や社員よりも先に、最初に投資した金額の倍数の分配を受ける権利のことである。最近では、分配は投資金額の3倍とされることが増えている。この条項により、ベンチャーキャピタルは自分たちの利益を少しでも増やそうとするのだ。たとえば、あなたがベンチャーキャピタルから1000万ドルの投資を受けて起業したとする。1カ月後に会社が3000万ドルで売れたとすると、なんと創業者のあなたには1セントも入って来ない。しかし、ベンチャーキャピタルはたった1カ月で2000万ドルもの利益をあげることになる。

またほかによく使われるのは、**一定期間、創業者の株式への権利が確定しないようにす**

る、という方法である。創業者に会社の所有権を放棄させ、一定期間（たとえば4年間）、所有している株式への権利が確定しないようにする、という方法をとる投資家は少なくない。これは、創業者に事業を確実に継続させるための方策だ。この条件だと、ベンチャーキャピタルの手に渡った株式が10％だけだったとしても、実際にはほとんどの株式はベンチャーキャピタルのものになっていると言ってもいい。1年以内に会社が1億ドルで売れたとしても、創業者には1セントも入らないだろう。

いわゆる「シングル・トリガー」あるいは「ダブル・トリガー」の条項を盛り込むといった対策も考えられるが、話が専門的になりすぎるのでここで詳しく触れることはしない。間違いなく言えることは、経験豊富な投資家たちには弁護士がついていて、油断していると投資家ばかりが得をする契約書をつくられてしまうということだ。損をしないためには、こちらも同じように優秀な弁護士をつける必要があるだろう。

私が知っているだけでも、創業者が世間知らずだったために投資家に騙されてしまった、という話は無数にある。インターネットで検索すれば、これから起業する人たちのための情報は大量に見つかるので、ぜひ参考にして、騙されないように気をつけてほしい。起業するのであれば、投資家たちのビジネスのあり方をよく勉強しておく必要があるだろう。自分のビジネスの成功に気を取られるあまり、資金調達に関する勉強を怠る起業家は多い。しかし、投資家について理解しておかなければ、たとえビジネス自体が成功しても自分の資産を増やすことはできないだろう。

ベンチャーキャピタルは敵ではない

念のために付け加えておくと、ベンチャーキャピタルの多くはただ起業家に資金を提供するだけでなく、**スタートアップの成功を陰で支えてくれる重要な存在**になっている。経験豊富なベンチャーキャピタルは、成長の段階に応じて起業家に適切な助言をしてくれる。また、戦略的パートナーを紹介してくれることもあれば、イグジットの際、会社を買い取る相手との交渉を支援してくれることもある。私自身、自分の会社の役員だったベンチャーキャピタリストから多くのことを学んできた。当時、私がビジネスに関してよくわかっていなかったことをわざわざ時間を取って教えてくれた人もいる。いまは大きく成長しているテック企業の中にも、ロン・コンウェイ、ビル・ガーリー、ビノッド・コースラ、フレッド・ウィルソン、ベン・ホロウィッツ、マーク・サスターといったベンチャーキャピタリストの導きがなければ今日の姿はなかった、というところは多い。「若い起業家の素晴らしいところは、自分に何ができないかを知らないところだ」フレッド・ウィルソンは言う。「だから恐れることなく、とてつもないことに挑戦し、その多くを結局は成功させてしまう」

起業するくらいの人は、その会社の仕事、会社が属する業界などに関しては、誰にも負けない知識を持っていることが多い。しかし、だからといって、できたばかりの会社が直面する数々の困難のすべてに対処するノウハウを持っているわけではないだろう。会社が成長すると、必要な備品が増え、リースが必要になるかもしれない。銀行に与信枠の拡大を求めなくてはならないかもしれない。商品を外国に流通させるために現地の業者と契約しなくてはならない場合もある。SEC（証券取引委員会）の調査対象となることもあり得るし、誰かを訴えたり、誰かに訴えられたりして、裁判になることもあるだろう。ベンチャーキャピタリストの多くはかつて自らが起業した経験を持っており、起業すると社長として、雇用主としてどのようなプレッシャーにさらされ、どのような問題に直面するかをよく知っていることが多い。ベンチャー企業は平均で90％は失敗に終わるとされる。そんなリスキーな企業に資金提供することを仕事としているのがベンチャーキャピタルである。**急いで大きな資金を調達しようとすれば、ベンチャーキャピタルに頼る以外の方法はない**だろう。どういうものかを十分に理解していれば、ベンチャーキャピタルは信頼できるアドバイザー、頼れるパートナーになり得る。

私はハイテクスタートアップの起業を考える人たちを指導している。起業したばかりの新人CEOたちを支援するいわゆる「スタートアップ・アクセラレータ」と仕事をする機会も多い。20代で素晴らしいアイデアを持っていたにもかかわらず、自分では一度も会社を経営していないという人もいる。私はその人をシリコンバレーのサンドヒルロードに連れて行った。主要なベンチャーキャピタルの多くがオフィスを構えている場所だ。そこで私は彼女がアイデアを売り込むのを手伝ったのだ。1週間後、彼女は900万ドルのシリーズAラウンドを完了した。ベンチャーキャピタルは現在までに彼女に4000万ドルを超える出資をしており、彼女は自分では経営をしないものの、いまも会社の経営権を握っている。

ベンチャーキャピタリストのマーク・アンドリーセンは「ベンチャーキャピタルからの資金の調達は、スタートアップの創業者のすることの中でも最も容易なことだろう」と言っている。難しいのは資金を調達したあとだ、ということである。資金の調達まではするが、その後、直接、自分では（経営権を持ちながらも）会社を経営しないというのは賢明なのかもしれない。

投資家を必要とせずに起業した会社を成長させられた期間が長いほど、いざ会社を売却するとなったときに高い値段がつくことになるだろう。たとえば、オンライン家具販売のウェイフェア社は、利益率の高い会社だった（その理由のひとつは、創業者が検索でひっかかりやすいドメイン名を安価で多数、入手していたことだろう。おかげでネット広告に多額の資金を使わずに済んだ）。創業して10年経ったころには成長が頭打ちになったが、ベンチャーキャピタルから1億6500万ドル調達でき、株式を公開すると、時価総額が40億ドルにもなった。

投資家に頼らない方法

投資家の資金になるべく頼りたくないからと、なりふりかまわず本業とはまったく関係ない物を販売して窮地を脱した起業家もいる。**必死になって探せば、資金を調達する方法は意外なところに見つかることもある。**ブライアン・チェスキーらエアビーアンドビーの創業者たちは、起業の際、クレジットカードだけで資金調達をした。すぐにバインダーがいっぱいになるほどカードは増え、月の支払いのために2万ドルを用意しなくてはならなくなった。ちょうど2008年のアメリカ大統領選挙のころだったので、創業者チームは候補者2人をデザインに採用した「オバマ・オーズ」と「キャプテン・マケイン」という2種類のパッケージを制作し、市販のシリアルを中に詰めて販売することにした。コレクターズ・アイテムとして売れると踏んだのだ。小さなアパートの部屋でつくった1箱40ドルのシリアルは1日で1000個売れ、なんと4万ドルの売上になった。

キャンドルやアロマオイルなどのオンライン販売を手掛ける企業、「セントシー」は、現金不足に陥った際、在庫品を地域のスワップミート（不用品交換会）で販売した。倉庫にあった商品をまとめて会場に持って行き、地域の人たちに直接、販売したのだ。それでどうしてもほしかった現金が手に入っただけでなく、販売を担当した社員たちにとっては、顧客と直に話すよい機会となった。顧客は自社の商品のどこが気に入っているのか、あるいはどこが気に入らないのか、など生の声を聞くことができたのだ。そうして堅実に時に応じて柔軟に対応して経営を続けてきたセントシーだが、いまでは年に5億ドルもの収益をあげる巨大企業に成長している。

私はスタートアップがクレジットカードで資金調達することを勧めているわけではない。むしろその逆だ（私自身も20代のころ、資金調達にクレジットカードを利用したことがあるが、高金利のおかげで苦しい思いをした。まるで水責めの拷問にあっているようだった）。とはいえ、起業家にとって、少額の資金を素早く調達するのに便利な方法ではあるだろう。マイク・キャノン＝ブルックスとスコット・ファークワーがアトラシアンを創業したとき、2人はまだ大学生で、シリコンバレーからは遠く離れたオーストラリアのシドニーにいた。プロジェクト管理ソフトウェア、ジラからの収益が入って来るまでの間、2人はできる限り自力で資金調達をしなくてはならなかった。結局、クレジットカードを利用して1万ドルもの資金を調達することになった。売上が５０００万ドルを超えるなど業績が堅調だったアトラシアンだが、ベンチャーキャピタルから資金を得るまでには8年もかかってしまった。アクセル・パートナーズが６０００万ドルの成長資金を投資すると、そのわずか4年後にアトラシアンはナスダックで株式を公開し、時価総額は43億７０００万ドルとなった。

金利という点で言うと、クレジットカードよりよくないのは、いわゆる「消費者金融」である。アメリカの場合は「ペイデイローン（職を持つ人に給料を担保として貸付けを行うローン）」のように最高で1年に1000%もの金利になってしまうものもある。退役軍人のエリオット・クラークは、救急医療を受けたことで資金が必要となり、ペイデイローンで2500ドル借りることになってしまった。完済には5年かかったが、結局、利子を含めて5万ドルを支払うことになった。その結果、クラークは自宅を失ったのだ。何があっても、どういう状況になっても、決して消費者金融を利用してはいけない。

資金調達をするには、他人からの投資が必要になることは多い。ただ、当然、**他人から投資を受ければ、その分、事態は複雑になる。**そうなる前に、自分のビジネスはどういうものなのか、そして、規模を大きくするには何が必要なのかをよく確認しておくべきだろう。仮に友人や家族から資金を調達できたとしても、投資家とのコミュニケーションは創業者にとって重要な仕事のひとつであることに変わりはない。

グラフィック・アートを教えていたリンダ・ワインマンは、いまのユーチューバーのようにサイトにオンライン動画を載せることで、多くの生徒を無料で指導することができるようになった。やがて視聴者が増え、動画の数も増えたため、ワインマンは自分のサイトをサブスクリプションサービスに移行することにした。一定額を支払うとサイトの動画が見られる、という仕組みにしたのだ。オンライン市場で多くの顧客を獲得し、サイトを成長させるために資金が必要になり、ワインマンはベンチャーキャピタルから1億300万ドルを調達した。規模拡大のため、ほかのコンテンツプロバイダを買収した際にも、未公開株式投資会社TPGキャピタルから1億8600万ドルを調達した。強気の成長戦略が功を奏し、ワインマンのサイト〝Lynda.com〟は、2015年に15億ドルで買収された。

クラウドファンディングで資金を調達する方法もある。キックスターター、ゴーファンドミー、インディーゴーゴーなどのプラットフォームで商品を事前販売して資金を調達すれば、投資者に株式を譲渡する必要はない。カードゲーム「カード・アゲンスト・ヒューマニティー」は、クラウドファンディング・キャンペーンで集めた1万5700ドルという比較的、少額の資金を元手に販売が開始されたが、初年度だけで1200万ドルもの売上をあげた。クラウドファンディングは、その商品やサービスのファンが一定数いる場合にうまくいくことが多い。ファンが多く、多くの人に認知されていると有利なのだ（認知度が高いほど資金も多く集まりやすい）。コマンド・パートナーズのロイ・モレホンは「クラウドファンディングをはじめるのなら、その前にまずは『クラウド（集団、仲間）』をつくるべきだろう」と言う(1)。

クラウドファンディングで資金調達をして億万長者になった人も少なくない。中には現実とは思えないほどの大成功を収めた人もいる。パルマー・ラッキーはVRヘッドセット「オキュラス・リフト」のためにキックスターターでクラウドファンディングをはじめた時、目標を25万ドルに設定していたが、反響は彼の想像をはるかに超えていた。クラウドファンディングで集めた資金は2400万ドルを超えた。会社の株式を一切、手放さずにそれだけの資金を調達できたのだ。2年後、彼のスタートアップは、株式と合わせて23億ドルでフェイスブックに買収された。

スタートアップにはリスクがつきものだ。しかし、**利益が得られる仕組みをうまくつくり、よい条件で資金を調達することができれば、成功の可能性は高まるだろう。**

利益をあげる仕組みを構築する

利益をあげる仕組みをつくるうえで大切なのは、交渉である。ビジネスをしているとさまざまな人とさまざまな交渉をしなくてはならない。その交渉の仕方により、大きな利益をあげられるか否かがほぼ決まる。社員を雇うとき、供給業者と契約するとき、新たな顧客と契約するとき、どう交渉するかが後の運命を左右する。

ヴィン・クランシーにも、**新規の顧客と契約するときは、その契約により、長期にわたって繰り返し利益が得られる方法はないか必ず考える**よう、最初のうちから教えていた。たとえば、ヴィンが顧客からマーケティングの仕事を受けるとする。当然、そのマーケティングは顧客のビジネスの成功にとって重要な意味を持つはずだ。オンラインマーケティングのキャンペーンを1件、引き受けた場合、あり得るのは、ひとつは毎月一定額を受け取って仕事をする、という契約の仕方だろう。月に顧客から、たとえば2万ドルを受け取るということにして仕事を進めるのだ。マーケティングで売り込むのが口紅で、ヴィンがうまく宣伝することでそれが100万個売れたとすれば、顧客はヴィンの技術、知識のおかげで巨額の利益をあげることになる。月に2万ドルのコストでその結果ならば顧客にとっては素晴らしい契約と言っていいかもしれない。

しかし、この契約では顧客のみがリスクを負っているので、利益をほぼ独占したとしても不当とは言えない。ヴィンのキャンペーンが3カ月間、なんの成果もあげられなかったとすれば、顧客はただ6万ドルを失うことになるのだ。いっぽう、ヴィンは成果をあげていないのに利益を得る。ただ、そんなことをしていては顧客のほうが破産する恐れもある。顧客が小規模な企業ならば負いたくないリスクだ。

だが、ヴィンが自分の能力に自信を持っていれば、リスクを分散することもできる。月々いくらという報酬を受け取らない代わりに成功したときに得られた利益から一定の割合を報酬として受け取る、という契約にすることもできる。ヴィンは、オンライン販売で商品がいくつ売れたのか、どのマーケティングチャネルが最も投資利益率（ROI）が高いのか、といったデータを収集する技術を持っている。6万ドルの報酬を放棄したとしても、ヴィンならばその10倍の額の成功報酬を得ることも可能だろう。

リスクを嫌い、新たな顧客と契約するたびに月々に決まった報酬を受け取るようなことをしていては、大きな成長は望めない。いっぽう、リスクを負う覚悟をすれば、限界なく成長できる可能性があるのだ。新規契約の際は必ず一定のリスクを負うようにすべきだろう。それが莫大な利益につながり得る。

起業家はつねに、一度だけ報酬を受け取って終わりという仕事ではなく、長期にわたり利益を生み続ける収益源を探すべきである。そのために、リスクを覚悟で、自分のあげた成果と報酬が連動するような契約を結ぶようにすべきだ。私自身も、企業とコンサルタント契約を結ぶ際には、大きな月額報酬を提案されることが多いが、いつもそれを断ってその企業の株式を受け取るようにしている。顧客企業の大きな成長に貢献したとすれば、私にはその成長分の一部を受け取る権利があるだろう。月額報酬の代わりに株式を、という提案は大半の企業が受け入れる。その契約ならば、両者が同じ目標に向かって進むことができるからだ。両者とも事業が成功した場合にのみ利益が得られる。私はこれまでに、仕事の報酬として60社超の株式を受け取ってきた。

もちろん、コンサルタントを引き受けた企業が結局、成功せず、受け取れたはずの数千ドルの報酬を放棄しただけに終わったことも何度かある。しかし一方で、顧客企業が大成功し、受け取った時点ではほぼ無価値だった株式が何百万ドルにもなった例がいくつもあるのだ。この方法で最も大きな利益を得たのは１９９９年だ。あるスタートアップから報酬として株式の50％を受け取ったのだ。90日後、ナスダックへのＩＰＯでその企業の時価総額は４億４０００万ドルになった。この方法のリスクは有限だが、得られる報酬に上限はない。

フェイスブックが創業間もないころ、当時、同社のＣＥＯだったショーン・パーカーは、オフィスを「クール」なものにしたいと考え、グラフィティアーティストのデヴィッド・チョーに依頼して、新本社の壁に絵を描いてもらった。「そのころ、私の絵の値段はどんどんあがっていた。それで『ビルの壁全部に絵を描いたら、６万ドルにはなるな』と思った」チョーはそう回想する。

開業資金を減らしたくなかったパーカーは、チョーに同社の株式を当時の価格で6万ドル分渡した。フェイスブックの株式が２０１２年に公開されたとき、チョーの受け取った株式の価値は2億ドルになっていた。現在は10億ドル近くにまであがっているだろう。つまり、チョーはおそらく歴史上最高に裕福な画家になったということだ。

たとえ自分で起業していなくても、大金を稼ぐことは可能だ。あなたがもしどこかのスタートアップで働いているのなら、**給料の一部をその企業の株式にしてもらう**のだ。いまは小さなスタートアップでも、いずれ巨大企業に成長するかもしれない。たとえばグーグルは、パロアルトの学校教師のガレージではじまった会社である。最初はたった2人からはじまった。グーグルの株式が２００４年に公開されたときには、１０００人を超える社員が億万長者になった。同社の株式を保有しているか、ストックオプションの権利を有していたからだ。その価値がひとりあたり500万ドルを超えたのだ。グーグル社内勤務のマッサージ師、ボニー・ブラウンまでもが億万長者になった。

テック業界の億万長者の多くは創業者でもなければ、投資家でもない人たちだ。多くはどこかの企業の社員で、給料を安くする代わりに株式を受け取っていた人たちである。マイクロソフトでは、これまでに100万ドル以上の資産の持ち主が少なくとも1万2000人（その中には資産10億ドルを超えた人が3人は含まれている）は生まれていると推定されている。

株式を受け取るのがいいとわかってもどうすればいいかわからない、ストックオプションの知識もないという人は、弁護士に相談してみるといいだろう。そこはお金をかける価値のあるところだ。弁護士なら、企業との契約をどうすべきか教えてくれるはずだ。住んでいる地域によって、株式を取得すると税金がかかる場合もあるので、会計士にも相談したほうがいいだろう。

株式を取得できなくても、また売上から一定の割合を報酬として受け取るという契約ができなくても、成果に応じて利益を増やす方法はほかにもある。ひとつは、**一定の成果があがったときにボーナスが支払われる契約を結ぶ**ことだ。顧客と事前に話し合い、契約にその条項を盛り込んでもらう。私なら、この種の条項を契約に盛り込むときには、とてつもなく高い目標を設定して、もしそれが達成された場合には、とてつもない額のボーナスを受け取れるようにしてもらう。もちろん、そんな目標はなかなか達成できないが、ビジネスの世界で何がどれだけ成功するのか予測するのは難しい。

そのほかには「契約の自動延長」という直接金銭を受け取るわけではないボーナスも考えられる。これを契約に盛り込むのを断る顧客は少ないだろう。あなたの仕事のおかげで、ある企業が大きな成功を収めたとしよう。成功によって企業の知名度があがれば、あなたと同じ仕事をする人材を安く雇えるようになる可能性がある。

残念ながら、実のところ、成功をもたらしてくれた取引先や社員に対して誠実でない企業は多い。成功した途端に切られるという最悪の事態を防ぐには、最初の段階で契約に自動更新の条項を盛り込んでおくといいだろう。互いに合意した目標を達成し続けている限り、契約は自動的に更新され続けるようにする。そうしておけば、貢献したにもかかわらずライバルにみすみす顧客を奪われる事態にならずに済む。

自ら起業をするのではなく、企業に雇用される場合には、企業と同じ目標に向かって努力できるような取り決めができるのが最善だろう。つまり、会社の業績があがれば即、自分への報酬も増えるようにしておくとよいということだ。逆に、あなたが社員を雇う際、供給業者などと契約する際には、事前に定めた目標を上回ればそれに応じた報酬を出すようにしておく。そうすれば、あなたの成功に貢献してくれる可能性が高まるだろう。小さな湖を独占するよりも太平洋の50％を自分のものにできるほうが得なのは誰にでもわかることだろう。

利益を再投資する

100万ドルの資産をつくる最も確実な方法は、**キャリアの早い段階から投資を開始し、「資本が自分のために働いてくれる」状況にする**ことだ。これぞまさしく「資本主義」である。

はじめて100万ドルの小切手を手に入れた時、私がまずしたことは「ハリウッド・マジック」に駆け込んで、自分へのご褒美として、20ドルのマジック用のカードを買うことだった。そして残りはすべて投資に回した。利益が得られても、最初のうちはそれを何かを買うのに使ってしまってはいけない。収入がいつ途絶えてしまうかわからないからだ。

プロのフットボール選手は、NFLに入るという夢をかなえるため、若いころからハードなトレーニングを続けてきた人たちばかりだ。しかし、『スポーツ・イラストレイテッド』誌によれば、NFL選手のじつに78％が、引退後2年以内に破産するなどの経済的苦境に陥っているという。バスケットボール選手もあまり事情は変わらない。引退後、5年以内に60％が破産している。生涯獲得賞金が4億ドルを超えていたにもかかわらず、ヘビー級ボクサーのマイク・タイソンは、37歳だった2003年に破産を申請した。アスリートたちの最大の失敗は、自分自身は懸命に働いたが、自分の稼いだお金を働かせなかったことである。「あなたを金持ちにするのは、あなたのサラリーではない」と金融のエキスパート、チャールズ・A・ジャッフェは言う。「大事なのはお金の使い方である[2]」

投資を早くはじめるほど、それだけ長い期間投資ができ、多く稼ぐことができる。投資で何より重要なのは、市場の動きを正確に読むことでもなければ、株のよい銘柄を選ぶことでもない。**複利の力を最大限、利用する**ことだ。初年度、最初に投資した資金が利益を生んだとする。次の年には、1年目の利益を再び投資すれば、そこからまた利益が生まれるだろう。また次の年はその利益を再投資して利益を得る。これが複利の力だ。利益の上に利益が乗り、加速度的に増えていく。月利が1%だとすると、単利なら年利は12%にしかならないが、複利であれば、計算上、年利は12・68%になる。はじめるのに遅すぎるということはない。天才投資家、ウォーレン・バフェットは、900億ドルの資産の99%を、50歳以降に稼ぎ出している。

イーロン・マスクは月30ドルで暮らしていたことがあるが、あなたも**いますぐ必要でないものは買わないようにすれば、支出をかなり抑えられる**はずだ。抑えた出費は受動的な所得と言ってもいい。受動所得が十分に多ければ、将来への不安はあまり感じず、あくせく働く必要もないだろう。まずは貯蓄をする。**貯蓄した資金は、あなたが雇った社員のよ**

うなものと考える。雇ったばかりの社員はまださほど仕事ができない。仕事ができるよう育てるためには、あなたがエネルギーを使う必要があるだろう。しかし、時が経つうちに社員が力をつけ、あなた自身とは比べ物にならないほど稼ぐようになる。あなたがたとえ働きたくなくても、あるいは働けなくなっても、社員は生涯、あなたのために稼ぎ続けてくれるだろう。ヴァンダービルト家、メロン家、ハースト家、ロックフェラー家が、何世代にもわたって裕福でいられるのは、利益を再投資し続けているからだ。資金という社員をうまく働かせているからこそ、長い期間、資産を維持し、増やすこともできるのだ。

どのような投資戦略をとるにせよ、**重要なのはすべての資金を一箇所に集中させないということ**だ。資産が増えるにつれ、投資の種類（株式、債権、不動産など）、投資先の地域（アメリカ、主要先進国、発展途上国など）を分散させるべきだ。分散させればさせるほど、何かあっても大きなダメージを被る危険性が下がる。たとえば、２００８年のサブプライムローン危機のような事態でも、２０２０年のようなパンデミックでも、大きく資産を減らさずに済むだろう。

集中投資することの危険性

ヴィン・クランシーも利益を投資すると言い出した。暗号通貨の分野で仕事をしていて成功を収めていることから、暗号通貨のデイトレーダーになるという。私はやめたほうがいいと言った。それで失敗する人が本当に多いからだ。

1週間に100時間も費やして特定の分野の仕事をしているのだ。時間も労力もその分野にすでに十分に投資しているのである。ひとつの分野にばかり投資を集中すべきではないだろう。投資先は分散させるべきだ。苦労して働いて得た利益は、まったく別の分野に投資したほうがいい。

ヴィンは、暗号通貨の分野の主要なプレーヤーについて知識が豊富な自分なら投資のリスクを最小限にできると信じていた。いくら暗号通貨への投資はやめたほうがいい、と言っても、私が言うだけでは説得できたかどうかわからない。しかし、2017年12月に、ビットコイン価格が1日で1万9666ドルから8094・80ドルまで暴落し、価値が59%も低下したことで、ヴィンも危険性を十分に理解したようだった。

投資について詳しく書くとそれだけで1冊の本になってしまうが、ともかくヴィンには、投資先はひとつに集中せず分散させよ、と伝えたかった。**賢く利益が得られる仕組みをつくり、ある程度の蓄えができたら、それを分散して投資し、社員のように働いてもらう。**利益が多く得られるようになるほど、再投資も増やすことができ、さらに多くの利益を生んでくれるだろう。

9カ月が経ち、ヴィンは収益源を4つにまで増やしていた。もちろん収益の多くはワールズ・ベスト・エージェンシーの顧客からのものだった。ヴィンは、会社が特定の顧客、特定の業界にだけ依存しないよう注意していた。つねに新たな分野を求め、顧客を多様化させていたことで、フェイスブックやグーグルが暗号通貨関連の広告掲載を禁止するという大変な事態もどうにか切り抜けられた。エージェンシーからの収益6万3240ドルに加え、ヴィンは、電子書籍『エース・ザ・ゲーム』からも2万4970ドルの収益を得た。

ヴィンは、オンラインマーケティング、グロースハックの個人指導もはじめ、受講者には必ず「エース・ザ・ゲーム」を購入してもらうことにしていた。それだけで月に7000ドルの売上になったのだ。

誤算だったのは紹介料ビジネスだった。前の月には、自分が対応できない小口の仕事を仲間に紹介するだけで紹介料として2万4800ドルも得ていたのだが、広告掲載禁止のおかげで、その影響を最小限に抑える労力が必要になった結果、紹介料による利益は消し飛んでしまった。小口の仕事は断り、自分に来た仕事をほかへ回すことはいったんやめた。

失敗からいろいろと学んだおかげもあり、9カ月目の売上は9万5211ドルとかなりよい数字だった。合計の売上は1年の4分の3が過ぎたところで、すでに目標の100万ドルの85％近くに達していた。すでに84万7445ドルだったので、残りの3カ月は平均5000ドル稼ぐだけでもいいことになる。

美しいカリフォルニアの夏に、誘惑に負けることなく仕事に集中するのはそう簡単ではないが、ヴィンは自分に追い風が吹いていると感じていた。あとはその風に押されてゴールまで進むだけだ。どの月もすでに一定の収益が見込めることはわかっているのだから、そう苦労をすることはないと思えた。

第12章

10カ月目

場所に縛られることは成功の足かせになる

★★★★★
★★★★☆

稼いだ総額

84.7万ドル

市場で勝利するにはまず職場で勝利しなくてはならない。

——ダグ・コナント、『タッチ・ポインツ（未邦訳）』の共著者

真実12　成功に場所は関係ない

カリフォルニア州ウッドサイドに訪れることがあったら、有名なレストランがあるので行ってみてほしい。ベア・クリークの細い支流沿い、古いオークの木立の中だ。バーベキューベーコンバーガーやボダシャスホットファッジパイはおいしくて地元の人たちに人気だが、「バックス」という名のこのレストランはそれで有名なわけではない。天井からはさまざまな種類の飛行機が吊り下げられ、コーン入りアイスクリー

ムを持った人間大の自由の女神像、建物の前に置かれた産卵するサケの巨大な木彫りなどの装飾も目を引くが、それも有名な理由ではない。

このユニークなレストランが有名になったのは、シリコンバレーのスタートアップの歴史で伝説的な役割を果たしたからだ。サンドヒルロード（セコイア・キャピタル、アクセル、グレイロック・パートナーズ、メンロー・ベンチャーズ、クライナー・パーキンス、アンドリーセン・ホロウィッツ、ドレイパー・フィッシャー・ジャーベットソンなど、有名なベンチャーキャピタルの本社が軒を連ねる場所だ）からわずか4マイルのところにある店は、まだ自前のオフィスを持たない最初期のスタートアップの多くにミーティング場所として利用される。ホットメール、ネットスケープ、ペイパル、テスラをはじめ、多数のスタートアップがベンチャーキャピタルとのミーティングに使ったのもここだ。

スタートアップが育つ場所はレストランとは限らない。ヒューレット・パッカード、アマゾン、グーグルのように小さなガレージからはじまった企業もある。デル、ワードプレス、スナップチャット、ドロップボックス、フェイスブックのように、畳の部屋ではじまった企業もあるし、ヤンキー・キャンドル、マーサ・スチュワート・リビング、エピック・ゲームズ、アンダーアーマーのように地下室からはじまった企業もある。いまでは世界的企業となったマイクロソフトも、ニューメキシコ州アルバカーキのモーテルの一室で営業していたことがある。

どれだけの超大企業も最初はみな、同じようなものだ。賃料などのコストを抑えるために、レストランや自宅をオフィスにしたり、他社とオフィスを共有したりする。乏しい資本をできる限り使わずに済ませるためだ。そして、新型コロナウイルス感染症の大流行により、21世紀の企業にはもはや巨大で費用の高いオフィスなど必要ない、ということも明らかになった。

リモートワークの普及は可能性を大きく広げた

パンデミックに襲われたとき、企業は、社員の安全を守りながら営業を継続する方法を見つける必要に迫られた。保険会社大手のネイションワイドは、3万2000人の社員のほぼすべてを在宅勤務とした。

アマゾン、フェイスブック、グーグル、マイクロソフトは、全社員に対し、在宅勤務を選択する許可を与えた。ツイッターのCEOだったジャック・ドーシーにいたっては、希望すれば永久に在宅勤務を続け、二度とオフィスに出勤しないことも可能、と全社員に告げることまでした。アメリカ疾病予防管理センターによれば、2020年のパンデミック時には、46%の企業が、なんらかのかたちでリモートワークを取り入れたという。それだけ多くの企業が容易にリモートワークに対応できた状況を見て、バークレイズのＣＥＯ、ジェス・ステーリーは、何千人もの社員が一箇所に集まって働くようなオフィスのあり方は「間もなく過去の遺物になるだろう」と予測した。モルガン・スタンレーのＣＥＯ、ジェームス・ゴーマンも同様の予測をしている。同行が必要とする不動産は将来、いまよりも「ずっと少なくなる」だろうと言うのだ。多くの企業はパンデミックを乗り越えることができたが、企業が巨大な本社ビルを構えるのが当然、という時代は終わりを迎えた。

一度、リモートワークを経験した人たちの多くは、これからも、いつ、どこで働くかを自由に決められるようにしたい、と思うようになった。スタートアップにとってはよい風潮だろう。むしろ在宅で働いてもらえることはありがたいといえる。**その人の居住地に関係なく優秀な人材を雇用できる。**働く側も望みどおりの自由を享受できる。フルタイムで仕事をしながらも、世界中を旅することも可能だ。リタイアを待つことなく人生を楽しむことができる。雇用される人たちがいま、何を求めているかをよく理解していれば、優秀な人材を確保するうえで有利になるのは間違いない。「リモートワークは特権、特別待遇などではない」オーストラリアのソフトウェア企業、アトラシアンで人材開発を統括するニッキー・ベリントンはそう言う。「それは単なるひとつの働き方にすぎない。そしてある種の人々にとっては働くうえで重要な条件のひとつになる。リモートワークは、決して一部のトップパフォーマーのみに与えられる報奨のようにすべきではない」

アメリカでは、パンデミックの際にリモートワークを余儀なくされた人たちのうち、5人に3人は健康に関する懸念がなくなったあともそのままリモートワークを続けることを希望しているという。アウル研究所の調査によれば、80％の人が、少なくとも部分的には在宅勤務を取り入れることを望んでいるという。

在宅勤務を認める企業が増えると、スタートアップが大企業の優秀な人材を活用することも可能になる。大企業に勤務していても副収入を求めている人は少なくないので、そういう人に副業として働いてもらうのだ。スタートアップとグラフィックアーティスト（その多くは、広告代理店等でフルタイムで働いている人たち）をつなぐサービスを提供する99デザインズなどの企業も存在する。そうしたサービスを利用すれば、高い能力、高い専門性を備えた高価な人材を必要なときだけ雇うことができる。もちろん、雇った相手が、勤務先の企業との雇用契約に違反するようでは困るが、グラフィックアーティスト、エンジニア、研究者、営業部員などは、副業を認められていることがほとんどである。物理的なオフィスを構えず、フルタイムの社員も雇わない、という方法をとれば、スタートアップであっても、大企業と戦える可能性がある。大企業には、莫大な管理費と人件費がかかるため、それが足かせになるからだ。うまく管理すれば、正式に雇用しているわけではない、「バーチャル」な社員たちは、低コストで大きな成果をあげてくれるだろう。また、会社に常時、関わっている人が少なければ、所有権の希薄化を防ぐことにもつながる。

通信技術などを駆使すれば在宅勤務が可能ではないか、という発想は１９７０年代からあった。当時、英語では「テレコミューティング」と呼んでいた。インターネット以前の時代に在宅勤務をしようとすれば、どうしても、連絡の手段が電話しかない、ということが問題になった。また文書は郵便や宅配便でやりとりする以外になかった。しかし、通信機器や管理ツールなどが発達するにつれ、「通勤は仕事ではない」、「仕事をするのに場所は関係ない」と考える人が増えた。

また、いわゆるＱＯＬを高めたいと考える人も増えている。ギャラップ社の「アメリカ労働者の現状」調査によると、会社員の35％は、フルタイムでリモートワークが可能な職場があれば転職してもよい、と考えているという。ミレニアル世代の場合は、上の世代に比べてリモートワーク志向がさらに強く、この数字が47％にまであがる。労働環境の自由度が高いことはミレニアル世代にとって非常に重要で、奨学金や授業料の肩代わりをしてくれるよりも、リモートワーク可能という企業のほうを魅力的と感じるという。大企業と競って優秀な人材を確保するためには、スタートアップは当然、柔軟にそうしたニーズに対応していかなくてはならない。

アメリカの労働者のうち78％が、在宅勤務が認められるなら減給も受け入れるとしている。この状況では、オフィスを持たずに、リモートワーカーのチームで業務を遂行できる企業は競争上、優位になり得る。最新のツール、アプリなどを最大限駆使すれば、そのような企業の実現は難しくない。うまくいけば世界的な成功を収めることもできるだろう。ソフトウェア開発企業、スコピック・ソフトウェアは、オフィスを持たずに200人超のチームを持つまでに成長できた。**社員の100%がリモートワーカーでありながら、顧客に質の高いサービスを提供し、なおかつ社員たちのQOLを向上させることにも成功している、そんな企業は数多く存在している。**

優秀な人材を集める最も簡単な方法

オフィスを持たず、リモートワーカーのみで会社を構成することによるメリットは多い。社員たちの士気が高まることも大きいが、まず何よりも**コストが削減できる。**ソフトウェア開発企業インテュイットでは、全員をリモートワーカーにすると社員ひとりあたり1万1000ドルの節約になると推定している。賃料がかからず、電気、備品、什器などの費用もかからないからだ。同僚や上司などの割り込みがないおかげで、1日にこなせる仕事の量は増える。アメリカの市場調査会社、ハリス・ポールの2020年の調査によると、リモートワーカーの65%は、オフィスにいるより自宅のほうが生産性は向上するという。

そして**最も重要なのは、リモートワーカーのみにすると、優秀な人材を数多く集めるのが容易になる**ということだ。オフィスがあると、どうしてもそこへの通勤が可能な圏内から人材を集めることになる。しかし、リモートワーカーのみであれば、全世界から優秀な人を選べるのだ。「世界中あらゆる場所の才能を活用できるのと、特定の地域の才能だけを活用できるのと、どちらがいいかという話だ」ソフトウェア企業、ハブスポットのCPO、ケイティ・バークはそう話す。「前者のほうがいいのであれば、少なくとも社員のリモートワークを認める姿勢が必要になる――リモートワークを認めれば、世界中から優秀な人材を集め、長期間、定着させることもできる。世界中というのは決して大げさではなく文字どおりの意味だ(1)」外国人がアメリカで働くためにビザを取得するのは以前にも増して困難になっている。しかし、リモートワークならば外国からアメリカに移住して来る必要はない。

働き方の自由度を高めるほど、よい人材が得られる可能性は高まる。リモートワークを許可していれば、その勤務形態に価値を見出している社員は会社に定着することが多く、簡単には離職しない。また離職せず長く同じところに勤務していれば生産性が向上することが多い。リモートワークのメリットを享受するのは働く側だけではない。

最近の研究によれば、勤務時間の半分を在宅にするだけで、社員にとって年に2500ドルから4000ドルの節約になるという。また、通勤時間がなくなれば、就業日が11日減ったのと同じになるという。ニューヨークのような大都市の場合は、1日あたりの通勤時間は平均で往復81・6分にもなる。ニューヨークの最低賃金で換算すると、ひとりが1

年に5324ドルもの賃金を失っていることになる。それだけ生産性の低下を招いているわけだ。リモートワーカーは、道路の渋滞、満員電車、都市の騒音などとは無縁なので、ストレスは減る。そして家族や友人と過ごす有意義な時間を増やすこともできる。

スタートアップは、オフィスを構えるよりリモートワークにしているほうが市場の変化に素早く反応できる可能性が高い。少ないコストで新しい製品やサービスの提供ができるし、新たな地域への進出にあたっても障害が少ない。ただし、**適切なマネージメントをしなければそうしたメリットは享受できず、デメリットのほうが大きくなってしまう。**

リモートワーカーをマネージメントする5つのコツ

リモートワーカーばかりの会社をつくるのであれば、事前の計画と準備が大事になる。従来のオフィスで有効とされたマネージメントのテクニック（まめにオフィスに立ち寄る、一緒にコーヒーを飲む、誕生日を祝う、など）は、当然、リモートワーカーには使えない。社員が世界各地に散らばっている場合には、タイムゾーンも、文化もさまざまに異なるだろう。そんなリモートワーカーたちを最大限に活かし、成功するためには、次の5つの点に留意してマネージメントをする必要がある。

①信頼と透明性を大切にする

誰かを雇うのであれば、信頼できる人がいい、というのは当然のことだ。ただ、それにはあなたがまず、**自分の雇った人を信頼する**ことが必要だ。些細なことまですべて管理するのは間違いだ。それでは人を信頼していることにはならない。どうしてもそれが必要だと感じるのなら、雇う人を間違えたということだ。最高のリモートワーカーは自らが経営者になれる人だろう。過去にすでにリモートワークを経験している人か、自身で企業を経営したことのある人を選ぶとよい。目標達成を何より優先するタイプの人を選ぶ。そういう人は仕事の進捗を自分で管理できるし、自分が仕事を進められないときも人にうまく助けを求めることができる。

一人ひとり、業績の評価も必要だろうが、その場合、大切なのは**透明性**だ。あなたがその人に何を求めているのかを事前に明確に伝えておく。社員は超能力者ではないので、言われなければあなたの求めていることはわからない。その人にとって何が仕事で、何が仕事でないかが正しく判断できるようにしておく。ふらっとオフィスに立ち寄ってなんとなく進捗や問題の有無を確かめることはできないので、各社員と定期的に一対一で話せる機会を設ける必要はあるだろう。このミーティングは、一方的にあなたが社員に質問をして答えてもらう、というものにはせず、一人ひとりから本音のフィードバックをもらえる機会にすべきだ。あなたや会社に対して何をしてほしいと思っているか、正直に話してもらえるようにする。

②価値観を共有する

チームのメンバーはできる限り、同じ価値観を共有しているべきだ。折りに触れ、価値観を揃えるための機会をつくるようにする。みんなが同じ目標に向かって進んでいれば、自然に分かち合い、協力し合うようになるはずだ。オフィスで集まっていれば、揃ってランチを食べたり、廊下でおしゃべりをしたりして、自然に価値観を共有するようになるかもしれないが、リモートワークではそれが無理なので、意識して話をする機会を設ける必要がある。オンラインでゲーム大会やクイズ大会などを開くのもよい。

メンバー間の連絡にはなるべく、音声だけの通話ではなく、顔の見えるビデオ通話を使うようにする。オフィスはあるが、リモートワーカーもいる、というハイブリッド体制の場合は、オフィス内のコーヒーマシンのそばなどにビデオチャットの設備を導入し、つねに動作させておく。リモートワーカーは気が向けば、その設備を使っていつでも休憩中のオフィスの人たちに挨拶できる。リモートワーカーが地球の裏側にいるような場合にはとくに、こうした対策が有効になる。ロサンゼルスの社員とワルシャワの社員がコーヒータイムをともにすることができる。一方は朝の始業時間で、一方は終業間際だったとしても意義深い時間に違いはないだろう。

また、**誰かの成功や昇進は全社で祝う**ようにする。みんなが目的を共有しているのであれば、誰かの成功は自分の成功だとみんなが思えるはずだ。競争は社内の同僚とではなく、他社とする。少なくとも1年に一度は、全社員が一堂に会するイベントを開催する。会場には誰にとっても珍しく、楽しい場所を選ぶ。

私がグローバルな音楽企業、EMIで働いていたときには、スペシャル・マーケット・プレジデントのエリ・オクンが、自らが率いる部署の共通の売上目標を掲げていたのだが、普通の目標と、それよりも少し高めの、普通に考えれば無理な目標とがあった。前者の目標を達成できれば当然、昇給やボーナスがあったが、後者の目標を達成できた場合には、部署のメンバー全員と、仕事に深く関わってくれた外部の人たちでお祝いのハワイ旅行をした。エリはみんなのやる気をうまく引き出し、おかげで私たちはほとんどの年にハワイに行くことになった。

③EQ（心の知能指数）を大切にする

通常の職場でのコミュニケーションの多くは非言語的なものである。毎日オフィスで顔を合わせていれば、一目見るだけで何も言わなくても、その人がどんな調子かはだいたいわかる。ストレスを感じていればわかるし、体調を崩していることもわかる。いつもと服装が変わればそれもわかる。しかし、リモートワーカーとなるとそうはいかない。みんながオフィスにいる場合とは違うコミュニケーションが必要になるし、それには、いわゆるＥＱが必要になる。リモートワーカーのマネージメントをするとなったら事前に、ＥＱに関してオンライン講座を受けるなどして勉強しておくとよい。また、すでにリモートワーカーのマネージメントを経験している人に教えを乞うのもいいだろう。

リモートワーカーが世界各地に点在するようになった場合には、**各地の習慣に注意を払う**。また各人のタイムゾーンを考慮することも大切だ。単純なことのようだが、自分の国が祝日だからといって、相手の国も同じだと思い込まないよう注意しなくてはいけない。文化の多様性への配慮が行き届いていればいるほど、みんなの組織への帰属意識は高まるだろう。

④健全なワーク・ライフ・バランスを奨励する

リモートワークの場合、従来のように朝、職場に来て、夜に自宅に帰る、というリズムはない。つまり、社員が自分で、**いつからいつまでが仕事の時間なのか、という線引きをしなくてはならない**ということだ。各人の就業時間と、連絡の取れない時間をみんなが把握しておくことも大切だ。また、各人がオフィスで勤務しているときと同じように勤務時間を設定する必要もある。子どもたちをはじめ同居している家族にも勤務時間を理解してもらい、尊重してもらうようにする。

私は最初に起業した会社を在宅で経営していた。子どもたちはまだ小学校に入学する前だったが、「電話が鳴ったときに誰が最初に黙れるか」を競争させることにした。早く黙れた子は勝ったということで褒めてやる。たとえ幼くても、そういうことをしていれば、父親がいま、遊べるのかどうかわかるようになっていく。

勤務時間外になれば、即座に仕事はやめるよう心がける。そうしていないと早晩、燃え尽きてしまう。誰もが仕事以外に家庭での用事も抱えているだろう。リモートワークのメリットは、通常であれば通勤にあてている時間にそうした用事ができるということだ。適切なスケジュールを立て、勤務時間を厳密に守るようにすれば、愛する家族との価値ある時間を過ごすことができ、ストレスも減らすことができる。

⑤リモートマネージメント用のツールに投資する

社員をみなリモートワーカーにしてしまえば、オフィスに関わる経費はいらなくなる。そこで大事なのは、**浮いた資金をリモートマネージメント用のツールに投資する**ことだ。リモートワーカーが決して珍しい存在ではなくなったため、いまではその管理のためのツールも数多く開発されており、それでさまざまな管理業務がこなせる。

私が個人的にとくによいと思っているツールはふたつある。ひとつは「クリスプ（Ｋｒｉｓｐ）」だ。これはＺｏｏｍとともに使えるノイズキャンセリングツールである。もうひとつは「Slack」をはじめとするコミュニケーション・プラットフォームだ。Zoomでリモート会議をしているときに背景ノイズが入ると邪魔になるが、このノイズが除去されれば、会議が円滑に進められ、生産性は向上する。

オフィスのない、リモートワーカーだけで構成された「バーチャルカンパニー」にはもちろん数多くのメリットがあるが、もちろんデメリットもある。まず重要なのは、**すべての人がリモートワークに向いているわけではない**ということだ。オフィスで働く人もいる会社の場合は、リモートワーカーが疎外感を覚えることもある。コミュニケーションの不足により互いの仕事に不満を抱えることもあるだろう。ソフトウェア開発企業、バッファ社の調査によれば、リモートワーカーの19%は、孤独に苦しむという。

リモートワークがはじめて、という人はどうしてもしばらく慣れる期間を必要とする。リモートワークというと、コスタリカの熱帯雨林にいようが、タイのプーケットのビーチにいようが、変わらずに仕事ができる、ということが強調されがちだ。しかし、近所のカフェで仕事をするのも立派なリモートワークであり、そちらのほうが集中して仕事ができるのならぜひそうすべきだろう。

リモートワーカーはオフィスにいる社員よりも、顔が見えない分、業績だけを見られがちであり、絶対に成果をあげなくてはいけないというプレッシャーにさらされやすい。誰も見ていなければ怠けるのではないか、と思うかもしれないが、実際にはリモートワーカーの中には長時間働いてしまい、すぐに燃え尽きてしまう人が多いのだ。コミュニケーションと上司による時間管理が重要なのはそのためだ。ワーク・ライフ・バランスを健全に保つことを会社の明確な方針として打ち出すべきだろう。**リモートワーカーになった人に、9時5時のオフィスワーカーに戻りたいと思わせないことが大切**だ。

ヴィンはずっと場所に縛られていなかった

ヴィン・クランシーは起業の最初の段階から、リモートワーカーをフルに活用していた。そもそもヴィンはオフィスを構えることがなく、オフィスに関わる費用はかけずに済んでいた。自宅で仕事をするヴィンは、人を雇うとしたらリモートワーカーしかあり得なかったのである。おかげで、東ヨーロッパやアジアにいる優秀な人材に比較的、安価で仕事を頼むことができた。

マネージメントの経験はなかったヴィンだが、必要に迫られてすぐ、リモートワーカーの仕事の進捗を把握する方法を学び、効率のあがらない人材はほかと入れ替えることもできるようになった。また、ヴィンはできる限り、フルタイムで誰かを雇用することはせず、プロジェクトごとに仕事を頼むようにしていた。その人が優秀な人だとわかれば、さらに多くの仕事を頼めばいい。反対に能力が低いと思えば、その後、仕事を頼まないようにすればいいだけなので、余計なコストもかからず、手間をかけて解雇する必要もない。

残念ながら、10カ月もの間、休みなく懸命に働いたヴィンのワーク・ライフ・バランスは完全に崩壊していた。ヴィンは燃え尽きてしまい、精神的に参っていた。ほぼ1年の間、友人に会うこともなく、デートもせず、映画を見に行くこともなかった。ヴィンはイギリスの家族に会いたくてたまらなくなった。週7日24時間休みなく働くなどということは長くは続かず、すぐに急ブレーキがかかってしまう。

救いはヴィン自身がそれを知っていたことだ。そのおかげですべてを失わずに済んだ。10カ月目の売上は9万2227ドルに達した。最初からの売上の合計は94万2016ドルだ。つまり、残り2カ月は2万8992ドルずつの売上があれば目標が達成できるわけだ。月々定額で契約してくれている顧客がいたこともあり、キャンセルが発生しない限り、11カ月目の売上は6万ドルにはなることが事前にわかっていた。2カ月を残して早くも目標を達成したことになる。すでに100万ドルは達成しており、決まっている仕事だけをこなし、ほかは何もしなくても目標を大きく超えることができる。

「すごい。これは驚いた。たった10カ月で目標を達成したじゃないか！」私は彼へのメールにそう書いた。「大成功だね！」

久しぶりにヴィンは自由を得たのだ。このまま全力で働き続けてもいいし、目標は達したのだからあとは気楽に最低限すべきことをこなすのでもいい。成功したら旅に出たいと思っていて、行き先をあれこれ考えてもいた。しかし、ヴィンは残り2カ月も変わらず全力を尽くすことに決めた。ヴィンは自分を戦士だと思っていた。戦士は決して気を緩めたりはしないのだ。

第13章

11カ月目

合併と買収

★★★★★
★★★★☆
稼いだ総額
94.2万ドル

続けるべきときと降りるべきときを見極めなくちゃならない
立ち去るべきとき、走って逃げるべきときも見極めなくちゃいけないんだ

——ザ・ギャンブラー（The Gambler）
ドン・シュリッツ作詞

エリック・ベイカーのストーリーは、そのはじまりから、すべての起業家が夢見るようなものだった。スタンフォード大学の学生だったころに、ベイカーはスタブハブ社を共同設立した。スタブハブ社は、オンラインチケットを売買できるウェブサイトを運営する企業だ。当時、アメリカのオンラインチケット売買の市場は急速に成長しており、年間に何千万枚というチケットが取引される、イベント・チケットの世界最大の二次市場が生まれていた。

急成長した企業にはよくあることだが、スタブハブ社でも、2人の創業者はビジョンが異なっていて、その結果、ベイカーのほうが会社を追われることになった。ベイカーは怒っていたが、自分のビジョンのほうが正しいという自信はあった。そこでロンドンへと渡り、ヨーロッパで同様のサービスを提供する企業、ヴィアゴーゴー社を設立した。ヴィアゴーゴーは即、成功を収め、急成長を遂げた。いっぽう、スタブハブ社は、ベイカーを追い出した役員たちが、会社を3億1000万ドルでイーベイ社に売却した。そのおかげでベイカーも巨額の利益を得たのだが、自分のつくった会社が他人のものになってしまうのは悲しくもあった。

ベイカーはヨーロッパで引き続き、チケット売買ビジネスを成長させていき、ついに2019年11月27日、追い出された創業者全員が夢見るであろうリベンジを成し遂げた。スタブハブ社を40億5000万ドルでイーベイ社から買収したのである。「これで自分の生み出したふたつの会社がひとつになるのは個人的に喜ばしいことだ」と、買収を発表する際にベイカーは言った。ただ彼の喜びは長くは続かなかった。

買収の契約は2020年2月には完了したのだが、そのころ、世界では――そしてとくに興行の世界では――とてつもない変化が起きた。新型コロナウイルスのパンデミックが起きたのである。それによって、地球上のあらゆる種類のイベントが軒並み中止に追い込まれた。そしてヴィアゴーゴー、スタブハブの2社は収益の90%超を失い、大半の社員を自宅待機にさせることになった。マスメディアでは、倒産が取り沙汰されるようになり、格付け機関ムーディーズは同社の格付けをマイナスに引き下げた。「ある取引について、それが行われてから数カ月でなんらかの評価を下せることは稀だ」ノア・カーシュは『フォーブス』誌にそう書いた。「だが、この取引に関しての評価は迷いようがない。ベイカーによるスタブハブの買収は、間違いなく歴史上でも最悪の取引のひとつに数えられるだろう[1]」

自分にはどうすることもできない出来事が原因で、大成功を収めていた起業家が一瞬にして苦境に陥る可能性はある。マーク・ザッカーバーグのように、ヤフーからの10億ドルの買収話を断り、その後、さらに何百億ドルも稼いだ、という起業家がいる一方で、一度の判断を一生悔やみ続けることになった起業家は無数にいる。あらゆる取引にはふたつの側面がある。立場を変えて見れば、スタブハブを手放したイーベイの経営陣はじつに賢明だったということになる。収益が悪化し、経営に打撃を与える前に手放せたうえに、その後すぐに無価値になった資産から何十億ドルもの資産を生み出すことに成功したからだ。

ヤフーがマイクロソフトからの446億ドルの買収提案を断ったのは大失敗だった。一時はインターネットの寵児となったグルーポンは2010年にグーグルからの60億ドルの買収提案を断ったのだが、現在ではその価値が5億ドルほどにまで下落している。フレンドスターは2003年に、現在は10億ドルを超える価値を持つ株式と引き換えの買収を提案されながら、それを断っている。なんと愚かなことを、というのはいまだから言えることだ。

起業家のほとんどは、資金調達や会社の成長にすべてのエネルギーを注ぎ込んでしまう。投資した時間や資金へのリターンを最大化することにはほとんど関心がない。起業家はつくった会社を自分の子どものように思い、手放すことなどまず考えない。しかし、出口戦略について考えておくことは大切だ。どうすれば会社をうまく手放せるかを事前によく考え、その考えに基づいて行動すれば未来の成功につながる可能性が高い。

出口戦略を練る

最初のスタートアップを立ちあげてから40年ほどの間、私は**出口戦略**の両側の立場を経験してきた。大企業に自分の会社を売却したこともあれば、小規模のスタートアップを自分の会社で買収したこともある。会社の株式を公開させたこともあれば、2社の対等な合併に携わったこともある。勝っている側にいたこともあれば、負けている側にいたこともある。記録的な速さで複雑な契約をまとめたものの、その後、デューデリジェンスに数カ月を費やし、その間、契約執行は保留状態となったこともある。この章では、企業買収とは実際にはどのようなものなのか、という話をする。私の経験を伝え、それが少しでも読者の成功の助けになればと思う。

何もそう望んだわけではないが、ここに書くのは私自身が失敗を重ねて身をもって学び取ったことである。30代のはじめに、私の立ちあげたスタートアップでは、最初のビデオゲームをリリースした。早くもその数カ月後に、大手の企業から買収の提案を受けた。同社の株式の3分の1と引き換えに私の会社を買いたいというのだ。自分でつくった会社が自分のものでなくなるのが嫌で、私はその提案を断ってしまった。私に買収を持ちかけた企業、アクティビジョン・ブリザードの株式の33%を今日まで持っていたとすれば、その価値はなんと610億ドルにもなる。私はこれまでのキャリアで大きな成功を収めてきたという自負がある。しかし、買収を断ったことで何百億ドルもの損をしたのだと思うと、25年経ったいまでも後悔で胸が痛む。

この体験で私が学んだのは、**会社を早く売ることを恐れる必要はない**ということだ。株式を公開できるスタートアップは稀だ。倒産せずに済んだスタートアップの97%は、どこかに買収されている。じつを言えば、最初になされた買収提案が最高のものであり、以降それを上回る提案はない、ということは多い。

テック系メディア「テッククランチ」のベンチャーキャピタル出資企業についての調査によれば、スタートアップの40％は、シリーズAの資金調達のあとに買収されており、そうならなかったスタートアップのほとんどは倒産しているという。その理由は簡単だ――ベンチャーキャピタルは、「いま、熱い」とみなした企業に投資するからである。ベンチャーキャピタルからシリーズAの資金調達をしたと発表したスタートアップがあれば、その会社が属する分野に関心を持つ人たちはみな、注目する。そのスタートアップが、調達した資金をうまく利用すれば、会社の価値はほんの数カ月のうちに指数関数的にあがる可能性がある。したがって、**同じ市場に参入しようとする大手企業にとっては、そのスタートアップを早く買収するほど、時間と費用の節約になる**のだ。

大企業はなぜ小企業を買収するのか

買収について理解するにはまず、大企業の行動の背後にある論理を知る必要があるだろう。上場企業のCEOというと、法外な報酬を得ているイメージがあるが、実際のところ給料自体はさほど高くはない。ただ、会社の収益性と株の価値を高めることで、報酬をとてつもなく大きくすることは可能だ。役員報酬の額は、明確な成果指標に基づいて決められる。**大半のCEOは近視眼的な思考をしたほうが報酬があがる仕組みになっている**のだ。

長期的な研究開発にかかる費用を削ってでもいまの利益を増やそうとするCEOが増えるのは当然のことだろう。

上場企業のCEOの在任期間はだいたいが5年以内である。それくらいの期間だと、マラソンのようにとはいかず、全力疾走の13週間（四半期）の連続、という仕事ぶりになってしまうだろう。新商品の開発に巨額の投資をするわけにもいかないので、大企業は基本的には、**研究開発を「アウトソーシング」する**ことになる。つまり、これは斬新な商品を開発した小企業を買収するということだ。

グーグルは広告ビジネスを自ら発明したわけではない。インターネット広告の配信技術を持った、ダブルクリックという企業を31億ドルで買収したのだ。グーグルは動画共有も自ら発明してはいない。YouTubeを16億5000万ドルで買収したのだ。デスクトップの世界からモバイルの世界へと進出する際も、グーグルはアンドロイドを自らつくったのではなく、やはり買収した。グーグルが現在も成功を維持しているのは、200を超える企業を買収することで、新たな製品やサービスを獲得してきたおかげである。

CEOがスタートアップを買収する理由はほかにも数多くある。自分たちの市場に競争相手が増えるのを防ぐため、という守りの買収もあり得るだろう。単に創業者の能力を手に入れたくてスタートアップを買収することもある（これは買収というよりも雇用に近い）。株価が低迷している企業のCEOが、あえて従来の方向性と異なる会社を買収することで、大きな方向転換を考えているように見せ、マスメディアの注目を集めようとした、という例もある。

会社を売るには心の準備も必要

ベンチャーキャピタルは、これから急成長するであろう分野に投資する。そして、**既存の大企業も当然のことながら同じ分野に注目するのだ。**私があるスタートアップの取締役だったときにこんなことがあった。その会社は、ベンチャーキャピタルから900万ドルの資金を調達できたのだが、それを発表してからわずか数日後に、ある企業から1億ドルで買収したいという話をもらった。そのスタートアップの創業者2人はどちらもまだ20代だったが、そのままでも経済的には一生安泰という人たちだった。私は、もらった買収提案がいかに素晴らしいかを説明し、ぜひとも提案を受け入れるべきだと全力で説得した。

しかし、その会社を10億ドル企業に育てる夢を持った2人は結局、提案を断り、私は取締役を辞任した。翌年には市場に多数の競合が現れ、創業者2人は生き残りのため、追加の資金を調達せざるを得なくなった。利益の出ていない会社に新たに資金を注入したために、2人の株式保有比率は下がってしまった。すでに分野への注目度は下がり、会社の成長は停滞した。8年後、創業者2人は、もはや会社の出口戦略を描けない状態に陥っていた。最初に提案された買収を受け入れていれば、1億ドルを受け取れたし、仮にその1億ドルをS&Pインデックスファンドに投資していたら、少なくとも1億5900万ドルにはなっていたはずである。

そんな不幸な体験もしているので、私はスタートアップの創業者には必ず、創業の前に**「あなたのアイデアをお金を出して買うとしたら、いくら出せるか」**と尋ねることにしているのだ。この質問の目的は、創業者が本音ではいくらほしい（あるいは、いくら必要）と思っているのかを明らかにすることだ。世間で噂になり、会社にとてつもない値段がついてしまうと、自分がどう思っていたのかもわからなくなる恐れがあるので、事前に尋ねておくのだ。必要なのは1000万ドルなのか、あるいは2000万ドルなのか。1000万ドルあれば人生を変えるには十分かもしれない。だが一生、前向きに生きていくためには2000万ドルは必要かもしれない。1億ドルでは買えなかったものも、10億ドルあれば買える可能性がある。ベンチャーキャピタルの投資を受けたスタートアップの75％は失敗するのだ。ともかく、どのくらい稼げれば十分なのかを事前にはっきりさせておくべきだろう。

自分の個人的な目標はなんなのか、なぜ、どういう理由で会社をつくったのか、会社を売るとすれば、その理由は何か。それがよくわかっていないと、買収提案を受けたとしても、対応を検討できない。年をとるまでに裕福になっていればいい、と思うのか。それとも今から人生を楽しみたいと思うのか。何かの問題を解決するために会社をつくった人と、単に裕福になりたいと思っている人では対処が違うだろう。

買収する側のことも考えるべきだ。その企業は、あなたの仕事を引き継ぎ、より発展させてくれるだけの資金や能力を持っているのか。会社というより、あなた自身の能力がほしくて買収を提案する企業もある。自分の目標、目的が明確になっているほど、実際に受けた買収提案が自分にとってよいものか否かを判断するのが容易になる。

買収提案を受けると、どうしても仕事への集中力を奪われ、時間も多く取られてしまう。だからこそ、**実際に提案を受け、交渉が必要になる以前に、心の準備をしておくべき**なのだ。「日々の仕事をこなす能力が奪われて、業務が停滞しがちになる」自身の会社、トゥウィッチ・インタラクティブを9億7000万ドルでアマゾンに売却した経験を持つジャスティン・カンはそう話している。「会社を売ることに対して迷いがなく、望みどおりの価格をつけてもらえる可能性が高いときにだけ、買収の交渉をはじめるべきだ(2)」

買収提案を受ける

シリコンバレーのような場所では、大手のテック企業のほとんどに「経営企画部」のような部署があり、そこに多数の人員を抱えている。そのため、スタートアップに対していつ買収提案がなされても不思議はない状況になっていると言っていい。詳細な条件規定書が渡されなければ、たとえ提案があっても、話だけで本当に買収が行われるかはわからない。だが**買収提案がなんの前触れもなしに突然行われることは稀だ。**はじめになんとなく打診があることが多い。そのとき、相手企業の意思決定者にあなたやあなたの会社についての情報を多く提供できれば、実際に買収がなされる可能性が高くなるだろう。メンターや主要な投資家に軽い気持ちで話したことが、買収を検討する企業にまで伝わることもある。誰かが自分の会社に興味を持っていることがわかれば、迅速に行動すべきだ。時間がかかれば、すべてが台無しになる恐れがある。

私がある上場企業のCEOだったとき、はるかに規模の大きい競合企業から、当時の時価総額を40%も上回る額の買収提案を受けたことがあった。それが現実になれば株主にとっても非常に喜ばしいことであり、私としてはぜひとも一刻も早く、話をまとめたいと思った。だが、デューデリジェンスの段階で何カ月も停滞し、その間に、買収を主導していた幹部とCEOの折り合いが悪くなり、買収は立ち消えとなってしまった。

会社を売ること、あるいは上場することが目標なのであれば、いざというときに粛々と対応ができるよう、はじめのうちから準備をしておくべきだ。デューデリジェンスに必要な資料はいつでも即座に出せる状態にしておく。企業買収がデューデリジェンスなしに進むことはない。資料が整っているほど、当然、作業は円滑に進むだろう。資本政策書は最新の状態になっているだろうか。税務申告書類は揃っているか。社員全員とすでに秘密保持契約、非競争契約を交わしているか。会社の銀行口座の開設時から適切な経理ソフトウェアを使用し、正確な取引記録を残しているか。そうした作業は、まだ事業を立ちあげたばかりの余裕がある時期にやっておく。ビジネスが軌道に乗ってからだと、忙しくてなかなか事務作業に割く時間は取れないだろう。

もちろん資料の提供は大切だが、それ以上に**あなた自身と会社を守ることも大切**である。買収を持ちかけてきた相手は悪人かもしれないのだ。顧客や重要な社員を盗もうとしているかもしれないし、製品のソースコードを入手しようとしているかもしれない。あなたの会社のコスト構造を探ろうとしている可能性もある。資料を渡す際には必ず、秘密保持契約書への署名を求めるべきだろう。契約書があれば、後に違反が発覚した場合に訴訟を起こして損害賠償を求めることができる。たとえば、ソフトウェア開発企業ゼニマックス社は、秘密保持契約を破ったとしてオキュラス社に対し訴訟を起こした。そして、２０１７年にはオキュラス社に賠償金5億ドルの支払いが命じられた。

財務関係以外には、買収を検討する企業は主に3種類の情報を求める。ひとつは、**知的財産に関する情報**だ。買収対象の企業は、知的財産を自ら所有しているのか、それとも他人の知的財産を借りているのか。あまり専門的なことについてここでは触れないが、少なくとも、買収対象の企業が他人の知的財産を借りていることがわかると、買収の話がなくなることは多い。2つ目にほしがるのは、**抱えている社員たちの持つ能力についての情報**である。3つ目にほしがるのは、**顧客についての情報だ**。製品やサービスに魅力を感じて買収を提案したとしても、買収後に顧客が離れてしまっては困る。どういう人たちが顧客なのかはぜひとも知りたいだろう。

自分の会社のことは誰よりも経営者自身がよく知っている。それはたしかだ。だが、それを専門とする会社の経営者でない限り、買収についての知識はさほどないのが普通だ。まず誰か、法律や税金に関して助言してくれる人が必要だ。**買収に関する専門家を早く味方に引き入れるほど、思いどおりに交渉を進められる可能性が高まる。**

提示される条件規定書は一見わかりやすくはなっているが、何度も買収を経験していない限り、そこに何が書かれて「いない」かまではなかなかわからない。もし書かれていればあなたを守ってくれるかもしれない条項が抜けていることもある。買収金額が1億ドルを超える場合には、投資銀行の助けを借りるべきだろう。買収金額の1、2%を報酬として支払わねばならず、出費としては大きくなるが、何しろ専門家なので、投資銀行は買収取引のなんたるかをよく知っている。AT&TによるT‐モバイル買収がアメリカ司法省反トラスト局によって差し止められたとき、T‐モバイルは違約金60億ドルを受け取れたが、これは投資銀行がそのことを契約に含めていたおかげである。買収が成立しなかったにもかかわらず60億ドルを受け取れたのは悪くない結果と言えるだろう。

ともかくできる限り、**透明性を保つことも重要**だ。買収交渉を進めている事実を口外すれば、当然、買収を持ちかけている企業の側は嫌がるだろう。しかし、会社の経営幹部や主要な投資家たちにまで黙っているわけにはいかない。秘密は不信を生む。秘密にしていても、社内で噂が立つようになるかもしれない。不健全な政治的駆け引きがはじまることもある。余計な波風を立てずに事を進めたければ、経営者は関係者間の合意形成に努める必要がある。最悪なのは、株主代表訴訟によって買収が頓挫することだ。

交渉が終わりに近づいたら、買収側と共同で、主要なビジネスパートナー、主要な顧客への告知をする。不意打ちは誰にとっても気分がよくない。下手をすると大事な顧客が離れていく恐れがある。マスメディアなどで報道されるよりも早く告知しておけば、買収が円滑に進められるだろう。

何より覚えておくべきなのは、**主導権はつねに買収をする側にある**ということだ。買収をされる側は、初期の段階、条件規定書に署名をしたくらいの段階から、これから受け取る大金のことを考えてしまう。それは当然のことだ。受け取ったら何に使おう、くらいのことは考えるはずである。きっと配偶者や家族にも話をするだろう。買収される側としてはもう取引は完了したも同然であり、頭の中はすべて終わったあとのことでいっぱいになる。だが、契約が完全にまとまる前夜になって突然、買収側からとんでもないことを言われる恐れはあるのだ。「市場環境が変化したので買収金額を３８００万ドル引き下げさせてもらいたい」くらいのことは平気で言いかねない。

　まさにこのとおりのことをトラベルスケープ社の創業者は体験したのだ。契約がまとまる前夜に衝撃の知らせを受けた。わざとそういう意地の悪いことをする企業もある。もう1カ月も前からすっかり大富豪になった気分でいたのだから、いまさら嫌だとは言えないだろうという計算である。ほとんどの起業家はたしかに言いなりになってしまう。しかし、トラベルスケープ社のトム・ブレイトリングとティム・ポスターは違った。そこで交渉を打ち切り、買収をなかったことにしたのだ。幸い、同社は後にもっと高く売れることになった。

　買収側のペースにもよるが、**単純な契約であっても成立に時間を要することがある。**ターナー・メディア社はブリーチャー・レポート社を2億ドルで買収したが、それには8カ月という時間が必要だった。「はじめのうちはとても実現しないことのように思えた。それがやがてわずかな可能性が見えてきて、その後またしばらくすると、ひょっとすると実現するかもしれないと思えるようになった。さらに時間が経つとおそらく実現するだろうという雰囲気になり、ついには、これは確実だろうと思えるまでになった」ブリーチャー・レポート社の共同創業者、ブライアン・ゴールドバーグは言う。「あるときから毎晩、この契約はきっとうまくいくと思いながら寝ていたけれど、一方で、本当にちょっとした理由で突然、すべてだめになってしまう恐れもあるとわかっていた[3]」

最も簡単に交渉が進むのは、電話で買収を提案されるケースだ。創業者が日ごろから業界のリーダーたちと頻繁に会話を交わしている。会社の素晴らしい業績がマスメディアで盛んに報じられている。創業者がいつでも連絡しやすい状態になっている。そうした条件が満たされていれば、電話である日突然、買収の提案がある可能性が高い。自分が何を求めているかを創業者がよく知っていて、日ごろから社内がよくまとまっていれば、その後の交渉は素早く、問題なく進むことになるだろう。

会社は売らないという選択

ヴィンにはとりあえず、すぐに会社を売る考えはなかった。むしろ、1年くらい休業にしたいと思っていた。会社をやっていると、どうしてもそれに長い時間を取られてしまう。収入源が減ってしまうことにはなるが、その代わりにカンファレンスでのスピーカーとしての仕事を増やしたいと考えた。実際、世界各地への講演旅行の予定も入れはじめていた。ヴィンは会社のスタッフを減らし、核となっていたマーケティングビジネスのコストを削減した。私と1年の予定ではじめた「実験」が終わったあとはいったん休みに入ろうと決めていたからだ。

あと1カ月を残した段階で、ヴィンは合計で103万3802ドルの収益をあげ、当初の目標を達成した。決して惰性でそうなったわけではない。11カ月目の収益は9万1786ドルで、前の月よりも向上していた。彼自身も私も驚いたのは、収益のうちの6万9000ドルは紹介料だったことだ。オンラインでの電子書籍販売からの収益も合わせれば、ヴィン自身が休業して世界各地を旅するようになったとしても、会社はかなりの収益を確保できることになる。ウォーレン・バフェットの有名な言葉のとおり、ヴィンは、自分が寝ている間にもお金が増える方法を見つけたわけだ。

第14章

12カ月目

持続可能な資本主義

★★★★★
★★★★★
★

稼いだ総額

103.3万ドル

すべての木を切り倒し、すべての川を汚し、すべての魚を取り尽くしてはじめて人は気づくのだ。お金は食べられないということに。

――シアトル酋長、スクアミッシュ族とドワミシュ族のリーダー

アメリカでは、感謝祭の翌日の金曜日は「ブラックフライデー」と呼ばれており、その日から小売業の売上のじつに20%を占めるクリスマス商戦がはじまるとされている。アメリカ人は平均でプレゼントに1050ドルも使うとされているため、競争は激しく、目玉商品は相当な値引きをされる。[1] ブラックフライデーには、高いコストをかけて広告キャンペーンを行ったうえで、1日限りの大幅値引きをするため、大勢の顧客が店舗の前に集まり、行列をつくることがある。前の晩から泊まり込む顧客が

現れる店舗さえある。この1日に費やされる70億ドルとも言われる大金の分け前にあずかるべく、みんなが必死になっている。それを知っていれば、2011年に『ニューヨーク・タイムズ』紙に掲載されたある全面広告が与えた衝撃の大きさはよくわかるだろう。なんとその広告にはでかでかと「このジャケットを買うな」と書かれていたのだ。(2)

パタゴニアの広告だ。その広告には、ジャケットの写真の下にこんな文章が載っていた。「ブラックフライデー、それは小売業が文字どおり、赤字から黒字になる日です。稼げる日です。でも、消費文化の象徴のようなこの日には、すべての生命を支える自然界の収支は大赤字になってしまいます。私たちの地球はひとつしかありません。なのに、私たちはいま、地球1・5個分くらいの資源を使っています」広告にはさらに、パタゴニアは今後も長くビジネスを続けていきたいが、それよりもこの世界を生息可能なまま子どもたちに残すことのほうが大切だ、とも書かれていた。「私たちは今日、ほかのすべての企業と反対のことをしたいと考えています。私たちは買い物を減らすようみなさまにお願いしたいのです。このジャケットにしろ、どの商品にしろ、お金を出す前によく考えていただきたいのです」

パタゴニアとその創業者で大富豪のイヴォン・シュイナードは、たとえ同社の販売する衣類がオーガニックでも、リサイクル原料からつくられていても、各品目の製造段階でその重量の何倍もの温室効果ガスが放出され、大量の淡水が消費され、少なくともその衣類の重さの廃棄物が出ると認識していた。シュイナードは熱心な環境保護主義者だが、いくら自分自身が環境保護のための活動をしていても、「買う前に考えて」と消費者に訴えないのだとしたら、それは偽善だという発言もしている。

広告の商品は、パタゴニアのベストセラー、R2ジャケットだった。製造するのに135リットルの水を使用するという。また、ジャケットの製造で排出される二酸化炭素は約9キログラムにもなり、ジャケットの重さの3分の2もの廃棄物が出るという。パタゴニアは、自分たちの顧客、そしてできれば『ニューヨーク・タイムズ』紙の全読者の教育を試みた。大量消費主義にかかる真のコストを教えようとしたのだ。

そのうえで、コモンスレッズ・イニシアティブという運動を立ちあげた。これは、すべての消費者に、廃棄物の削減、商品の修繕、再利用、リサイクル、再考を促す運動である。たとえば、廃棄物を減らすには、長年使える品質のよい製品を買おうと呼びかける。使用中に故障、あるいは損傷した製品があれば、必ず修繕をするとパタゴニアが保証する。ここに使い古した製品を持ち込めば、必ずリサイクルされる、という場所をパタゴニアがつくる。埋め立てごみになる、焼却されるということをそれで防ぐのだ。「再考」というのは、パタゴニアが環境保護運動に新たに加えた要素である。世界のあり方を再考しよう、ということだ。復旧可能な天然資源だけを利用して成り立つような世界をつくっていこうということである。

「このジャケットを買うな」キャンペーンは、単に見る人の興味を引くための演出ではなかった。いわゆる「持続可能性」がパタゴニアという企業にとっての「コアバリュー」となっていることを示す出来事だったと言えるだろう。

2002年、シュイナードは「1％フォー・ザ・プラネット」という非営利団体を設立し、世界ではじめて、年間売上の1％を環境保護団体に寄付する企業となった。イヴォン・シュイナードは、私たちが知っていたような資本主義はすでに壊れていると考えていた。また、たとえ何十億ドルという莫大な資産があっても、彼ひとりで地球は救えないとも考えた。地球に未来がなければ、そのうえで生きる人間一人ひとりにも未来はないのだ。

ビジネスを持続可能なものに変える必要性に目覚める消費者が増えるに従い、企業の側も社会的責任を重視するようになってきている。企業活動の環境への負荷を意識する消費者が増えるほど、環境問題への企業の責任を問う声も大きくなるだろう。企業にとっては困難な時代と言えるかもしれない。

「ウォール街を占拠せよ（Occupy Wall Street）」運動は、一般市民が求めるものと、企業経営者が求めるものとがあまりに大きく隔たってしまったことによって生じた。

企業やその経営者は悪者ではないし、地球滅亡を企んでいるわけでもない。だが、企業にしろ個人にしろ、いまの成功の尺度はもはや時代に合わなくなっており、地球の現実とも合わなくなっている。もはや持続可能な資本主義を目指すしか道はない。スタートアップから多国籍企業にいたるまで、あらゆる企業がその社会の要求に迅速に応えるべく動いている。

「正しい利益」を追求する

持続可能な資本主義は、従来とは違う新しいパラダイムである。**重要なのは「採算性」を計算するときに、その製品の「真のコスト（資源の減少、環境への負荷なども含むコスト）」を考慮にいれることだ。**

たとえば、フッカー・ケミカル（現オキシデンタル・ケミカル）が、ニューヨーク州のラブキャナル運河に有害化学物質を廃棄し、地域住民に健康被害をもたらした際には、運河の浄化のために納税者が4億ドルもの資金を負担することになった。(3) 従来の資本主義ではそういうことが起きる。持続可能な資本主義においては、製造するすべての製品のライフサイクル――その製品によって生じる廃棄物の扱いも含む――が製品の真のコストに算入される。大企業も、創業したばかりの小企業も、新たなパラダイムに沿った取り組みをはじめている。たとえば、地域の小さなサンドイッチ店がプラスチックの容器やストローの使用をやめる、というのもその一例である。

現代の株主は、いまはあの会社のほうが収益性が高いと見れば、即座に資金をそちらに移すことができる。そのためどの企業のCEOも、長期的な社会の目標よりも自社の短期的な利益、この四半期の利益を優先せざるを得ない。だが、ここで言う利益とは、顧客の幸福や、天然資源の減少、短期的な満足が長期間にすべての生物に与える経済的影響などを度外視したものだ。単に地球環境、生態系にとってよくないという話ではない。短期的な利益のみを優先すれば当然、働く人の賃金を下げようとすることになる。持続的でない賃金でも多くの人が働いてくれる場所に雇用を移すことにもなるだろう。そうすれば結局は、企業の商品を買ってくれるはずの顧客の購買力が低下してしまう。

企業が犠牲を顧みずにコストカットをすればそういう悪循環が生まれる。そのような企業活動は、個人にとってもコミュニティにとっても環境にとっても持続可能とは言えない。**企業が犠牲を顧みずに利益を出そうとすれば、社会全体にとっては不利益になってしまう。**

現代の資本主義はすでに壊れている。ウォルマートの従業員が生きていけないほどの低賃金にあえぎ、フードスタンプやメディケイドなどの公的支援のために62億ドルもの資金を納税者が負担している現状を見れば、そうとしか言いようがないだろう。ウォルマートはほんの一例にすぎない。民間企業の従業員を納税者が支える、という事例は増え続けている。『フォーブス』誌によれば「アメリカのファストフード産業は、人件費の多くの部分を密かに納税者に負担させている。同産業の365万人もの低賃金労働者の半数以上が、公的支援に頼って生活しており、そのコストは年に70億ドルにも達している」という。[4] NPOのNELP（全米雇用法プロジェクト）の報告書によると、アメリカではファストフード大手10社の労働者だけで、業界全体の60％近くにあたる38億ドルもの公的支援を受けている。

これは**社会全体の問題であり、賢明な起業家、企業が取り組むべき最大の問題と言ってもいい**かもしれない。なかなか取り組む人がいないせいで、その部分がある種の空白になってしまっている。現在の企業の広報は、注目を集めることにばかり力を入れている。社会的責任を果たすための活動も行ってはいるが、影響力は小さく、とても現状の問題の解決にはつながらない。次世代の企業は、持続可能な企業へと進化する必要がある。自らの利益を追求するだけでなく、社会問題を解決できるような活動をしていかねばならない。

もちろん利益はあげるのだが、目指すのは**「正しい利益」**である。正しい利益とは、社会を弱めるのではなく、向上させる利益のことだ。そういう意識を持って企業を選ぶ消費者が増えれば、投資家も、社会を犠牲にせずに発展する企業に資金を移そうと考えるだろう。**資本主義が進化すると、短期的な利益を超えた本物の価値を創造するのが優れた企業**

ということになるはずだ。

目的主導で働く

ファストフードの巨人、バーガーキングは、実際に持続可能なビジネス活動を行っている企業の好例のひとつだろう。冗談のようではあるが、ＦＡＯ（国連食糧農業機関）では、現在、排出されている温室効果ガスの14・5％は「牛のげっぷ」であると推定している。メタンガスが含まれているためだ。年間に24億個ものハンバーガーを提供しているだけにバーガーキングも当然、その問題を認識しており、牛の餌に1頭、1日あたり100グラムのレモングラスを加えるという対策をはじめた。それによって、牛からのメタンガスの排出量を33％削減できるという――小さなことのようだが、地球環境に与える影響は大きい。

最近では、企業の社員として働きながら、自分の仕事の環境やコミュニティに与える影響を意識するという人、社会意識を持って働く人が増えてきている。ギャラップ社とベイツ大学の2019年の調査では、4年制大学の卒業生のうち95％は、仕事においては**「目的意識」**が重要だと考えている、ということがわかった。だが、それが持てないことも多い[5]。「この『目的ギャップ』が、これから社会で働こうとする若者たちにとっては大きな問題になっている。ミレニアル世代は、前の世代に比べて、人生に目的を持つことが重要と考える傾向がある。そして、ほかのことよりも仕事にその目的を見出そうとすることが多い」ベイツ大学の学長、A・クレイトン・スペンサーはそう言う。「社員の目的意識と仕事への取り組み、そして企業業績の間には強い相関があるため、『目的ギャップ』は経営者にとっても重要な問題である」

持続可能な資本主義は、マーケティング上の必要から達成するものでもないし、ましてや慈善事業によって達成するものでもない。真の価値創造とは何かを深く理解しない限りは達成できない。**持続可能な資本主義では、さまざまな最新のテクノロジーを駆使し、企業のほぼすべての部門でイノベーションを促進していくことになる。**企業が「真の利益」を最大化しようとすれば、社会的コストと経済的コストの双方を考慮しなくてはならない。これからは消費者もそのことをよく理解するようになるだろう。

カンザス州を拠点とするグリーンフィールド・ロボティクスは、私が会長を務めるスタートアップだが、社会的価値と経済的価値の両立が可能であることを示すよい例だと考えている。最新テクノロジーを駆使して市場の満たされていないニーズを満たす一方で、環境の改善にも貢献しているからだ。

アメリカ環境保護庁によれば、農業によって排出される温室効果ガスは、人間による全排出量の10％近くを占めるという。[6] 近年、農業の環境への負荷を減らすべく、不耕起再生農法への切り替えをする農業従事者が増えている。この農法であれば、温室効果ガスの排出量を低減でき、水を節約し、しかも単位面積あたりの収穫量も増やすことができる。ただ、問題は、農地を耕さないと、雑草を排除するためにどうしても有毒な除草剤を使わざるを得なくなるということだ。

グリーンフィールド・ロボティクスという企業の目標は、その問題を解決することだ。小型の自律型ロボットを大量に使って除草をする。小麦、大豆、モロコシ、綿など、広大な面積の農場で栽培する作物を、損傷を与えずに育てることができる。ヤギを畑に放って雑草を食べてもらう農法があるが、グリーンフィールド社ではヤギの代わりにロボットを使うわけだ。ロボットは自らの視覚によって的確に作物の生育を妨げる雑草を見つけて排除していく。ロボットは、いわゆる「ロボット・アズ・ア・サービス」という方式（ロボットを定額制で貸し出す方式）によって、安価に利用できるようにする。除草剤を使うよりもコストは安く、グリホサート（ラウンドアップ）やディカンバのような、人間にも授粉媒介者にも、水生生物を含めた野生生物にも有害な物質を使わずに済むということだ。約370万平方キロメートルを作付けする200万人超の農業従事者にロボットが利用されることで、グリーンフィールド社は、金銭的利益を超える価値を生み出している。グリーンフィールド社の社是は「健康な人々、健康な地球」である。

持続的な成長のために再考を迫られている産業は多いが、ペットフードの産業もそのひとつだろう。マース社は、ペットフード産業のグローバルリーダーだが、企業の目的を「ペットのためによりよい世界を」と定義し直した。ペットフードだけでなく広い世界に目を向けるようになり、ペットが健康的に生きられるようにするには、世界全体をよい方向に変える必要があると考えるようになったのだ。ペットの健康を重要視した同社は、バンフィールド・ペット病院、ブルーパール、VCA、アニキュアといったペット医療関連の企業を買収した。ペットのためによりよい世界をつくることを社是としたことで、ペット医療は、マース社の中でも最も大きく、最も成長の速い部門となった。[7]

同じようなビジネスの再考の動きは、ドラッグストアの業界でも起きている。ドラッグストアを、顧客の健康を守るための幅広いサービスを提供する一種の「診療所」に変えるような動きはそのひとつだ。たとえば、1万近い小売店舗を持つCVSは、ミニットクリニックという施設を店舗に併設しはじめた。ナースプラクティショナー（診断・処方などができる上級看護師）や準医師資格者がいて、人間ドックやウェルネスサービスなどが行える施設だ。また、軽症の病気であれば診断、治療もできる。アメリカでは、今後数年の間に、12万2000人近くの医師が不足すると言われている。そのため、さまざまな生体指標――血糖値、心拍数、血中酸素濃度など――を計測できるウェアラブルデバイスが普及することになるだろう。新種のサービスやデバイスにより、多くの人たちの健康が増進されれば、医療費は抑制され、病院の混雑は解消されるだろう。[8]

持続可能なビジネスか判断する4つの問い

世界の人口が約80億人にいたる現在、すべての企業が以前にも増して資源の共有について考える必要がある。自分たちだけでなく、コミュニティ全体にとって利益になり、しかも持続可能なビジネスをしなくてはならない。目的のある人生を送りたいと思う人は多いだろう。そういう人にとって、地球を救える仕事をする、という以上の目的はないのではないだろうか。

自分のしようと思うビジネスが自分たちだけでなく、社会全体にとっても利益になるかどうか、持続可能なものかどうかを判断するには、次の4つの問いについて考えるといいだろう。

①あなたの会社の核となる理念はどういうものか

グーグルは創業の時点から、「邪悪になるな（Don't be evil.）」を非公式のモットーとしている。簡単な言葉だが、コンピュータとソフトウェアが人々の生活に与える影響力の大きさを認識しているからこそ出た言葉だろう。この理念の下、グーグルの社員たちは創業以来、偏りのない情報を提供することに注力してきた。会社がこの理念から外れないよう、社員と顧客はつねに気をつけて見ている。

2020年には、フェイスブックに対し「利益のためのヘイトをやめろ（Stop Hate for Profit）」キャンペーンが起きた。これは、ヘイトスピーチに対する姿勢が一貫しないフェイスブックに不満を持った社員、ユーザー、広告主たちによってはじまったキャンペーンである。1000を超える広告主（コカ・コーラ、ディアジオ、ホンダ、リーバイス、スターバックス、ユニリーバ、ベライゾン、パタゴニアなど）が、フェイスブックをボイコットし、広告の出稿を一時的に停止したのだ。これにより同社の株価が1日で8・3％下落し、時価総額が560億ドル低下することになった。フェイスブックは、企業の評価と収益にその理念がいかに大きな影響を及ぼすかを身をもって知ることになった。

パタゴニアのコモンスレッズ・イニシアティブのように企業理念を明確に打ち出す活動をしていれば、いわゆるカスタマーロイヤルティを築くことにつながり、また社風に合った考え方を持つ人々を雇用することにも役立つ。一貫性のある態度を保ち、短期的な利益と長期的な持続可能性のバランスもうまく取れるようにすることが大切だ。

②あなたの会社は社会にどのような価値を提供できるか

大半のスタートアップにとって、長らくこの問いは「顧客にどのような経済的価値を提供できるか」という狭い意味でしかなかった。たとえば、業界で最安値の製品やサービスを提供できるといったことが価値だったわけだ。

だが、その価格は、社会全体にかかる真のコストを反映したものでないかもしれない。たとえば、あなたの会社が雇用を創出したとしても、社員に生活に必要なだけの賃金を支給できなかったとしたら、コミュニティにとっては負荷になる。賃金が不十分で貧困に陥れば、ホームレスになることもあるし、犯罪に走ることもあるだろう。

私の友人、ダン・プライスはグラビティ・ペイメンツの創業者だが、同社の最低賃金を年7万ドルとすると発表し、世界的なニュースとなった。シアトルの生活費の高さ、奨学金などの負債の返済に追われている社員の多さを考えると、ある程度、賃金は高くなければいけないとプライスは判断した。金銭面の問題を抱えていると社員は仕事に集中できず生産性は下がるだろう。グラビティ・ペイメンツのサービスの質も必然的に下がることになってしまう。「社員を思いやれることはよきリーダーとなるためには非常に大切なことだと私は考えている」プライスはそう話す。

賃金を支払うための資金を確保するべく、プライスは110万ドルだった自らの報酬を7万ドルにまで引き下げた。実業界にはプライスのことを「頭がおかしい」と思った人が多かったようだ。「社会主義が成功しないことはMBAを取得する際に必ず教わる。その教えが正しいことはこの事例によって証明されるだろう。必ず失敗するに決まっているからだ」フォックス・ニュースでラッシュ・リンボーはそう発言した。(9)

だが、プライスの決断は驚くべき結果を生んだ。当然、人件費は高騰したが、にもかかわらず会社の利益は増えたのだ。社員の生産性が30％から40％ほど向上したためだ。グラビティ・ペイメンツの定着率は91％にまであがり、同社は新しい人材の確保も楽にできるようになった。自分を高く評価してくれる会社で働きたいと思う人が多いのは当たり前のことだとも言える。

③何を成功の基準とするか

いまの世界が直面している問題の多くは、誰もが経済的利益ばかりを追求することによって起きている。資源が乏しくなっていく世界においては、もはや無限の成長など、経済的にも成り立たない。**利益だけを考えてビジネスをすることは不可能な時代**ということだ。マネージメント・コンサルタントのピーター・ドラッカーは「評価できないものは改善できない」と言っている。[10] いまはビジネスを評価する際に、従来よりも視野を広げて地球全体や人類全体への負荷を考慮しないわけにはいかない。廃棄物のこと、エネルギー消費のこと、温室効果ガスの排出量のことなどを考えざるを得ないのだ。たとえば、温室効果ガスの排出量を減らせばボーナスの査定があがるという制度になっていれば、社員はそのための努力をするようになるだろう。

あなたがグーグルで何かを検索すると、そのたびにどこかのサーバーが作動して電力を使うことになる。グーグルはあるときから、データセンターのエネルギー消費量を重要視するようになった。その結果、消費量を業界平均の半分の水準まで削減することができたのだ。電力消費量をつねに計測し、効率の改善に努めた結果、グーグルは「カーボン・ニュートラル」を達成し、それを10年以上にわたって維持している。

また、同社は、循環経済を社是とするようになり、その理念の下、サーバー管理をすることで廃棄物の削減にも成功している。サプライチェーンのベンダーとも協力し合い、グーグルは、データセンターの古いハードウェアも廃棄することなく修理、再利用、あるいは新たな機器へのつくり替えをするなどして有効活用を図っている。廃棄物ゼロが長期的な目標となっているのだ。グーグルではマネージャーの業績評価においても、持続可能性への貢献度が重要視される。

④あなたの会社の持続可能性に関する目標は同じ業界内の他社と比べてどうか

自分なりの目標を持つのはよいことである。ただ、ビジネスというのは誰もいない世界で勝手に行うものではない。近年は、持続可能性への貢献度を毎年、報告する企業が増えている。そのような状況で会社を経営していれば、顧客からも、供給業者からも、投資家、社員からも、他社と同様の報告を求められることになるだろう。他社と比較されることになるわけだ。いきなり廃棄物ゼロ、温室効果ガス排出量ゼロといった目標を掲げるのは難しいかもしれない。しかし、まず**同じ業界をリードする企業がどのような目標を掲げ、それをどう達成しようとしているかを知る必要がある。**そうすれば、早い段階で同じことができるようになる可能性が高まるだろう。

ウォルマートの経営者は、人件費に次いで電気代が同社にとっての最大のコストであることを認識していた。利益を増やすべく、同社では温室効果ガスの排出量の削減を目指すこととし、2023年までに1平方フィートあたりの総エネルギー強度を20％削減することを目標として掲げた。[11] これを達成できれば競争上、優位になるだけでなく、地球全体にとっても利益になると考え、ウォルマートはゼネラル・エレクトリック社や、アメリカエネルギー省のほか、多数の供給業者とも協力して、業界全体のためにエネルギー効率を向上すべく動きはじめた。

1万1000を超える店舗を持つ巨大小売企業が、目に見えるかたちでこれだけの取り組みをはじめれば、必然的にエネルギー効率向上のためのソリューションの開発に投資をするスタートアップが急増することになる。開発に成功すれば必ず利用してくれる巨大な顧客がいるのはわかっているからだ。本書執筆時点で、ウォルマートはすでに6000を超える店舗に15万ものLED照明を取りつけ、1年あたり1億ドル分のエネルギーの節約に成功している。「LEDへの転換は事業全体に驚異的な波及効果をもたらした」ウォルマートのエネルギー担当副社長、マーク・ヴァンダーヘルムはそう話す。「事業コストの中でもとくに大きい割合を占める電気代を継続的に削減すれば、将来のイノベーションの助けとなり、また『エブリデイ・ロー・プライス』戦略を今後も確実に持続することができる」

　業界のリーダーが持続可能性に重きを置くようになれば、業界全体がそれに対応せざるを得なくなる。ウォルマートがエネルギー効率の向上に成功すれば、当然、ライバルであるターゲット社も自らのエネルギー消費に目を向けなくてはならない。ターゲット社はウォルマートに対抗し、約4分の1の店舗の屋根にソーラーパネルを設置した。太陽エネルギー産業協会によれば、ターゲット社は、施設内での太陽エネルギー利用度に関しては3年連続でトップにランクされる企業となっているという。全体の25％の拠点を、１００％再生可能エネルギーだけで運営している[12]。

　プロクター・アンド・ギャンブルは、自らが先頭に立ってパッケージに入った商品を扱う企業の持続可能性を向上すべく、「アンビション２０３０」プログラムを推進している。同プログラムでは、同社のカーボンフットプリントを50％削減すること、購入する電力を１００％再生可能電力にすること、リサイクルの促進によってプラスチックの使用量を減らすこと、使用済みパッケージが海に流れ込まないようにすることなどに取り組む。

　競争は企業にとってイノベーションを生む原動力となるが、**産業を問わず、持続可能性を高める大きな原動力となるのもやはり競争**だろう。ナイキとアディダスは、廃棄物の削減、カーボンフットプリントの最小化、グリーン・サプライチェーンの構築などに関して競争をしている。[13] ユニリーバとネスレは、製品のライフサイクル、水の利用効率の改善、製品へのオーガニックなヤシ油の利用などに関して競争をしている。水の利用が全世界で大きな問題となっていることから、ペプシとコカ・コーラはどちらも水の管理に注力しており、地下水の補充にも取り組んでいる。

持続可能な資本主義を基本理念とすれば、ごく小規模のスタートアップであっても、エネルギーの使用量を抑え、廃棄物を減らすべく努力することになるだろう。これはどちらも収益性の改善につながる動きである。**持続可能性の向上を明確に自社の目的に掲げている企業では、社員の士気が高まり、生産性と定着率も向上する**はずだ。環境規制は徐々に厳しくなっていくので、先回りしてそれに対応するほうが、他社との競争上も有利になるだろう。また自社だけでなく、サプライチェーンにも先回りの対応を求めることが重要だろう。

「持続可能」ではない働き方を終えるとき

毎日、昼も夜も変わりなく働くことはとても「持続可能」とは言えない。12カ月間、必死で努力を続けたヴィンは、心の底から休息を必要としていた。収益１００万ドルという目標を11カ月目に達成したあとは、新規事業の開拓のために動くのはやめ、空いた時間で世界旅行の計画を立てはじめた。1年がんばったのだから、それくらいはしていいと思えた。スロベニア、アメリカのデンバー、イタリアなどで講演会をすることも決まった。既存の顧客への対応の最後の仕上げをし、1年ぶりに新しい服を買いに行った。最後の1カ月の収益は3万5729ドルで、1年の合計は106万9531ドルに達した。ヴィンは目標を立て、見事に達成する体験をすることができたのである。

第15章 受けた恩を還元する

★★★★★★★★★★★

稼いだ総額

106.9万ドル

私たちは、誰かに恩恵を与えられたとしても、普通、その人に本人に同じ恩恵を返すことはできない。できるとしてもそれは稀だろう。しかし、与えられた恩恵は一つひとつ、行動で、あるいは金銭で誰かに返すべきである。

――ラルフ・ウォルド・エマソン『償い』

感謝の気持ちをかたちにする

チャールズ・マリは、私がこれまで会ってきた誰よりも驚くべき人物である。マリは、ケニアの小さな田舎の村のごく普通の家庭に生まれた。まだ6歳だったある日の朝、目を覚ますと、家族が誰もいなくなっていた。夜の間に、掘っ立て小屋に彼だけを置いてどこかへ行ってしまったらしい。たったひとりで食べるものもないまま、マリは70キロメートルも歩いて大都会のナイロビまで行き、そこで仕事を探した。ナイロビの路上には数多くの孤児がいた。マリは幸運にも、雑用をする条件で住まわせてくれ、食事も提供してくれる家を見つけることができた。

マリは22歳になるまでにいろいろな仕事をしてお金を貯め、ついに古いバンを買うことができた。その車を使い、マリはエルドレトとニャルの間で荷物の運送をするビジネスをはじめた。そのビジネスは徐々に成長していった。マリは利益が出ると、それで新たな車を購入し、さらに多くの荷物を運べるようにしていったのだ。そうしてマリはとても裕福になった。

結婚して8人の子どもに恵まれ幸せに暮らしていたが、ある日の夜、街を車で走っていると、小さな男の子を見かけた。路上で暮らす孤児だ。ちょうど昔のマリと同じような境遇の子どもだったのだ。その子の話を聴いて感動した彼は、その子の2人の友達とともに家に連れて帰った。帰宅した彼は、驚く妻に、子どもが3人増えるけどよろしくと言った。無私の行為である。これだけでもなんと優しく気前のよい人だと思えるが、驚くべきは、マリがこの行為を何度も繰り返したことだ。

ついにはすべての事業を売却し、蓄えた全財産を注ぎ込んで、マリとその妻エステルは、2万3000人を超える孤児を引き取って育てた。2人は田舎に引っ越して寮を建て、食べ物も自分たちでつくるようになった。小さな農場を維持できるだけの雨が降らなかったときには、井戸も掘った。いまでは世界最大の家族として知られるようになったマリの一家だが、その子どもたちは成長して医者になり、教師になり、エンジニアになり、企業経営者になった。

私はマリに直接会ったことがあるが、本当に優しく謙虚な人で心を動かされた。自らの英雄的行為への称賛を求めることもなく、ただ子どもを育てられることを神に感謝している。誰かから受けた恩を別の人に送る**「恩送り（ペイフォワード）」**という言葉があるが、私はマリ以上にこの言葉に合う人をほかに知らない。

感謝の気持ちをかたちにすることは大切だ。また、恩送りはその手段としてとても有効である。**それが成長のマインドセットを持つことにもつながり、何より心が豊かになる。**恩送りと言っても、いきなり大きなことをするのは無理だし、その必要もない。日々、少しずつ積み重ねていけばいいだろう。

アメリカ元大統領のジミー・カーターは95歳になっても日曜学校で教え、NPO「ハビタット・フォー・ヒューマニティ」のつくるシェルターの建設作業を手伝ったりもしている。大統領を退いたあと、カーターはボランティアとともに、貧困家庭のための住宅を150棟超も建ててきた。ロックのスーパースター、ジョン・ボン・ジョヴィは、JBJソウルキッチンというレストランを設立した。低所得者であってもいつでも栄養のある食事ができるようにとつくられたレストランだ。アメリカ、ニュージャージー州のお店のメニューには値段が書いていない。客は、金銭を寄付するか、無償で働くかのどちらかを選べる。1時間、厨房で料理をするか、給仕をするか、あるいは皿洗いをするかすれば、3回の食事が可能だ。「アメリカでは6人にひとりが夜、空腹を抱えながら床に就いている。また全体の5分の1の世帯が貧困線以下の生活を強いられている」ボン・ジョヴィはそう言う。「このレストランの真の目的は、来る人を力づけることだ。ここに来るのに特別な権利や資格は必要ない。助けを求めている人、助けたいと思っている人、両方が来る場所になればいい[1]」

自分でレストランを持っていなくても、外食をすれば恩送りができることはある。私は妻とロサンゼルスに暮らしているが、私たちの住む地域は山火事の被害に遭うことが多い。幸い私たち自身が家を失ったことはないが、地元の消防士たちは、山火事が起きるたびに命を危険にさらして対処してくれている。近所に、消防署から1ブロックしか離れていないレストランがある。そこへ食事に行くと必ず消防士を見かけるので、いつも勘定を私につけてもらうようにしている（ただし、すでに誰かに先を越されて払えないこともある）。

デトロイトのシスター・パイのオーナー、リサ・ルドヴィンスキーは、ペイフォワードならぬ「パイフォワード」を呼びかけている[2]。その店で客は、パイのクーポンを購入して壁に貼っておくことができるのだ。そのクーポンは誰でもはがしてパイと交換できる。つまり無料でパイが食べられるわけだ。何も尋ねられたりすることはない。

私の知る限り、レストランの客の「ペイフォワード」の最高記録は、フロリダ州セントピーターズバーグのスターバックスでのものだろう。ある客のコーヒー代を別の客が、さらにその客のコーヒー代を別の客が、というふうに延々とつながっていったのだ。2014年、あるひとりの女性がはじめたことだが、結局その後、377人の客が見知らぬ人のコーヒー代を払うことを続けた。(3) この優しさの連鎖は11時間途切れることがなく、同時に世界中に何千という同様の連鎖を生み出した。

はじめてつくったソフトウェア会社で苦戦していた20代のころ、私たちには寄付をするようなお金はなかったが、時間だけはあった。その余った時間を慈善事業、無償労働に使ったのだ。私の会社にいた人たちのスキルを活かし、身体障害児の教育のためのソフトウエアを開発したこともあれば、博物館の体験型展示をつくったこともあった。もう何十年も前の話だが、当時の仲間に会うと、話すのは後に発売してベストセラーになったゲームのことではなく、力を合わせて取り組んだ無償労働とそれによって得られた素晴らしい成果のことばかりだ。

誰もが成功できることの証明

すでに書いてきたとおり、私はヴィン・クランシーのメンターとなった。それは私の人生の中でもとくに実りのある体験だったと思う。**誰もが――スタート地点がどこであれ――成功をつかみとる力を持っていることを証明できた**からだ。他人を助ければ、自分自身にも必ず見返りがある。社会にはメンターが必要だ。そして起業家も絶対に必要である。いまは世界中で中産階級が縮小している時代だ。20世紀に得られた自由と平等の恩恵は急速に失われていっている。社会の分断は進み、持つ者と持たざる者の差は開く一方だ。

本書によって自分のメンター体験を多くの人に知らせることは、私にとって得になるとは限らない。これで私は評判を落とすかもしれない。ただ、私はどうしても、**多くの人が行動を起こすきっかけ**をつくりたかったのだ。私たちはみな、他人と関わり合うべきだし、他人が夢をかなえる手助けをすべきだ。それが自分が直面する無数の問題を解決することにつながる。私はヴィンに12の真実を伝えた。そして「成長のマインドセット」を持てば、1年で人は本当に大きな成果をあげられることを証明した。読者もぜひ、「フューチャー・プルーフ」な人になって、同じように成功してもらいたいと私は願っている。

私は本を書き、講演をし、主要企業のコンサルタントなどもしている。私のそうした活動の究極の目的は、世界中にいるあなたのような人たちに真の力を発揮してもらい、素晴らしい成果をあげてもらうことだ。本書を読んでさらに詳しいことが知りたくなった人はぜひ、私にメール（jayalansamit@gmail.com）を送ってほしい。みんなが互いに助け合わない限り、この世界に未来はない。私はそう信じている。

おわりに――ヴィン・クランシーの回想

1年で100万ドルを稼ぐという話を聞いて、はじめは「それは絶対に無理だろう」と思った。しかし、たとえ失敗しても、ジェイから何かを学ぶチャンスにはなるし、だからどちらにしても「ウィン・ウィン」だろうと考えた。アメリカにやって来たはいいけれど、十分に努力しなかったせいで、あるいは自分に合った道を見つけられなかったせいで失敗してしまう、という人は大勢いるが、そのうちのひとりになるのだけは嫌だと思っていた。

この本を読んだ誰かがどこかで僕と同じような成果をあげるかもしれないと思うと楽しい気分になる。少し前までビジネスの世界での成功者といえば、親に助けてもらって起業したという人も多かった。そのほとんどは一流の大学を出ていたし、素晴らしい人脈があったという人も多かっただろう。僕の両親は貧しかった。僕は低所得者向けの団地で育った。起業をする直前まで福祉に頼って生きているような状態だった。アメリカには来たものの、誰も頼れる人はいなかったし、まさしくゼロからのスタートだった。でも自分には力があると思っていたし、それを証明したかった。

（経験豊富な）メンターやコーチについたとき、重要なのは何かを言われたときにとりあえず「イエス」と返事をして、言われたとおりにすることだ（たとえ言われたことに同意できなくても）。同じような状況に置かれたとき、実際にうまく対処できた方法を教えてくれているのだ。言われたとおりにするほうが得策だ。実際、ジェイの助言を聞かずに痛い目にあったことが何度かあった。痛みを伴う教訓だ。絶対に忘れないし、二度と同じようなことがないようにしたいと思う。

重要なのは今回のことで僕は自由を獲得できたということだ。生活費を稼がなくては、というプレッシャーにさらされていては、自由な時間などほとんどなくなってしまう。新たなビジネスチャンスを探す余裕などなくなるのだ。今回、一定の成果をあげたことで、僕は自分が取り組むべきプロジェクトを選べるようになった。稼がなくてはいけない、という理由ではなく、自分の人生が充実するから、という理由でプロジェクトを選べるようになったのだ（稼がなくてはいけないときは、僕はなんにでもイエスと言っていたし、おかげで酷い顧客がついて強いストレスを抱えることにもなった）。

「フューチャー・プルーフ」になるというのは、人生で何が起きようとも自分にはそれに対処できる力があると信じられる人になるということだ。「成長のマインドセット」を持つことで、僕は自分とは無関係だった世界に飛び込んでも生き抜いていけると思えるようになった。僕は裕福な家庭に育ったわけでもなく、有名大学に行ったわけでもないし、有名企業に勤めたわけでもないし、良いコネがあるわけでもなかった。でも、インターネットを武器として使い始め、自分を信じられるようになってからは状況が変わった。起業というと、昔は大金やコネが必要になったがいまは違う。インターネットと、あとは優れた戦略さえあればいい。

前に進もうとすれば、途中で必ず障害、問題に突き当たることになる。大事なのは、それをチャンスととらえることだ。福祉に頼って生きていたころに僕はオンラインマガジンをはじめた。宣伝しようにもその資金はなかった。だから、口コミで広まっていくコンテンツをつくる方法を学ぶしかなかった。学んでからは人に教えるようになった（おかげで自分で記事を書かなくて済むようになった）。他人にコンテンツを（無料で）広めてもらうコツも学んだ。おかげで早くも第2週には、2万5000人がアクセスするようになり、半年で30万人にまで増えた。さらにその後は100万人にまで到達し、1年に25万ドルもの投資が受けられるようになったのだ。従来の方法（広告代理店に頼るなど）なら、そこまでにするのに莫大な資金が必要だったはずだ。

ジェイとの1年の間には、物事がどうにもうまくいかないこともあれば、このままでは何も起きないのではと思うこともあった。しかし僕はつねに自分のしていることを信じていたし、毎度、その状況を乗り越えることができた。たとえ停滞や後退があったとしても、僕はもうそれを失敗とは思わなくなった――学びの機会と思うようになったからだ。これまでの一年一年を振り返っても、失敗はなかったと思える。すべては結局のところ成功だったと思う。学習の機会が多ければ、時とともに、より難しいことを学べるようになる。すると、より大きな成功をつかめるようになる。

本書をここまで読んだ人はもう、失業など恐れなくなっているのではないだろうか。「フューチャー・プルーフ」になれば、他人に雇われて働かなくても生きていけるとわかったはずだ。僕も以前とは大きく変わった。求職活動をしていたころのことを思い出す。ネットで求人を探して応募しても、何週間も返事がないことが多かった。起業してからは、もう失業を恐れることはなくなった。雇われて働かなくても、身につけたスキルを活かせば、自分で自分の仕事をつくり出すことができる。起業の経験によって、僕はこの世界を、目を凝らして見れば、どこにでもチャンスが転がっている場所と考えるようになった。

1年間で100万ドルを稼ぐ挑戦を終えたあと、僕は久しぶりの休暇を取った。それができたのは、今までの実績があればいつでも仕事に復帰できるという確信があったからだ(実際に復帰できたし、その後は以前にも増して大きな成果をあげられた)。僕は自由になれたのだ。

今は「ペイフォワード」を考えている。ジェイがしてくれたように、僕も誰か起業家の手助けがしたい。僕の場合、それには世界各地に出向いて、講演や教育をするのがいいと考えている。どうすれば「フューチャー・プルーフ」になれるかを多くの人に伝えて歩きたい。

本書で紹介されたプロジェクトのあとも、僕はさまざまな仕事をしている。世界有数の大企業の100万ドル単位の売り上げを生むマーケティングキャンペーンをいくつも手掛けたし、世界的アーティストとの協業プロジェクトもいくつか経験した。

僕の使命は、できるだけ多くの人を「フューチャー・プルーフ」にすることだ。その人がいまどういう人で、どういう境遇に置かれているかは関係ない。僕がジェイとしたことを、僕はまたやる気のある他の誰かとしたいと思っている。今度は僕がその人を助けて、その人の起業を成功に導きたいと思っている。

ヴィン・クランシー（vin@vinclancy.com）

【著者紹介】

ジェイ・サミット（Jay Samit）

作家、起業家。変革、イノベーションの世界有数のエキスパート。スタートアップのための何億ドルという単位の資金調達、フォーチュン500企業への助言、政府機関の改革に向けた取り組みなど、30年にわたり、グローバルトレンドの最先端で活動を続けている。

デロイト・コンサルティングの独立副会長を務めたほか、LinkedInをはじめとする多くの企業のIPO以前の成長を助け、ナスダック上場企業のCEOやEMI、ソニー、ユニバーサル・スタジオなどの最高幹部を務めた経験を持つ。

前著『自分を破壊せよ！（Disrupt You !）』（Macmillan、2015年、未邦訳）は、現在12カ国語で刊行されている。その他、フォーチュン誌、ハーバード・ビジネス・レビュー誌、ウォール・ストリート・ジャーナル紙などにも多数の寄稿をしている。

カンファレンスの講演者、コンサルタントとしても引く手あまたであり、アドビ、アメリカン・エキスプレス、AT&T、ベスト・バイ、コカ・コーラ、ディズニー、フォード、GE、グーグル、IBM、インテル、マクドナルド、マイクロソフト、プロクター・アンド・ギャンブル、ビザをはじめとする多数の有名企業に大きな変革をもたらした。南カリフォルニア大学ヴィタビ・スクール・オブ・エンジニアリングのプレジデンシャル・フェロー、非常勤教授も務めている。

【訳者紹介】
夏目　大（なつめ　だい）
1966年、大阪府生まれ。同志社大学文学部卒業。大手メーカーにSEとして勤務したあと、翻訳家に。『Think CIVILITY「礼儀正しさ」こそ最強の生存戦略である』（東洋経済新報社）、『タコの心身問題 頭足類から考える意識の起源』（みすず書房）、『因果推論の科学「なぜ？」の問いにどう答えるか』（文藝春秋）、『ウォード博士の驚異の「動物行動学入門」 動物のひみつ 争い・裏切り・協力・繁栄の謎を追う』（ダイヤモンド社）、『ソクラテスからSNS「言論の自由」全史』（早川書房）など訳書多数。

フリーター、億万長者になる。

あなたの「隠れた才能」を爆発させる12の真実

2024年12月31日発行

著　者――ジェイ・サミット
訳　者――夏目　大
発行者――山田徹也
発行所――東洋経済新報社
〒103-8345　東京都中央区日本橋本石町 1-2-1
電話＝東洋経済コールセンター　03(6386)1040
https://toyokeizai.net/

装　丁…………………三森健太（JUNGLE）
本文デザイン・DTP……アイランドコレクション
印刷・製本……………丸井工文社
編集担当………………近藤彩斗
Printed in Japan　　ISBN 978-4-492-55841-6

参考文献

第1章　成長のマインドセット

1. “Who’s Poor in the United States?” Institute for Policy Studies (2019), https://ips-dc.org/supplemental-poverty-measure/.
2. Alexa Lard, “Social Security to Exceed Income by 2020, Run Out by 2034,” April 22, 2019, www.usnews.com/news/politics/articles/2019-04-22/report-social-security-costs-to-exceed-income-by-2020-run-out-by-2034.
3. Lee Dye, “You Don’t Have to Be Smart to Be Rich,” ABCNews, May 16, 2007.
4. Shana Lebowitz, “Why Valedictorians Rarely Become Rich and Famous – and the Average Millionaire’s College GPA,” *Business Insider* (May 29, 2017), www.businessinsider.com/why-high-school-valedictorians-dont-become-really-successful-2017-5.
5. Etienne Strebel, “Is Self-Esteem the Key to Success?” *Swiss Info* (October 31, 2011), www.swissinfo.ch/eng/sci-tech/is-self-esteem-the-key-to-success-/31463808.
6. Mybudget360, “Comparing the Inflated Cost of Living Today from 1950 to 2014: How Declining Purchasing Power Has Hurt the Middle Class Since 1950,” My Budget 360 (February 2014), www.mybudget360.com/cost-of-living-2014-inflation-1950-vs-2014-data-housing-cars-college/.
7. Mark J. Perry, “Only 52 US Companies Have Been on the Fortune 500 Since 1955, Thanks to the Creative Destruction that Fuels Economic Prosperity” AEI (May 22, 2019), www.aei.org/carpe-diem/only-52-us-companies-have-been-on-the-fortune-500-since-1955-thanks-to-the-creative-destruction-that-fuels-economic-prosperity/#:~:text=In%20other%20words%2C%20only%2010.4,the%20top%20Fortune%20500%20companies%20(.
8. Ana Swanson, “A Single Chart Everybody Needs to Look at Before Trump’s

Big Fight over Bringing Back American Jobs," *Washington Post* (November 28, 2016), www.washingtonpost.com/news/wonk/wp/2016/11/28/theres-a-big-reason-trump-might-not-be-able-to-keep-his-promise-on-jobs/.

9. Matthew Griffin, "1.2 Million Jobs to Vanish as Foxconn Unveils Plans for Fully Autonomous Factories," *Fanatical Futurist* (January 7, 2017), www.fanaticalfuturist.com/2017/01/1-2-million-jobs-to-vanish-as-foxconn-unveils-plans-for-fully-autonomous-factories/.
10. Becky Peterson, "Travis Kalanick. Lasted in His Role for 6.5 Years – Five Times Longer than the Average Uber employee," *Business Insider* (August 20, 2017), www.businessinsider.com/employee-retention-rate-top-tech-companies-2017-8.
11. Tom Maloney and Tom Metcalf, "Jeff Bezos Adds $13.2 Billion to His Fortune in Just Minutes," *Bloomberg* (January 30, 2020), www.bloomberg.com/news/articles/2020-01-30/bezos-adds-13-2-billion-to-fortune-in-minutes-with-amazon-surge.
12. Avishai Bitton, "7 Entrepreneurs Who Went from Food Stamps to Billionaires," Shockpedia (November 12, 2014), www.shockpedia.com/7-entrepreneurs-went-food-stamps-billionaires/.
13. Zig Ziglar, *Inspiration 365: Zig Ziglar's Favorite Quotes* (Naperville, IL: Sourcebooks, 2013), 149.
14. "Warm Thanks: Gratitude Can Win You New Friends," *Science News* (August 28, 2014).

第3章　2カ月目　恐怖を味方につける

1. Katherine Gustafson, "What Percentage of Businesses Fail and How to Improve Your Chances of Success," Lending Tree (August 7, 2020), www.lendingtree.com/business/small/failure-rate/.
2. Dan Primack, "2017 Was a Record Year for Mergers and Acquisitions," *Axios* (January 3, 2018), www.axios.com/2017-was-a-record-year-for-mergers-and-

acquisitions-2522131994.html.
3. Kate Rooney, "Private Equity's Record $1.5 Trillion Cash Pile Comes with a New Set of Challenges," CNBC January 3, 2020.
4. Georgia McIntyre, "What Percentage of Small Businesses Fail? (And Other Need-to-Know Stats)," *Fundera* (September 14, 2020), https://www.fundera.com/blog/what-percentage-of-small-businesses-fail.
5. Sheryl Sandberg, *LeanIn: Women, Work, and the Will to Lead* (NewYork: Knopf Double Day, 2013), 28.
6. Andrew Vasylyk, "Why VCs 'almost blindly' Invest in Founders with Previous Exits," Medium.com (August 28, 2018), medium.com/startupsoft/why-vcs-almost-blindly-invest-in-founders-with-previous- exits-23824334a260.
7. M.D. Sharma, *Top Inspiring Thoughts of Les Brown* (New York: Prabhat Prakashan, 2020), 89.

第4章　3カ月目　失敗を受け入れる

1. Lindsay Gellman, "German Start-ups Learn to Fail," *New York Magazine* (October 29, 2018).
2. Jordan Yerman, "A Startup Nation: Why Israel Has Become the New Silicon Valley," *Apex Experience* (May 22, 2019), apex.aero/articles/startup-nation-israel-become-silicon-valley/.
3. Sophie Shulman, *Israelis Dream of Big U.S. IPOs, but Are Swallowed by M&As Instead,* CTech (January 30, 2020), www.calcalistech.com/ctech/articles/0,7340,L-3784912,00.html.
4. Aimee Picchi, "Alibaba Launches Biggest IPO in US History," CBS News (September 19, 2014), https://www.cbsnews.com/news/alibaba-ipo-trading-to-start-after-22-billion-sale/.

第5章　4カ月目　「強み」と「弱み」の両方があなたを成功に導く

1. Crystal Ponti, *The Innovating, Creative Superpowers of ADHD,* Yes! Solutions

Journalism (April 13, 2017), https://www.alternet.org/2017/04/innovating-creative-superpowers-adhd/.
2. "Tina Roth-Eisenberg Quotes," Accessed August 31, 2020. https://www.quotemaster.org/q6eabe85518ec2ea8e643d333c51d6f7a.
3. "Susan Cain Quotations," Quotetab. Accessed August 31, 2020. www.quotetab.com/quotes/by-susan-cain.
4. Ted Kluck, *Facing Tyson* (New York: Lyons Press, 2006), 199.
5. Gwen Moran, "The Importance of Finding (and Facing) Your Weaknesses," *Fast Company* (February 10, 2014), www.fastcompany.com/3026105/the-importance-of-finding-and-facing-your-weaknesses?position=12&campaign_date=11032020.
6. Oren Klaff, *Pitch Anything: An Innovative Method for Presenting, Persuading and Winning the Deal.* (New York: McGraw-Hill Education, 2011), 11.
7. "Eminem Quotes," Accessed August 31, 2020. www.brainyquote.com/quotes/eminem_446841.
8. Ray Sipherd, "Bill Gates: For Polio the Endgame Is Near," CNBC (October 24, 2017), https://www.cnbc.com/2017/10/24/bill-gates-humanity-will-see-its-last-case-of-polio-this-year.html.
9. Alan Watts, "What If Money Was No Object," Genius.com. Accessed August 31, 2020. https://genius.com/Alan-watts-what-if-money-was-no-object-annotated.
10. John Parker, *Bruce Willis: The Unauthorized Biography* (London: Virgin, 1997), 8.

第6章　5カ月目　忍耐と持続性

1. Chelsea Greenwood, "6 people Who became Millionaires by 30 reveal their Keys to Success," *Business Insider* (June 20, 2018).
2. Sheila McClear, "Bill Gates Doesn't Recommend his Method of Getting Ahead: "Most People wouldn't Enjoy It" *The Ladders* (June 27, 2019).

3. Riz Pasha, "75 Howard Schultz Quotes on Business, Leadership & Success," Succeedfeed.com (July 7, 2018), https://succeedfeed.com/howard-schultz-quotes/.
4. Martin Meadow, *Simple Self-Discipline Box Set* (Schaumburg, IL: Meadows Publishing, 2019), 256.
5. Bethany Hamilton, *Soul Surfer: A True Story of Faith, Family and Fighting to Get Back on the Board* (London: Simon & Schuster UK, 2012), 44.
6. Nancy Lutkehaus, *Margaret Mead: The Making of an American Icon* (Princeton, NJ: Princeton University Press, 2008), 261.
7. RebeKah Iliff, "7 Tips for Loving Your Career and Working with Passion," *Entrepreneur* (June 9, 2015).
8. Annabel Acton, "How to Set Goals (and Why You Should Write Them Down)," *Forbes* (November 3, 2015).
9. Arman Suleiṃenov, "The Bruce Lee's Definite Chief Aim in Life," *Medium* (October 24, 2013).
10. Larry Chang, *Wisdom for the Soul* (Washington, DC: Gnosophia Publishers, 2006), 746.

第7章　6カ月目　自分を導いてくれる人を見つける

1. "Dwayne Johnson Thanks High School Coach for Hollywood Success," Hollywood.com (June 10, 2016), www.hollywood.com/general/dwayne-johnson-thanks-high-school-coach-for-hollywood-success-60592220/.
2. Harvey MacKay, *Use Your Head to Get Your Foot in the Door* (New York: Penguin, 2010), 135.
3. Caroline Castrillon, "5 Mistakes to Avoid When Seeking a Mentor," *Forbes* (November 26, 2019).
4. Nicole Perlroth, "15 Minutes with: Reid Hoffman, the Guru," *Forbes* (April 6, 2011).
5. Jim Rohn, *Jim Rohn's 8 Best Success Lessons* (Issaquah, Washington: Made

for Success Incorporated, 2014).

6. Mary Barra, "My Mentors Told Me to Take an HR Role Even Though I Was an Engineer. They Were Right," Linkedin.com (August 3, 2015), www.linkedin.com/pulse/mentor-who-shaped-me-my-mentors-told-take-hr-role-even-mary-barra/.

第8章　7カ月目①　企業はすべてハイテク企業でなくてはならない

1. Frank Brienzi, "Allegro Development Continues to Revolutionize Commodity Management," *World Finance* (September 26, 2018), www.worldfinance.com/markets/allegro-development-continues-to-revolutionise-commodity-management.
2. Lori Lewis, "2020 This Is What Happens in an Internet Minute," Visually. Accessed August 31, 2020. visual.ly/community/Infographics/other/ what-happens-internet-minute-2020.

第9章　7カ月目②　空白を埋める

1. Drake Baer, "Eric Schmidt: Do What Computers Aren't Good At," *Fast Company* (July 10, 2013).
2. Robert H. Carlson, *Biology Is Technology* (London: Harvard University Press, 2010), 3.
3. Danny Margulies, "How I Broke into Freelance Copy Writing Online and Started Earning over $100,000 a Year," *Business Insider* (April 14, 2015).
4. Jeff Kauflin, "Forbes' First List of Cryptocurrency's Richest: Meet the Secretive Freaks, Geeks and Visionaries Minting Billions from Bitcoin Mania," *Forbes* (February 7, 2018).

第10章　8カ月目　1兆ドルのビジネスチャンス

1. Kif Leswing, "Apple CEO Tim Cook on Augmented Reality," *Business Insider* (October 3, 2016), https://www.businessinsider.com/apple-ceo-tim-cook-

explains-augmented-reality-2016-10?op=1.

2. Oscar Raymundo, "Tim Cook: Augmented Reality Will be an Essential Part of Your Daily Life, Like, the iPhone," *Macworld* (October 3, 2016), https://www.macworld.com/article/3126607/tim-cook-augmented-reality-will-be-an-essential-part-of-your-daily-life-like-the-iphone.html.

第11章　9カ月目　懸命に働いても裕福になれるわけではない

1. Jonathan Chan, "16 Crowdfunding Experts Share Their Top Tips and Advice on How to Crush Your Next Crowdfunding Campaign," *Foundr* (November 21, 2016), https://foundr.com/crowdfunding-experts.
2. Dan Fourmier, *The Young Investor* (Bloomington, IN: Trafford Publishing, 2008), 21.

第12章　10カ月目　場所に縛られることは成功の足かせになる

1. Sophia Bernazzani, "How HubSpot Is Building Remote Work into Its Company Culture," OWL Labs (February 4, 2019), https://www.owllabs.com/remote-work-interviews/katie-burke.

第13章　11カ月目　合併と買収

1. Noah Kirsch, "The Worst Deal Ever," *Forbes* (May 27, 2020), www.forbes.com/sites/noahkirsch/2020/05/27/worst-deal-ever/#2e23644888d1.
2. Justin Kan, "The Founder's Guide to Selling Your Company," Justinkan.com (November 10, 2014), https://justinkan.com/the-founders-guide-to-selling-your-company-a1b2025c9481.
3. Alyson Shontell, "What It's Like the Moment You Sell Your Startup for Tons of Money," Yahoo! Finance (September 25, 2013), https://finance.yahoo.com/news/moment-sell-startup-tons-money-152121781.html?guccounter=1&guce_referrer=aHR0cHM6Ly9kdWNrZHVja2dvLmNvbS8&guce_referrer_sig=AQAAAHlBH32r9xpeo1I_lJIlZI6Rywv8ZIlrSdRxA2pvz3Po3e3kg6gVMjeWC8Io

Be0LuDUeepk_w4plOAygCH2Oiqn6VwEwzAPDrDyvYg6D1OJoVd_09z5pzz4gBPZJCdaLpUnpYLJFOvrdEZJ5VOvfcTub199WQXCuWIJC8q-Si-Gs.

第14章　12カ月目　持続可能な資本主義

1. "Winter Holiday FAQs," *National Retail Federation.* https://nrf.com/insights/holiday-and-seasonal-trends/winter-holidays/winter-holiday-faqs. Accessed August 31, 2020.
2. Marc Gunther, "Patagonia's Conscientious Response to Black Friday Consumer Madness," *Green Biz* (November 28, 2011), www.greenbiz.com/article/patagonias-conscientious-response-black-friday-consumer-madness.
3. Michael Parrish, "Occidental Agrees to Pay $98 Million in Love Canal Case: Environment: In a Key Civil Lawsuit over Buried Toxic Waste, the Company Will Also Take Over the Cleanup Effort," *Los Angeles Times* (June 22, 1994).
4. Clare O'Connor, "Reports: Fast Food Companies Outsource $7 Billion in Annual Labor Costs to Taxpayers," *Forbes* (October 16, 2013).
5. Jeremy Bauer-Wolf, "Purpose as Well as Paycheck," *Inside Higher Ed* (April 11, 2019), www.insidehighered.com/news/2019/04/11/gallup-bates-report-shows-graduates-want-sense-purpose-careers#.
6. Thin Lei Win, "Fighting Global Warming, One Cow Belch at a Time," Reuters (July 19, 2018), www.reuters.com/article/us-global-livestock-emissions/fighting-global-warming-one-cow-belch-at-a-time-idUSKBN1K91CU.
7. "Mars Petcare Marks Strategic Entry into European Veterinary Care Sector as Anicura to Join the Business," *Business Wire* (June 11, 2018), www.businesswire.com/news/home/20180611005394/en/Mars-Petcare-Marks-Strategic-Entry-into-European-Veterinary-Care-Sector-as-Anicura-to-Join-the-Business.
8. Association of American Medical Colleges (AAMC), "New Findings Confirm Predictions on Physician Shortage," (April 23, 2019), www.aamc.org/news-insights/press-releases/new-findings-confirm-predic tions-physician-shortage.
9. Annie Reneau, "The CEO Who Gave Every one a $70K Minimum Salary in

2015 Has a Message for the Doubters," *Upworthy* (August 24, 2020).

10. Steve Katzman, *Operational Assessment of IT* (Boca Raton, FL: CRC Press, 2016), 135.
11. GE Current, "Walmart Continues Retail Energy Efficiency Leadership with 1.5 Million LED Fixtures Now Installed," https://www.gecurrent.com/ideas/walmart-continues-retail-energy-efficiency-leadership. Accessed August 31, 2020.
12. Bruce Horovitz, "From the Rooftops, Big Box Stores Are Embracing Solar," *The New York Times* (October 7, 2019).
13. Knut Haanaes, "Why All Businesses Should Embrace Sustainability," IMD.org (November 2016), https://www.imd.org/research-knowledge/articles/why-all-businesses-should-embrace-sustainability/.

第15章　受けた恩を還元する

1. Laura Colarusso, "Soul Food: Jon Bon Jovi Is Opening an Innovative New Community Kitchen to Fight Hunger," *Daily Beast* (July 13, 2017), www.thedailybeast.com/soul-food.
2. Melissa Kossler Dutton, "Giving Chains: Holiday Customers Enjoy Paying It Forward," *Daily Herald* (November 15, 2016), www.dailyherald.com/article/20161115/news/311159926/.
3. Times Staff Writer, "Nearly 400 People 'Pay It Forward' at St. Petersburg Starbucks," *Tampa Bay Times* (November 21, 2014), www.tampabay.com/news/humaninterest/more-than-250-have-paid-it-forward-at-local-starbucks-and-the-chain-is/2193784/.